KB211513

하나님은
늘 옳습니다

새벽마다 퍼 올린 생수

박영득 목사
큰빛교회 원로목사
두레줄기학교 이사장

저는 종교개혁 500주년을 맞으면서 어떻게 하면 우리 성도들이 말씀을 붙들고 살게 할까를 깊이 고민하게 되었습니다. 종교개혁은 말씀으로 돌아가는 운동이었기 때문입니다. 교회가 살고 성도가 사는 것은 말씀으로 돌아가는 것입니다. 그래서 모든 세대가 함께 묵상할 수 있도록 매일 말씀을 읽고 기도하는 작은 묵상집을 만들어서 교회에 적용해 보았습니다.

모두가 쉽고 재미있다고 하였습니다. 모든 성도가 매일 말씀을 읽고 기도하고 하루를 시작하는 부흥이 일어났습니다. 조심스럽게 몇 교회에 도전했는데 놀라운 반응이 있었습니다.

한성호 목사님께서는 EM을 교회에 잘 적용하셨습니다. 특별히 매일 묵상한 내용을 하루도 빠지지 않고 새벽예배 때 말씀으로 나누고 그것을 전 성도들에게 나누었습니다. 참으로 놀라운 일입니다. 성도들을 말씀으로 회복시키기 위해서 매일 성경에서 신령한 우물을 퍼서 나누는 모습이 참으로 아름답습니다. 생수를 퍼 나르는 목사님이 참 멋있습니다. 현대판 루터라는 생각을 했습니다. 말씀으로 교회와 성도들을 세우려는 뜨거운 가슴을 하나님께서 기뻐하실 것입니다.

　새벽마다 퍼 올린 생수를 책으로 출판하여 나눈다니 참으로 감사합니다. 그리고 세상에 알을 깨고 나오게 되어 진심으로 축하드립니다.

내가 주의 법을 어찌 그리 사랑하는지요
내가 그것을 종일 작은 소리로 읊조리나이다

(시 119:9)

김태영 목사
백양로교회 담임목사
통합측 전 총회장

'코로나19'라는 불청객이 우리 사회를 덮은 지 근 2년이나 되어갑니다만 아직도 터널의 끝은 보이지 않고 있습니다. 세계 전체가 큰 고통을 겪는 가운데 교회도 예배와 방역 사이에서 번민하며 속히 일상이 회복되기를 간절히 기도하는 형국입니다. 성결한 예배와 철저한 방역, 이 두 마리 토끼를 잡는 일로 목회자와 교회가 힘든 시기를 보낼 때 외출을 삼가고 대인관계가 빈번하지 못한 현실 속에서 각자가 교회의 본질인 하나님 말씀 앞에 앉는 시간을 갖게 한 것은 아주 잘 한 선택입니다.

QT(Quiet Time)는 1882년 영국 케임브리지 대학에 다니던 후퍼와 7명의 학우가 시작한 경건운동으로 조용한 시간을 내어서 하나님의 말씀을 묵상하는 경건 훈련입니다. 성경 공부 시간이 아니라 성경의 원저자이신 하나님과 거룩한 데이트를 하는 시간이며 지식이나 정보 축적의 시간이 아닙니다. 갓 구워낸 빵 향기를 맡으면서 윤기 있는 빵을 먹는 시간입니다. 그러므로 QT는 정답이 없으며 진리의 성령의 인도를 받는 축복의 만남입니다.

한성호 목사님은 우리 부산동노회 대흥교회 담임목사로 부임하여 착실하게 열정적으로 목회하는 목사님으로 소문나 있습니다. 교회도 안정되었고 교인들도 목회자와 행복한 동행을 하고 있습니다. QT가 만능은 아닙니다. 직분이 인격이나 신앙의 크기도 아닙니다. 험한 세상에 주의 말씀이 인생의 내비게이션입니다. 칼 바르트는 "하나님이 성경 안에서 우리를 기다린다"라는 말을 하였습니다. 주의 말씀과 말씀 묵상집을 가까이하여 코로나를 극복하고 더욱 깊은 영성으로 날마다 주님과 동행하시기를 바라면서 기쁘게 이 '말씀묵상집'을 추천합니다.

우리에게 필요한 것은 하나님의 말씀 속에서 발견하는 매일의 '희망'입니다

류영모 목사
한소망교회 담임목사
통합측 총회장

한성호 목사님의 묵상집 「하나님은 늘 옳습니다」 출간을 진심으로 축하드립니다. 이 책은 한성호 목사님의 영적인 사색과 통찰이 담겨 있습니다. 매일매일 한 챕터씩 읽으며 영적인 성장을 도모할 수 있는 좋은 묵상집입니다. 목사의 실력은 묵상에서 판가름 납니다. 모두가 위기의 시대라는 지금, 하나님이 주시는 영적인 메시지가 무엇인지를 정확히 발견하여 성도들에게 그 말씀을 먹이는 것이 영적인 지도자요, 목사의 직무입니다. 그런 점에서 한성호 목사님은 영적인 실력자이며 하나님과 동행하시는 분입니다.

무엇보다 700편이나 되는 글을 매일 쓴다는 꾸준함에 놀랐습니다. 방대한 분량과 다양한 예화에 놀랐습니다. 이런 글은 하루아침에 써지지 않습니다. 다양한 독서와 인문학적 소양 없이는 불가능합니다. 글을 읽는 동안에 고개를 끄덕이기도 하고, 무릎을 치기도 하며, 입가에 웃음이 번지기도 하며, 코끝이 찡하기도 했습니다. 목사님의 글 속에서 얼마나 부산대흥교회 성도들을 사랑하는지 느껴졌습니다. 그들에게 하나님의 바른 말씀을 먹이기 위해 얼마나 치열하게 노력하는지 보였습니다. 이 책을 통해 한성호 목사님이 목회를 대하는 태도가 어떠한지 알게 되었습니다.

언제나 위기 아닌 시대는 없었습니다. 그러나 우리에게는 위로와 희망이 필요한 때입니다. 누군가는 희망을 노래해야 합니다. 그것이 복음을 받은 자의 사명입니다. 이 책은 코로나19 시대에 성도들에게 희망의 노래가 될 것입니다. 기쁜 소식이 될 것입니다. 이 묵상집을 읽는 모든 분이 매일매일의 깊은 묵상을 통해 하나님이 주시는 놀랍고도 풍성한 영적인 기쁨을 맛보게 될 것입니다. 다시 한번 좋은 양서를 출판해주신 한성호 목사님께 깊은 존경과 감사를 드립니다.

세상을 이길 능력은
말씀 속에 있습니다

이순창 목사
연신교회 담임목사
통합측 부총회장

"너희가 날씨는 분별할 줄 알면서 이 시대의 표적은 분별할 수 없느냐"(마 16:3)라고 예수님께서 말씀하셨습니다.

애곡을 해도 가슴을 치지 않고 피리를 불어도 춤추지 않는 세대인 오늘날 이 시대에, 한성호 목사님께서 「하나님은 늘 옳습니다」를 출간하셨습니다.

"하루 10분만 내 영혼을 위해 투자하라"라는 말씀은 하늘의 소리요, 목회자나 성도가 꼭 들어야 할 말씀이라고 믿습니다.

물고기 두 마리와 보리 떡 다섯 개가 5,000명에게는 충분한 양식이 될 수 있고, 다윗의 손에 든 돌멩이 한 개가 거인 골리앗을 넘어지게 하듯, 한성호 목사님의 고귀한 이 말씀은 이 시대의 골리앗을 이길 수 있게 만들어주는 말씀이라고 믿습니다.

읽을수록 허리가 굽혀지고 빨려 들어가는 글이기에 더욱 은혜가 넘칩니다. 하나님께서 한성호 목사님께 주신 영적 축복을 저도 함께 받아 누리니 우리 또한 영적 축복이 아닐 수 없습니다. 한성호 목사님께서 쓰신 <말씀 묵상집>이 위드 코로나 시대에 꼭 필요하기에 적극 추천 합니다.

복음의 열정과
평안의 안식의 책

김의식 목사
치유하는 교회 담임목사
치유상담 대학원대학교 제3대 총장

사랑하는 한성호 목사님을 처음 만나게 된 것은 신학대학원 선지동산에서였습니다.

그때도 복음의 열정을 지닌 예사롭지 않은 신학생임을 직감하였습니다. 24년이 지난 지금도 한 목사님은 열정의 복음 전도자로 우리 곁에서 목회하고 있습니다.

이러한 한 목사님의 코로나19의 위기 속에서 매일 새벽기도회 때마다 묵상한 말씀을 보았습니다. 약 700편의 묵상한 말씀 중에 약 160편을 선별하여 모았습니다. 그의 복음의 열정이 최초로 이 땅에 선을 보이는 「하나님은 늘 옳습니다」입니다.

우리가 이 책을 통해 매일 10분만 하나님을 만나게 된다면 우리는 강렬한 복음의 열정의 충만함(크레센도)을 경험하게 되고 때로는 어떠한 고난 속에서도 평안의 안식(디크레센도)을 누리게 될 것입니다. 말씀묵상집 「하나님은 늘 옳습니다」가 코로나19로 인해 지치고 힘들게 살아가는 우리 모두에게 광야의 생수가 될 줄 확실히 믿습니다.

황폐해진 심령위에
단비와 같은 말씀의 묵상집

김운성 목사
영락교회 담임목사
한국기독교군선교연합회 이사

부산에서 목회할 때 한성호 목사님을 만났습니다. 한 목사님께서 목회하는 부산대흥교회에서 설교한 적도 있었습니다. 제가 목사님께 받은 인상은 대단히 열정적이고 활발한 목사님이란 것이었습니다. 모든 일에 긍정적이고 적극적이셨습니다.

그 후에도 이런저런 일로 연결될 때마다 목사님의 목회적 열정을 읽을 수 있었습니다. 그 열정이 목사님으로 하여금 코로나19 시대에 말씀묵상집을 출간하게 했다고 생각됩니다.

코로나19 사태는 한국교회와 목회자와 성도 모두에게 미증유의 충격을 주고 있습니다. 가장 기본적인 예배조차 위협을 받고, 예배당에 출석하지 못하는 성도들의 심령이 황폐해지고 있는 상황입니다. 한 목사님의 말씀묵상집은 이런 상황의 성도들에게 아침 만나와 같은 역할을 할 것입니다. 이 묵상집은 조금도 어렵지 않게 매일 만나를 접하도록 구성되었습니다. 일반 성도뿐만 아니라, 목회자들에게도 도움이 될 것으로 보입니다.

　코로나19는 우리를 초대교회 상황으로 돌아가게 하고 있습니다. 그동안 우리는 입만 열면 "초대교회로 돌아가자"라고 말해왔는데, 지금이 그 상황입니다. 초대교회 당시에는 예배당도 없었고, 오늘날 같은 교회 조직도 없었습니다. 당시 성도들은 개인 차원에서, 혹은 가정에서, 혹은 소수의 공동체에서 순교적 신앙으로 주님을 섬겼습니다. 각자가 자기 삶의 자리에서 믿음을 지키는 것이 중요했습니다. 코로나 상황이 되니, 거대한 예배당도 소용이 없고, 모이지 못하니 다양한 조직과 제도도 그 효용성이 매우 감소하고 있습니다. 지금은 성도 각자가 각개 전투에서 승리해야 할 상황입니다. 이런 상황에서 한 목사님의 말씀묵상집은 병사에게 지급되는 탄알처럼 소중하다고 여겨집니다. 이 책이 많은 성도의 영적 싸움에 크게 유익할 줄로 믿고, 수고하신 한 목사님께 박수를 보냅니다.

하나님을 더 깊이 만나는
통로가 되기를...

박한규 장로
통합측 전 장로부총회장
전 부산동노회 노회장

코르나19로 인한 어려움이 사회, 경제, 문화 그리고 교회에까지 많은 어려움을 겪게 하고 있습니다. 지난 총회에서도 이런 상황을 이겨내고자 "주여, 이제 회복하게 하소서!"를 주제로 정하였습니다.

한성호 목사님의 책 「하나님은 늘 옳습니다」는 우리의 신앙을 되돌아보고 회개하여 주님께로 돌이킴으로 새롭게 회복되기를 바라는 간절한 바람을 담았습니다.

제106회기 총회 주제는 '복음으로, 교회를 새롭게 세상을 이롭게' 입니다. 한국교회는 복음으로, 주님의 말씀으로 교회를 새롭게, 세상을 아름답게 해야 할 때입니다. 한성호 목사님께서 대흥교회 성도들에게 '에브리데이 미팅'(E.M)을 매일 아침 말씀으로 주님을 만나게 하셨던 것은 너무나 탁월한 선택이라 생각됩니다.

이제는 한국교회 전체가 말씀으로 새로워지는 은혜가 있어야 할 것입니다.

바로 이런 때에 너무나도 시기적절하게 「하나님은 늘 옳습니다」가 발간되니, 이것이야말로 하나님의 은혜입니다. 저는 기쁘고 감사한 마음을 담아 한국교회 모든 성도에게 이 책을 추천합니다.

책에서도 말씀하셨듯이 모이지 못하게 되는 상황이 오히려 말씀으로 하나님을 더 깊이 만나고 교제할 수 있는 기회가 되었으니 참으로 아이러니 합니다. 이 책을 통해 우리 모두의 신앙이 더욱 깊어지고 성숙해지는 기회가 되기를 소망하는 마음을 담아 다시 한번 이 책을 추천해 드립니다. 감사합니다.

성령 안에서
주님과 친밀한 만남

성영호 목사
부산극동방송 지사장

우선 주안에서 사랑하는 믿음과 선교의 파트너인 한성호 목사님께서 코로나 펜데믹의 현실 가운데 성령 하나님의 감동을 따라 말씀에 근거한 귀한 묵상집, 「하나님은 늘 옳습니다」를 출간하게 됨을 진심으로 기뻐하며 축하드립니다. 한 목사님은 남다른 공감과 소통, 그리고 목회적인 감각을 가지고 목회사역에 집중하시는 분입니다.

저자는 코로나로 인해서 큰 침체와 위기에 처한 조국교회와 소중한 성도들을 매일 묵상(Daily QT)을 통해 인격적인 성령 안에서 주님과의 친밀한 만남(Intimate Meeting)의 자리로 안내해 줌으로써 생명과도 같은 예배의 소중함을 일깨워 예배회복을 격려할 뿐만 아니라, 급변하는 비대면 시대(Non-contact Era)에 더더욱 신앙의 성숙과 성장을 위한 긍정적인 동기부여(Positive Motivation)를 해줍니다. 그러므로 이 묵상집을 통해서 저자가 감동을 받은 대로 많은 사람에게 생명과 소망의 복음이 잘 전해지고, 하나님의 백성들인 성도들이 더욱더 부르심의 소망을 성취하게 만드는 큰 은혜와 축복의 통로가 되기를 진심으로 기도드립니다.

'하나님은 늘 옳습니다'를 출간하심을 축하드립니다

김광득 본부장
CTS 부울경 영남 1본부

먼저 부산대흥교회 한성호 목사님 생애 첫 저서 「하나님은 늘 옳습니다」(God is good, All the time)를 출간하게 되신 것을 진심으로 축하드립니다. 저자 한성호 목사님께서는 부산지역에서 적극적으로 영상선교에 동역하고 계시며 뜨거운 선교 사명을 가지신 제게는 참 좋은 동역자이자 파트너이십니다.

특별히 지난 2년 넘게 이어오고 있는 코로나 상황 속에서도 뜨거운 목회 열정을 가지고, 비대면에 직면한 성도들과 그동안 나눠오신 '이엠(E.M-Every day Meeting)'을 통한 매일 새벽기도 말씀 묵상을 이번에 책으로까지 펴내게 되셨습니다.

부디 이번에 나오게 되는 저서를 통해 코로나로 인한 죽음의 공포뿐만 아니라 세상의 험한 풍파 가운데 놓인 모든 사람에게 오직 소망은 하나님의 말씀뿐임을 체험케 하는 은혜가 전국 방방곡곡에 일어나길 기대합니다.

　　신종 코로나 바이러스 감염증은 2019년 12월부터 중국 후베이성 우한시에서 집단 발병하기 시작해 중국 전역과 전 세계로 확산되다가 2020년 3월 11일에는 세계보건기구(WHO)에서 팬데믹을 선언했다. 그러면서 대구 신천지 다대오 지파에서 확진자가 3천 명이 넘어서면서 교회에 대한 비난과 혐오가 쏟아지기 시작했다. 애꿎은 정통교회가 억울하게도 사회로부터 비난의 화살을 집중적으로 맞은 것이다. 마침내 한국교회는 교회 문을 닫게 되었다.

　　그동안 한국교회가 일제 36년의 식민지 시기에도, 6.25 전쟁 통에도 예배가 멈추어 선 적이 없었는데, 전대미문의 코로나19 때문에 하나님의 얼굴을 대면하지 못하고 온라인으로, 비대면으로 예배를 드리는 초유의 사태를 맞이하게 된 것이다. 그때 우리 부산대흥교회도 임시당회를 수십 차례 모이면서 그때그때 마다 총회의 방침을 일사불란하게 따랐다.

　　지금까지 하나님의 은혜로 우리 교회는 예배로 인한 코로나 확진자가 한 건도 없었다. 목회자로서 갑자기 변화된 상황에 '어떻게 하면 비대면 시대에 성도들을 말씀으로 목양할 수 있을까' 라고 고민하던 차에 큰빛교회에서 만든 매일 말씀으로 만나를 먹고, 매일 하나님을 만나는 EM(Everyday Meeting) 묵상집을 알게 되었다. 당회에 의논한 후에 우리 교회 전성도들에게 EM 묵상집을 나누어주고 매일 어디에 있든지 하나님을 만나고, 영의 양식을 먹으라고 호소했다.

지금은 교회학교부터 모든 성도가 매일 EM 묵상집을 가지고 하나님을 만나고, 새벽기도회 때도 EM 본문을 가지고 함께 말씀으로 큐티를 하고 있다. 그리고 EM 본문을 가지고 묵상한 내용을 전교회 성도들에게 매일 문자로 발송하고 있다. 많은 분이 그 말씀을 읽고 은혜를 받고, 하루 영의 양식으로 삼는 것을 볼 수 있었다. 어느덧 2년 가까이 된 EM을 요약해서 보낸 문자 내용이 700페이지가 다 되었다. 새벽기도회를 드린 어느 날 하나님께서 이런 감동을 주셨다. '사랑하는 종아, 이 묵상집을 더 많은 사람에게 소개해서 복음이 전해지고, 성도들이 매일 영의 양식을 먹게 하고, 매일 하나님을 인격적으로 만나게 하라.' 이후 당회 장로님들의 적극적인 협조하에 이 책을 발간하게 되었다. 700편의 글 중에서 엄선하여 160편을 책으로 발간하게 된 것이다.

부족한 후배를 위해 기꺼이 추천서를 써주신 박영득 목사님, 김태영 전 총회장님, 류영모 총회장님, 이순창 부총회장님, 김의식 목사님, 김운성 목사님, 박한규 전 장로부총회장님, 부산극동방송 지사장님, CTS 부울경 영남본부장님께 진심으로 감사를 드린다. 아울러 부족한 목사를 믿고 따라온 부산대흥교회 모든 성도님과 당회 장로님들께 감사를 드린다.

아울러 하나님 나라 확장에 함께 수고의 떡을 나누고 있는 부교역자들에게도 감사를 드린다. 늘 뒤에서 그림자처럼 기도와 응원과 격려를 보내준 사랑하는 가족들에게도 감사를 또한 드린다. 사랑하는 아내 강숙희, 장남 한예찬, 막내 한예권, 부모님과 같이 지금까지 지지해주고 응원해주신 한성만 큰형님 내외분과, 한경옥 누님 내외분과, 한억만 목사님(작은형) 내외분과, 늘 사위를 위해 눈물로 기도해주신 김인숙 권사님 내외분과, 동서와 처제들, 일산전도팀 류후춘·김용남·김순자·서윤원 4인방, 평생 동역자 최영직 목사님(신영희 사모), 죽마고우 신망애 친구들, 신대원 아카데미하우스 동지들, 쉼과 충전 동지들, 난목회 동지들, 꿈꾸는 교회 동지들, 라포럼 동지들, 월드비전 연제지회 동지들, 부산바울선교회 동지들, 연목회 동지들, 부산동노회 동지들, 모두에게 진심으로 감사의 말씀을 드린다.

2022. 1
희망찬 새해를 맞이하면서
오늘은 부산 복음화, 내일은 민족 복음화,
모레는 세계 복음화를 꿈꾸는
한성호 목사

말 씀 묵 상 집

하나님은
늘
옳습니다

Untact(비대면)시대!
말씀으로 Contact(대면)하라!

한 성 호 지음

매일 10분 말씀으로 하나님을 만나요
Everyday Meeting _ E.M

겨울

winter

봄
spring

여름
summer

가
을
autumn

winter

겨울

✳ ————

바벨탑과 COVID-19

본문 1절에서 "온 땅의 언어가 하나요 말이 하나였더라"라고 말씀하신다. 지금은 전 세계에 모국어 사용 언어 수가 '7,111개'나 된다. 1개의 언어가 7천 개로 늘어난 것이다.

왜 하나님은 언어를 나누셨을까? 인간들은 모이면 "성읍과 탑을 건설하여 그 탑 꼭대기를 하늘에 닿게 하여 우리 이름을 내고 온 지면에 흩어짐을 면하자(4절)"라고 하는 것처럼 '하나님께 영광을 돌리고, 하나님의 이름을 높이기 위해 어떻게 살아갈까?' 이런 생각은 안하고 자꾸 자기 당파를 만들고, 자기 사람을 만들고, 자기 왕국을 만들어서 자신이 '신(God)'이 되려고 한다.

결국, 하나님은 결심하신다. "내가 이들을 흩으리라." '바벨'의 뜻도 '흩으심'이다. 지금은 팬데믹 상황으로 전쟁보다, 핵보다 더 무서운 '코로나19'가 되어버렸다. 미국은 6.25 전쟁을 통해 미군이 죽은 숫자보다 지난 1년 동안 코로나 때문에 죽은 사망자 수가 5배가 더 많다(현, 22만 명). 지금은 "모이면 죽고, 흩어지면 산다"라는 신조어가 나올 정도이다.

그러나 코로나 역설이 있다. 최근에 IS*(수니파 이슬람 극단주의 무장단체)*가 테러를 일으킨 소식을 들어본 적이 있는가? 코로나 때문에 전쟁과 테러가 지금은 잠잠하다. 왜 하나님은 인간들을 모이지 못하게 할까? 인간들이 모이면 선을 행하기보다 악을 계획하고 행하기 때문이 아닐까? 왜 불편하게 마스크를 우리가 쓰게 하실까? 우리의 입으로 남을 칭찬하고 격려하고 축복하기보다는 뒤에서 험담하고, 비난하고, 불평하기에 그 입을 닫으라는 하나님의 사인이 아닐까?

언젠가는 코로나도 끝나고 일상으로 돌아갈 것이다. 그때 우리는 지금의 사태를 기억하고 초심을 잃지 말아야 한다. 그리고 창세기 11장의 바벨탑 사건을 기억해보면 어떨까?

오늘의 말씀 묵상
"온 땅의 언어가 하나요 말이 하나였더라... 또 말하되 자, 성읍과 탑을 건설하여 그 탑 꼭대기를 하늘에 닿게 하여 우리 이름을 내고 온 지면에 흩어짐을 면하자 하였더니... 여호와께서 거기서 그들을 온 지면에 흩으셨으므로 그들이 그 도시를 건설하기를 그쳤더라"(창 11:1, 4, 8).

* ─────

빼앗긴 들에도
봄은 오는가?

본문은 인류 최초의 전쟁사를 다루고 있다. 아브람 때에 네 왕의 연합군 VS 다섯 왕의 연합군과 한판 전쟁이 시작되었는데, 아브람의 조카 롯의 식솔들이 이 전쟁통에 사로잡혀 가고, 재물까지 다 빼앗기게 된 것이다.

이 상황에서 아브람은 집에서 유비무환 정신으로 사병을 키웠는데, 무려 318명이나 되었다. 이들을 먹이고 재우고 훈련하고 관리하는데 얼마나 많은 경비가 들었겠는가? 그만큼 아브람에게는 많은 재물이 있었다.

"아브람에게 가축과 은과 금이 풍부하였더라"*(창 13:2)*. 이렇게 되기까지 특별하신 하나님의 간섭하심이 있었으니, 그것은 바로 자기 아내 '사래'를 애굽 왕에게 누이라고 속이는 해프닝으로 많은 양과 소와 노비와 암수 나귀와 낙타를 얻게 된 것이다. 결국 '실패를 성공으로 바꾸시는' 하나님의 특별하신 은혜가 있었던 것이다.

우리 교회도 예수님의 제자로 자라나고 잘 훈련된 다음 세대 318명의 용사가 필요하다. 이들만 잘 준비된다면 우리가 잠시 빼앗겼던 신앙의 유산들을 반드시 되찾아 올 수 있기 때문이다.

지금은 코로나로 인해 일상을 잃어버렸고, 성도 간의 자유로운 교제도 빼앗겨버렸고, 금요 제자교육, 금요 전도활동, 주일 오후예배, 공동식사도 빼앗겨 버렸지만... 반드시 다시 찾아올 때가 있을 것이다. 빼앗긴 들에도 봄은 반드시 오는 것처럼 말이다.

그때를 기다리며 교회에서 조용히 318명의 다음세대들을 키워야 한다. E.M 묵상집을 통해 매일 말씀으로 하나님을 만나게 하고, 주일날 교회학교 예배를 통해 진정한 예수님의 제자로서 키워내야 한다.

오늘의 말씀 묵상

"아브람이 그의 조카가 사로잡혔음을 듣고 집에서 길리고 훈련된 자 삼백십팔 명을 거느리고 단까지 쫓아가서 그와 그의 가신들이 나뉘어 밤에 그들을 쳐부수고 다메섹 왼편 호바까지 쫓아가 모든 빼앗겼던 재물과 자기의 조카 롯과 그의 재물과 또 부녀와 친척을 다 찾아왔더라"(창 14:14~16).

＊ ──────

텔레그램 n번 방 &
소돔과 고모라

　1998년 요르단 리산 반도에서 성서 고고학자들이 수만 개의 무덤을 발견하였다. 그리고 그 주변에서 황산칼슘과 탄산칼슘이 대량 발견되었다. 바로 그 지역이 본문에서 나오는 '소돔과 고모라' 성(12만명 인구추정)이다. 하나님께서 동성애와 성적 타락의 끝판왕을 보여주는 소돔과 고모라 성에 유황과 불을 비같이 내려(24절) 심판하셨다. 심판 후 불에 타죽은 시신을 소돔 친척들과 주변 사람들이 수습하여 무덤을 만들어주었기 때문에 많은 무덤이 발견되지 않았나 생각한다.

　B.C 1900년경에 일어난 사건이지만, 4천 년이 지난 지금도 이 땅에는 안타깝게도 동일한 일이 벌어지고 있다. 얼마 전 우리나라를 깜짝 놀라게 한 사건이 벌어졌는데 그것이 바로 '텔레그램 n번 방' 사건이다. 2019년 2월부터 미성년자 여성 수십 명에게 성적 행위를 하는 영상을 찍도록 협박하고, 그 영상을 텔레그램 채팅방에서 판매한 성범죄 사건이다.

　이 n번 방 회원들이 약 26만 명 정도 되는데, 주로 18~21세 청소년들이 많다는 것이다. 성적 호기심이 많은 연령이다. 우리나라 18~21

세 나이 청소년들이 약 100만 명 정도 되는데, n번 방 회원수와 비교해보면 무려 1/4 정도 되는 수치이다. 4명 중 1명이 회원으로 가입한 것이다. 이 땅이 더 이상 소돔과 고모라가 되지 않도록 이 땅의 청소년들을 위해 특별히 기도해야 한다.

'자비'의 하나님은 지금도 아브라함의 조카 롯, 처, 두 딸처럼 이 세상이 재미있고, 즐길 것이 많아서 자꾸 은혜의 자리, 예배의 자리, 거룩의 자리로 나오라고 해도 꾸물대며 '지체'하는 우리를(16절) 강제로 천사들이 손을 잡아 이끌어 생명을 보전케 하신다.

또한, 하나님의 심판에 대한 경고를 가볍게 여기고 '농담'으로 여기는 현대인들을 향해 안타까운 심정으로 회개를 촉구하고 계신다. 왜냐하면, 하나님은 한 영혼이라도 잃고 싶지 않기 때문이다.

오늘 하루도 나를 향해 내미시는 하나님의 손을 외면하지 말고, 그 손을 붙잡고, 구별된, 성별된, 왕 같은 제사장으로, 그의 소유된 백성으로, 거룩한 신부로서 살아가야 할 것이다(벧전 2:9).

오늘의 말씀 묵상

"롯이 나가서 그 딸들과 결혼할 사위들에게 말하여 이르기를 여호와께서 이 성을 멸하실 터이니 너희는 일어나 이 곳에서 떠나라 하되 그의 사위들은 '농담'으로 여겼더라... 그러나 롯이 '지체'하매 그 사람들이 롯의 손과 그 아내의 손과 두 딸의 손을 잡아 인도하여 성 밖에 두니 여호와께서 그에게 '자비'를 더하심 이었더라" (창 19:14,16).

✳ ────────

고난은 축복의 문을 여는
열쇠(Key)

　본문에 아브라함이 두 번째 실수한 이야기가 나온다. 아내 사라를 누이라고 속인 사건이다. 첫 번째는 애굽 왕 바로 앞에서 속였다. 속인 이유는 모두 '죽음에 대한 두려움' 때문이다(11절). 위대한 믿음의 조상 아브라함도 죽음 앞에서는 어쩔 수 없는 모양이다.

　어제 다니엘기도회 강사인 천정은 자매는 현재 유방암 항암치료를 86번째 받고 있지만, 전혀 죽음이 두렵지 않다고 하였다. 부활의 주님을 정말 찐하게 만났기 때문이다. 마치 해외여행 가기 전에 가슴이 설레고 두근거리는 것과 마찬가지로 천국에 들어가는 것도 이와 같다고 간증하였다.

　"고난이 축복의 문을 여는 열쇠이다." 아브라함이 두 번째 실수를 하고 인생에 큰 낭패를 보지만, 역전의 하나님은 도리어 '은혜와 축복'으로 바꾸어주셨다. 아비멜렉 왕이 꿈을 통해 모든 사실을 알고서 왕의 체면과 수치를 감추기 위해서 엄청난 합의금을 주게 되는데, '양, 소, 많은 종, 땅, 은 1천 개' 등이다.

　여기서 한가지 깨닫게 되는 진리가 있다. "하나님이 푸시면 묶을 자가 없고, 하나님이 묶으시면 풀 자가 없다"라는 것이다. 그러므로 우리는 인생을 살아갈 때, 하나님을 절대적으로 의지하고 신뢰해야 한다. 사업을 하든, 직장을 다니든, 공부를 하든, 연애를 하든, 우리 인생 앞에 가로막혀 있는 장애물을 하나님은 기가 막힌 방법으로 풀어주실 수 있기 때문이다.

오늘 하루도 그 하나님께 묻고 고, 스톱을 잘하는 지혜로운 성도가 되어야 할 것이다.

오늘의 말씀 묵상

"아비멜렉이 양과 소와 종들을 이끌어 아브라함에게 주고 그의 아내 사라도 그에게 돌려보내고 아브라함에게 이르되 내 땅이 네 앞에 있으니 네가 보기에 좋은 대로 거주하라 하고 사라에게 이르되 내가 은 천 개를 네 오라비에게 주어서 그것으로 너와 함께 한 여러 사람 앞에서 네 수치를 가리게 하였노니 네 일이 다 해결되었느니라" (창 20:14~16).

✳ ──────

하나님은 늘 옳습니다

야곱은 인생에 있어서 많은 고난을 겪게 된다. 먼저는 삼촌(나중에는 장인) 라반의 집에서 20년 동안 처가살이를 하게 되고(라헬을 얻기 위해 무임금노동 14년의 인고의 세월을 7년을 하루 같이 보냄), 창세기 34장에서 하나뿐인 딸 '디나'가 히위 족속 중 하몰의 아들 그 땅의 추장 '세겜'으로부터 성폭행을 당하게 된다. 야곱은 지워버리고 싶은, 치욕스럽고, 수치스러운 일을 당한 것이다.

또 창세기 37장에서는 눈에 넣어도 아프지 않은 가장 사랑했던 여인, 라헬의 아들 '요셉'이 그만 못된 형들의 시기와 질투 때문에 은 20에 팔려가게 되었다. 형들은 아버지 야곱에게 이 사실을 속이고, 요셉의 옷에 숫염소 피를 묻혀 가서 사나운 짐승에게 물어뜯겨 죽었다고 거짓 보고를 하였다. 야곱은 요셉과 이렇게 생이별하게 되는 기막힐 일을 겪었다.

그러나 이 모든 고난은 잠시뿐이었다. 도리어 '요셉'으로 인하여 기근 가운데 처한 70명의 야곱 식솔들이 모두 살게 되고, 나중에 '요셉'은 애굽에서 두 번째로 높은 자리인 국무총리가 되지 않는가? 그리고 요셉의 후손에서 '다윗' 왕이 나오고, 다윗 가문에 만왕의 왕이신 '예수 그리스도'가 나왔다.

야곱에게 약속하신 하나님의 말씀이 성취된 것이다. "하나님이 그에게 이르시되 나는 전능한 하나님이라 생육하며 번성하라 한 백성과 백성들의 총회가 네게서 나오고 왕들이 네 허리에서 나오리라"(창 35:11).

우리는 어제 다니엘기도회 강사인 정윤선 집사님의 간증을 들었다. 10대 나이에 새엄마로부터 구타와 학대를 받았지만, 나중에는 새엄마를 용서하게 되었고, 새엄마도 자매들이 결혼한 후에 사위들 앞에서 눈물로 용서를 구함으로 다시 가족이 회복되었다. 정윤선 집사님은 온누리교회에서 신앙 좋은 뮤지션 형제를 만나 결혼까지 했다. 그리고 두 자녀를 두었다. 그렇게 행복했던 가정에 갑자기 큰 시련이 닥쳤으니, 그것은 바로 남편이 '뇌종양'에 걸린 것이다.

그렇지만 하나님에 대해 원망하거나 불평하기보다는, "하나님은 늘 옳습니다. 하나님은 선하신 분입니다"라고 고백하고 있다. 그때부터 남편 대신 생업에 뛰어들어 독학으로 디자인 공부를 시작했고, 지금은 '윤선 디자인' 회사를 운영하는 대표(10명 직원)가 되었다.

오늘의 말씀 묵상

"우리가 일어나 벧엘로 올라가자 내 환난 날에 내게 응답하시며 내가 가는 길에서 나와 함께 하신 하나님께 내가 거기서 제단을 쌓으려 하노라"(창 35:3).

* ————

나는 축복의 분배자
(허브, hub)

오늘의 주인공 '요셉'은 하나님의 섭리 가운데 형들로부터 미움을 받아 은 20에 친위대장 '보디발'의 집에 팔려오게 되었다. 요셉의 입장에서 볼때는 인생 최악의 상태를 맞이하게 된 것이다. '인생막장'의 삶이 펼쳐졌으니, 노예로 팔려온 것으로 충분히 설명하고도 남는다. 그러나 사람의 생각과 하나님의 생각은 달랐다. 비록 그가 이방인의 나라에 노예로 팔려왔지만 거기서도 하나님은 일하고 계셨다.

2절에 "여호와께서 요셉과 함께 하시므로 그가 형통한 자가 되었다"라고 설명하고 있고, 3절에서 "그의 주인이 여호와께서 요셉과 함께 하심으로 그의 범사에 형통하게 하심을 보았더라"라고 하였다. 그렇게 주인의 눈에 쏙 들게 되고, 나중에는 가정의 총무 역할을 감당하게 되는데, 한 마디로 가정의 금고지기, 재산관리까지 맡게 된 것이다.

이렇게까지 요셉을 신뢰하게 된 이유는 여호와께서 요셉을 위하여 그 애굽 사람의 집에 복을 내리셨기 때문이었다(5절). 다윗이 하나님이 함께 하시므로 100전 100승을 하지 않았는가? 우리는 요셉이 받왔던 만사형통의 복을 누리기 위해서는 임마누엘 하나님과 함께해야 한다. 우리의 삶 속에서 하나님이 365일, 분, 초마다 함께 하신다면, 요셉처럼 축복의 분배자, 허브가 될 것이다.

정부가 인천국제공항을 만들 때 세계적인 '허브공항'을 바라보고 만들었다. '허브(Hub)공항'이란 '승객이나 화물을 집결시키고, 분산시키는 중심 거점 공항'을 말한다. 우리의 삶도 '허브공항'처럼, 나로 인하여 축복이 유통되며, 나로 인하여 축복이 분배되어야 한다. 이런 삶이 바로 '요셉'의 삶이 되는 것이다.

오늘의 말씀 묵상

"여호와께서 요셉과 함께 하시므로 그가 형통한 자가 되어 그의 주인 애굽 사람의 집에 있으니 그의 주인이 여호와께서 그와 함께 하심을 보며 또 여호와께서 그의 범사에 형통하게 하심을 보았더라 요셉이 그의 주인에게 은혜를 입어 섬기매 그가 요셉을 가정 총무로 삼고 자기의 소유를 다 그의 손에 위탁하니 그가 요셉에게 자기의 집과 그의 모든 소유물을 주관하게 한 때부터 여호와께서 요셉을 위하여 그 애굽 사람의 집에 복을 내리시므로 여호와의 복이 그의 집과 밭에 있는 모든 소유에 미친지라" (창 39:2~5).

거절(拒絶, rejection)의
영성(靈性, spirituality)

요셉이 요셉 되게 하는 사건이 오늘 발생한다. 그것은 바로 보디발의 아내의 꿀같이 달콤한 유혹을 '거절의 영성'으로 물리쳤다는 것이다. 순간순간 많은 유혹(誘惑, temptation)이 우리를 흔들 때가 있다. 돈의 유혹, 권력의 유혹, 쾌락의 유혹, 도박과 술의 유혹, 각종 죄의 유혹, 이성의 유혹... 그때 우리의 태도는 세 가지로 나타난다.

①유혹이 올 때 쉽게, 금방 넘어가는 우유부단형.
②처음에는 잘 이기다가 결국은 유혹에 무릎 꿇는 형.
'삼손'이 바로 그런 인물이다. 그는 힘의 근원을 알아내기 위해 '미인계'를 쓰는 소렉 골짜기의 '드릴라'에게 결국 비밀을 발설하게 되므로 블레셋 사람들에게 체포되어 눈이 뽑히고 짐승처럼 맷돌을 돌리는 처량한 신세로 전락하고 만다.
③끝까지 유혹을 물리치고 승리하는 요셉형(결단형)이 있다.

요셉이 이처럼 유혹을 이길 수 있었던 것은 코람데오(Coram Deo, 하나님 앞에서)정신이 있었기 때문이다. 9절, "내가 어찌 이 큰 악을 행하여 하나님께 죄를 지으리이까."

눈에 보이지 아니하시는 하나님을 늘 의식하며 지금도 하늘에서 시퍼렇게 살아계셔서 우리의 모든 언행심사를 보고 계심을 온몸으로 느끼는 신전의식(神前意識)이 있었던 것이다. 오늘 하루를 살아가는 동안에도 우리가 '코람데오' 정신과 '신전의식'을 가지고 있다면 요셉처럼 넉넉히 세상의 유혹에서 영적 승리를 거두게 될 것이다.

유혹을 이기는 팁을 한 가지 더 찾아보자면, 그것은 바로 그 유혹의 현장을 떠났다는 것이다. 10절, "함께 있지도 아니하니라." 유혹하는 사람이나 물건이 있으면 그 자리를 떠나는 것이 상책이다.

술을 좋아하는 사람은 집안에 술병을 치워버려야 유혹에서 벗어날 수 있다. 도박중독자는 집안에 화투, 포커를 치워버리거나, 태워버려야 한다. 이러한 결단이 있어야만 그나마 유혹에서 덜 넘어질 수 있기 때문이다.

오늘의 말씀 묵상
"요셉은 용모가 빼어나고 아름다웠더라 그 후에 그의 주인의 아내가 요셉에게 눈짓하다가 동침하기를 청하니 요셉이 거절하며... 내가 어찌 이 큰 악을 행하여 하나님께 죄를 지으리이까" (창 39:6~9).

＊ ──────

인생은
조정경기와 같다

조정경기는 조수(노를 젓는 사람)가 결승점에 등을 돌린 채 클러치로 받쳐진 노를 젓는 점이 특이하다. 총 9명으로 구성되어 뒤로 가는 경기를 펼치는 것이다. 등산도 앞만 보고 가면 경치를 다 볼 수가 없다. 가끔 뒤를 돌아보아야 멋진 경치가 눈에 들어오지 않는가?

하나님의 인도와 섭리도 이와 같다고 생각한다. 당장 지금은 하나님의 뜻과 섭리를 이해하지 못한다. 그러나 한참 지나고 나면 '아하, 그때 그 사건, 그 일은 다 나를 연단하고, 다듬는 시간이었구나!'라고 느낄 것이다. "하나님이 큰 구원으로 당신들의 생명을 보존하고 당신들의 후손을 세상에 두시려고 나를 당신들보다 먼저 보내셨나니 그런즉 나를 이리로 보낸 이는 당신들이 아니요 하나님이시라 하나님이 나를 바로에게 아버지로 삼으시고 그 온 집의 주로 삼으시며 애굽 온 땅의 통치자로 삼으셨나이다"(7-8절).

본문에서 드디어 요셉이 형들과 22년 만에 조우하는 역사적인 날을 말해주고 있다(17세에 노예로 팔려 30세에 국무총리가 되고 풍년 7년이 지나고 흉년 2년 차이므로 39세-17세=22년). 요셉의 나이 39세에 형들을 진정 용서하고 화해하게 된다.

요셉의 22년 전 인신매매 사건은*(은 20에 강제로 노예로 팔려감)* 전적으로 하나님의 오묘하신 섭리요 인도였음을 알게 되는 것이다. 결국, 합력하여 선을 이루게 되고 요셉을 통하여 애굽을 기근에서 건지게 되며, 자신의 아버지 야곱과 식솔 70명을 살리게 되지 않는가? 그렇다. 우리는 지난 온 세월을 돌이켜보아야 왜 그때 하나님은 나를 고난 가운데 두고 침묵하셨는지를 알게 된다. 하나님은 내 인생에 개입하셔서 큰 그림을 그리고 계시는 중이다.

오늘의 말씀 묵상

"당신들이 나를 이곳에 팔았다고 해서 근심하지 마소서 한탄하지 마 소서 하나님이 생명을 구원하시려고 나를 당신들보다 먼저 보내셨나이다"(창 45:5).

호모 사케르
(Homo-Sacer)

모세의 출생과 출애굽 시기는 정확히 이집트 제19왕조 람세스 2세 *(BC 1560~1400)*로 지금부터 약 3500년 전 이야기이다. 오늘의 주인공은 히브리 산파인 '십브라'와 '부아'이다. 이 두 사람은 애굽 왕의 명령*(공권력)*을 어기고 하나님을 두려워한*(敬畏, fear)*, 하나님 편에 선 용기 있는 여인들이었다.

'십브라'라는 이름은 '쉬프라'로 '아름답게 되다'라는 뜻이고, '부아'라는 이름은 '푸아'로 '빛이 나다'라는 뜻이다. 모세의 아내 '십보라'와 혼돈하면 안 된다. 애굽 왕은 아들이거든 무조건 죽이라고 명령했다. 왕의 명령이 떨어진 이후로 태어난 히브리 사내아이들은 모두 사형선고를 받은 죽은 목숨이라는 점에서 '호모 사케르*(Homo-Sacer)*'이다. '벌거벗은 생명'이란 뜻으로, 우리도 이처럼 죽을 수밖에 없는 존재들이지만 예수님이 오셔서 대신 사형을 받으시고 우리를 구원해주셨으니 얼마나 감사한 일인가?

"보아라 우리는 예루살렘으로 올라가고 있다 인자가 대제사장들과 율법학자들에게 넘어갈 것이다 그들은 인자에게 사형을 선고하고 이방 사람들에게 넘겨줄 것이다"*(막 10:33)*.

십브라와 부아는 하나님의 동역자(同役者, Partner)요, 하나님 편에 선 여인들이었다. 이들이 없었다면 어떻게 위대한 민족의 지도자 '모세'가 태어날 수 있었겠는가? 마치 우리나라에 이순신 장군이 없었다면 풍전등화(風前燈火)와 같은 임진왜란 속에서 이 나라를 지킬 수 있었겠는가? 세종대왕이 없었다면 세계적인 '한글'이 창제가 되었겠는가? 하나님은 그때그때 하나님이 준비하신 하나님의 동역자들을 통해 하나님의 역사를 써 내려가는 것이다.

이렇게 하나님의 편에선 십브라와 부아에게 은혜를 베푸시고 집안을 흥왕(興旺)하게 하심을 보게 된다. 21절, "그 산파들은 하나님을 경외하였으므로 하나님이 그들의 집안을 흥왕하게 하신지라."

오늘의 말씀 묵상

"애굽 왕이 히브리 산파 십브라라 하는 사람과 부아라 하는 사람에 게 말하여 이르되 너희는 히브리 여인을 위하여 해산을 도울 때에 그 자리를 살펴서 아들이거든 그를 죽이고 딸이거든 살려두라 그러나 산파들이 하나님을 두려워하여 애굽 왕의 명령을 어기고 남자 아기들을 살린지라"(출 1:15~17).

✳ ─────

살인자도
하나님이 쓰신다

모세가 갈대상자에 담겨 나일강으로 흘러가는데, 애굽의 공주가 발견하여 왕궁에서 아들처럼 사랑하며 왕자같이 양육하였다.

어느 날 모세는 민정시찰을 나갔다가 자기 핏줄인 히브리 형제가 애굽 인에게 채찍질 당하는 것을 보고 피가 거꾸로 치솟아 올라왔다. 의협심이 강한 모세가 그만 분노를 찾지 못하고 못할 짓을 하고 말았으니, 사람을 때려죽인 것이다. 갑작스럽게 일어난 일이라 자신도 큰 충격에 빠졌다. 인간본능으로 그 사건을 은폐하기 위해 시신을 모래로 덮어버리고 급히 자리를 떠나게 된다. 결국, 바로 왕에게 보고가 올라가고 그때부터 도망자 신세가 된다. 요즘 말로 하면 인터폴 적색수배가 가동되어 현상금 100만 달러가 걸리고 모세 찾기에 혈안이 된다.

하나님의 섭리로 모세는 미디안 제사장의 7명의 딸을 만나게 되고, 양아치 같은 못된 목자들로부터 구원해준다. 이 일로 딸들의 아버지 '르우엘'에게 인도되고 나중에는 '십보라'를 아내로 맞이하여 '게르솜'이라는 아들까지 얻게 되었다. 타향살이와 도망자의 삶을 사는 애달픈 인생 모세에게 잠시 위안이 되었다.

여기서 한가지 깨닫게 되는 것은 하나님은 한순간의 분노를 참지 못하고 '살인자'가 된 '모세'를 쓰신다는 것이다. 세상적인 잣대로 보면 말도 안 되는 소리이다. 정당하게 법정에서 판사로부터 마땅히 '무기징역'을 선고받을 모세를 어떻게 이스라엘 200만 명의 영도자 (대통령)로 세우실 수 있을까? 아무리 생각해봐도 이해가 안 되는 대목이다. 우리나라에서 모세처럼 과거에 살인죄를 범한 자가 국회의원 선거에, 대통령선거에 나가면 누가 뽑아주겠는가?

하나님은 아무리 악한 죄인이라고 회개하고 주님 앞에 돌아오기만 하면 기회를 다시 주신다. 이것이 기쁜 소식, 복음인 것이다. 예수 믿는 사람을 잡아 죽이는 사악한 안티 크리스천의 대명사인 '사울'도 다메섹에서 고꾸라지고 예수님을 인격적으로 만나자 '바울'이 되어 세계복음화에 일등공신이 되지 않는가?

예수님을 세 번씩 부인하며, 저주하면서까지 모른다고 한 '베드로'도 닭 우는 소리에 철저히 회개하고, 마가 다락방에서 '성령충만'함을 받고, 나가서 복음을 전하니 하루에 3천 명씩 주께로 돌아와서 세례를 받는 진풍경이 벌어지지 않는가? 현장에서 간음한 한 '여인'에게도 "나도 너를 정죄하지 않노라"라고 하시면서 "다시는 이와 같은 죄를 범하지 말라"라고 조용히 타이르시면서 용서를 선포하시지 않는가?

오늘의 말씀 묵상

"모세가 장성한 후에 한번은 자기 형제들에게 나가서 그들이 고되게 노동하는 것을 보더니 어떤 애굽 사람이 한 히브리 사람 곧 자기 형제를 치는 것을 본지라 좌우를 살펴 사람이 없음을 보고 그 애굽 사람을 쳐 죽여 모래 속에 감추니라"(출 2:12~13).

＊ ────

홍해 밑에 대로(大路)를
미리 준비하신 하나님

출애굽하는 이스라엘 백성들은 '비하히롯' 앞 '바알스본' 맞은편 바닷가에 장막을 쳤다. 그런데 갑자기 바로 왕의 마음이 변하여 애굽 최신 군대 병거 600대(현 장갑차)와 모든 병거를 동원하여 추격하고 있었다.

그때 홍해 앞에서 두려워 떠는 백성들이 하나님과 모세를 원망한다. 그럴 때 모세가 백성들에게 다음과 같은 명연설을 한다. "너희는 두려워하지 말고 가만히 서서 여호와께서 오늘 너희를 위하여 행하시는 구원을 보라 여호와께서 너희를 위하여 싸우시리니 너희는 가만히 있을지니라." 아멘.

무엇이 우리를 두렵게 하는가? 홍해와 같은 외부적인 역경과 환경을 바라보기 때문에 두려운 것이 아닌가? 그 모든 역경과 환경을 바꾸실 수 있는 전능하신 구원자 하나님(엘샤다이)을 바라보지 못하기 때문이다.

하나님은 출애굽시킬 프로젝트를 만들어 놓으실 때 미리 저 깊은 홍해 바다 속에 대로(大路)를 만들어놓으신 것이다. '떨기나무' 책을 쓴 김승학 박사에 의하면 영국 해군사령부가 위성 촬영한 홍해지도를 통해 보면 시나이반도 쪽에서 경사가 6도 기울기로 서서히 바다 속으로 내려가다가 다시 완만한 넓은 길이 바다 건너편 미디안 땅까지 연결되어 있다고 한다*(P.118)*. 하나님은 3500년 전 홍해 바다에 대로를 미리 준비하신 것이다.

코로나 시대를 살아가는 우리에게 '여호와이레' 하나님은 미리 앞서 백신과 치료제를 만들어놓으셨다고 나는 확신한다. 성경의 역사가 그것을 증명하고 있지 않은가? 오늘 하루도 여호와께서 나를 대신하여 싸워주실 것이니, 그분만 끝까지 의뢰하고 잠잠히 기다리는 믿음의 성도들이 되어야 할 것이다.

오늘의 말씀 묵상
"모세가 백성에게 이르되 너희는 두려워하지 말고 가만히 서서 여호 와께서 오늘 너희를 위하여 행하시는 구원을 보라 여호와께서 너희를 위하여 싸우시리니 너희는 가만히 있을지니라"(출 14:13~14).

✻ ──────

고진감래(苦盡甘來)를
가르쳐주시는 하나님

홍해사건을 통해 갑자기 이스라엘의 영웅으로 등극한 모세가 200만 백성들을 이끌고 가나안땅으로 가는 중간에 수르 광야에서 잠시 머무르게 된다. 사흘 길을 걸어와서 너무나 목이 말랐으나, 물을 얻지 못하게 되었다. 그런데 '마라'라는 곳에서 우물을 발견하였다. 너무 기뻐서 급하게 물을 먹는데 도저히 써서 마실 수가 없었다.

그래서 그곳을 '마라(쓴 물)'라고 불렀던 것이다. 백성들은 조금 전까지 홍해바다를 육지같이 건너게 하신 전능하신 하나님의 놀라운 기적을 경험해놓고서 잠시 고난과 역경이 오자, 언제 그랬느냐는 식으로 금방 하나님을 원망하고 모세를 원망하게 된다.

이것은 단지 이들만의 문제일까? 우리도 그렇지 않은가? 어제까지만 해도 하나님의 놀라운 은혜와 기적을 통해 "하나님은 역시 살아계시네!"라고 쉽게 선포하고 다짐했건만, 조그마한 '마라' 같은 어려움이 오면 "하나님은 나만 미워해! 하나님이 정말 살아계실까?"라고 원망과 투정을 부리는 우리의 모습을 보게 된다.

하나님은 '마라의 쓴 물'에 나뭇가지를 던지게 함으로 '단물'로 바꾸어 주셨다. '고진감래(苦盡甘來, 쓴 것이 다하면 단 것이 온다)'라는 고사성어처럼, 지금 잠시 '마라의 쓴 물'을 먹더래도 조금만 참고 견디면서 반드시 합력하여 선을 이루시는 선하신 하나님을 믿음으로 바라보고 기다리는 성숙한 성도가 되어야 하지 않을까?

지금 우리는 전대미문(前代未聞)의 코로나와 전쟁을 한판 치르고 있다. 사람들의 표정을 보면 많이 지쳐있다. 힘들어한다. 기쁨의 표정을 찾아보기 어렵다. 조금만 참자!

하나님은 '홍해' 밑에 대로(大路)를 준비하는 분이 아니신가? 성탄절 전에 '백신'이 나올 것이고, 내년에는 '치료제'가 나올 것이다. '마라의 쓴 물'을 만날 때 이스라엘 백성처럼 하나님과 지도자를 원망하기보다는, 자신을 깊이 성찰해보며, 철저히 회개하는 기회로 삼는다면, 우리에게 많은 영적 유익이 있을 것이다.

오늘의 말씀 묵상

"모세가 홍해에서 이스라엘을 인도하매 그들이 나와서 수로광야로 들어가서 거기서 사흘 길을 걸었으나 물을 얻지 못하고 마라에 이르렀더니 그곳 물이 써서 마시지 못하겠으므로 그 이름을 마라라 하였더라 백성이 모세에게 원망하여 이르되 우리가 무엇을 마실까 하매 모세가 여호와께 부르짖었더니 여호와께서 그에게 한 나무를 가리 키시니 그가 물에 던지니 물이 달게 되었더라"(출 15:22~25).

✳ ──────

성공하는 사람의
세 가지 특징

이스라엘 백성이 애굽에서 나와서 가나안에 가까이 갔을 때 12명의 정탐꾼을 파송했다.

정탐꾼이 돌아와 보고하는데 10명의 정탐꾼은 그 땅에 들어갈 수 없다는 매우 부정적인 보고를 하였다. 그 땅은 비옥하고 과일이 잘 되지만, 성읍이 견고하고 거주민은 키가 장대한 사람들로 그들에 비하면 우리는 메뚜기와 같아서 싸워봐야 질 게 뻔하다는 것이다.

그런데 믿음의 사람 여호수아와 갈렙은 매우 긍정적인 보고를 했다. 젖과 꿀이 흐르는 그 땅을 하나님께서 우리에게 주셨고 하나님이 우리와 함께하시기 때문에 능히 승리하고 정복할 수 있다고 주장했다. 결과적으로 여호수아와 갈렙은 그들의 주장대로 가나안 땅에 들어가는 축복을 입었고, 부정적인 보고자들은 자신들의 말대로 가나안에 들어가지 못하고 광야에서 죽고 말았다.

그러면 2명의 긍정적인 보고자와 10명의 부정적인 보고자를 갈라놓은 것은 무엇일까? 다시 말해 성공하는 사람과 실패하는 사람은 어떤 차이가 있을까?

첫째로, 언어의 차이다. "할 수 없다"라는 부정적인 언어는 부정적인 결과를 가져온다. 헬라인들은 언어에 주술적인 능력이 있다고 믿었다. 말은 선포되면 그대로 성취된다는 것이다.

히브리인들은 이것을 신앙적으로 받아들였다. 그래서 야고보서 곳곳에서는 혀를 잘못 쓰면 불과 같아서 모든 것을 태워버릴 수가 있다고 경고했다.

둘째로, 긍정적인 태도이다. 긍정적인 태도는 밝고 아름다운 삶을 제공한다. 믿음의 눈으로 세상을 보면 모든 것을 할 수 있고, 모든 것이 가능해 보인다. 그러나 불신앙의 눈으로 보면 우리는 비참하고 아무것도 할 수 없는 존재들로 여겨지게 된다.

10명의 보고자들은 할 수 없다는 패배의식에 사로잡혀 있었던 것이다. 반면 2명의 정탐꾼들은 "올라가서 그 땅을 취하자. 능히 이기리라. 하나님께서 우리 편이시다"라고 주장했다. 태도는 사실보다도 중요하다는 말이 있다. 현재 주어진 환경의 여건보다 우리가 어떤 자세와 관점에서 보느냐 하는 것이 문제를 풀어 가는 지름길이 될 것이기 때문이다.

셋째로, 비교의식이다. 부정적인 보고자들은 가나안 거주민들과 자신들의 키를 비교하고 주눅이 들어버렸다. 그들의 견고한 성곽, 무장 등을 보고 변변한 무기조차 없고 훈련도 받아보지 못한 자신들과 비교했던 것이다.

여러분과 다른 사람을 비교하지 말라. 우리 각자는 하나님께서 주신 재능과 외모, 은사를 가지고 있다. 각기 장점을 인정하고 비교하지 말라. 오히려 재주와 능력, 외모가 다름에 감사하는 하루가 되어 보자!

오늘의 말씀 묵상

"갈렙이 모세 앞에서 백성을 조용하게 하고 이르되 우리가 곧 올라가 서 그 땅을 취하자 능히 이기리라 하나 그와 함께 올라갔던 사람들은 이르되 우리는 능히 올라가서 그 백성을 치지 못하리라 그들은 우리보다 강하니라"(민 13:30~31).

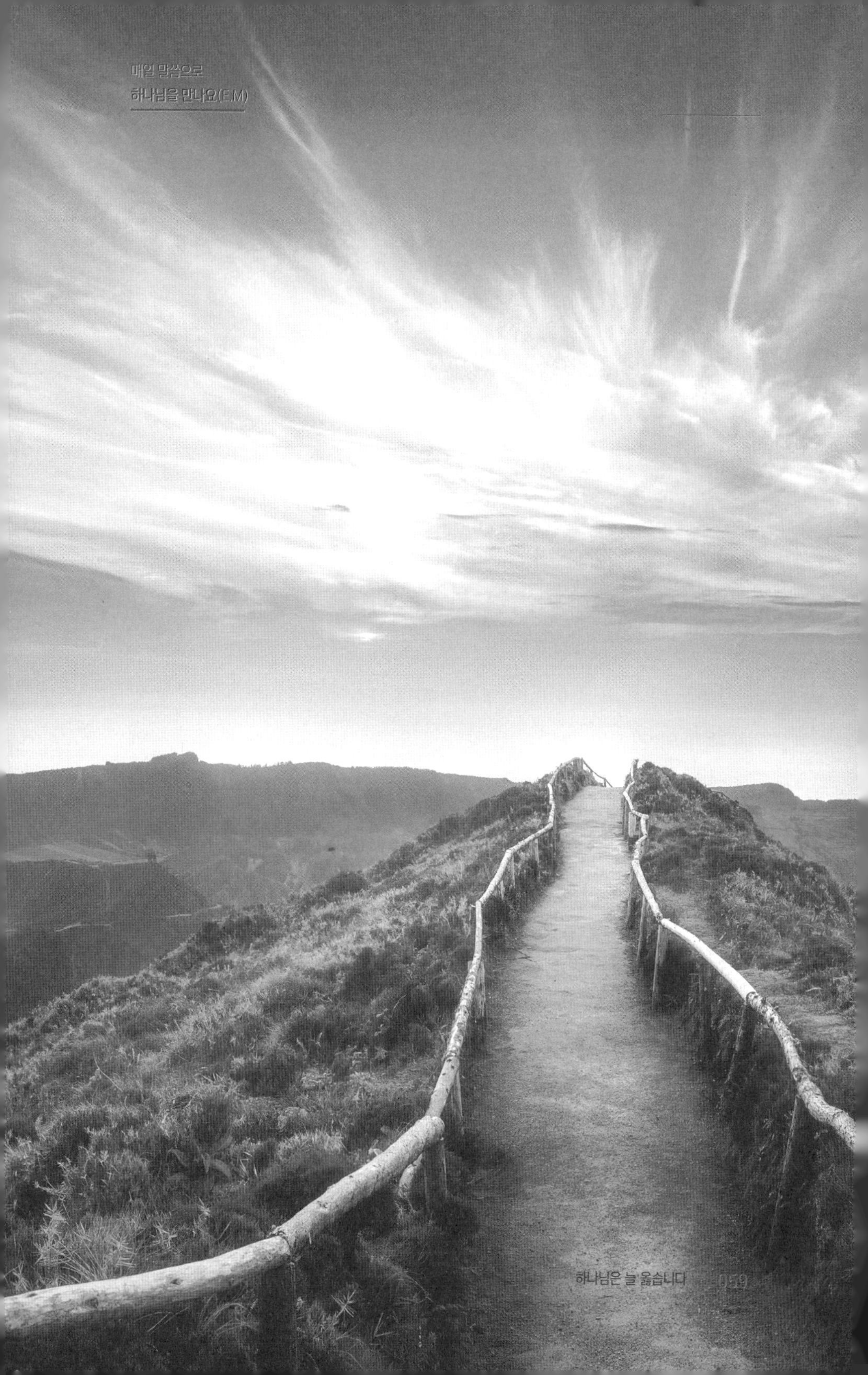

✳ ─────

영적 침체에서
벗어나는 길

시편 기자가 이렇게 말할 때 그의 영혼은 침체되었고, 그의 마음은 무거웠다. 다윗의 삶을 보면 슬프고 우울한 일이 많았다. 새 사냥 하듯이 다윗을 추격하였던 사울 왕의 박해, 믿었던 친구인 아히도벨의 배반, 아들 압살롬의 반역, 그리고 다윗의 죄들에 대한 자책감은 강인한 다윗을 압도시키고도 남음이 있었다.

다윗도 따져 보면 우리와 성정(性情)이 같은 사람이다. 그는 항상 산(山) 정상의 기쁨만 누리지 않았다. 그는 때때로 우울과 침체의 늪에서 괴로워했다. 그러나 다윗은 절망하지 않았고, 자신의 슬픔에 사로잡히지도 않았다. 그는 사냥꾼의 화살에 맞고 쓰러져서 소리만 지르며 버둥거리는 짐승처럼 행동하지 않았다.

그는 이성적으로 자신의 문제를 직시했다. 그는 자신에게 도전하였고, 우울의 원인이 무엇인지를 찾으려고 애썼다. 그는 자신에게 물었다. "내 영혼아 네가 어찌하여 낙망하여 하는고?" 그는 침체의 이유를 알고 싶어 했다. 이것이 침체에서 회복되는 첫걸음이 되는 경우가 많다. 속을 끓이며 불평하는 것은 아무 도움이 안 된다. 화를 내고 주먹을 휘둘러 보았자 영육 간에 하등의 유익이 없다. 필요한 것은 자성과 자문이다. "내 영혼아 네가 어찌하여 낙망하여 하는고?"

코로나가 장기화 되면서 많은 사람이 우울증을 호소하고, 믿음의 사람들은 영적으로 곤고하여 자칫 잘못하면 영적 침체를 가져올 수 있다. 우리는 이럴 때 다윗의 고백을 나의 고백으로 삼자! "내 영혼아 네가 어찌하여 낙심하며 어찌하여 내 속에서 불안해하는가 너는 하나님께 소망을 두라 그가 나타나 도우심으로 말미암아 내가 여전히 찬송하리로다." 아멘.

오늘의 말씀 묵상

"내 영혼아 네가 어찌하여 낙심하며 어찌하여 내 속에서 불안해하는 가 너는 하나님께 소망을 두라 그가 나타나 도우심으로 말미암아 내가 여전히 찬송하리로다"(시 42:5).

✳ ──────

보라!
내가 새 일을 행하리라

하나님은 창세 전부터 나를 택정하여 세웠다고 말씀하신다. 하나님은 내 인생을 향한 놀라운 계획을 갖고 계신다는 뜻이다. 따라서 새로움은 하나님으로부터 시작된다. 그 새로움은 이미 계획되었고 주님을 만나는 그 순간 계획이 눈에 보이기 시작할 것이다. 예수님이 베드로의 배에 타셨을 때 베드로가 사람을 낚는 어부로 완전히 새롭게 변할 것을 미리 보신 것이다.

본문은 이스라엘 백성이 가장 어두울 때 주시는 말씀이다. 하나님 안에서 우리는 언제나 소망이 있는 것이다. 우리 인생에 절망이 찾아올 때가 있다. 나의 실패를, 절망을 하나님의 실패와 절망으로 보기 때문이다. 인간이 실패했다고 해서 하나님께서 실패하신 것은 아니다. 하나님은 여전히 살아 역사하신다. 하나님께서 새로운 일을 행하신다. 그래서 우리 인생에는 늘 가능성이, 기회가 남아 있는 것이다. 새 일을 행하실 하나님을 기대해보자!

잊지 말아야 할 한 가지 중요한 사실은 '하나님'이라는 존재이다. 예수 그리스도의 십자가 사건을 통해 나를 구원하신 하나님을 기억하라! 깊은 절망에서 나를 구원하신, 여기까지 오게 하신 그 하나님이 오늘 내 인생을 절대 버려두지 않기 때문이다.

이스라엘 백성을 이집트에서 구원해 내신 하나님, 홍해 바다를 가르신 하나님이 말씀하신다. "이전 일을 기억하지 말라." 내가 했던 실패도 기억하지 말라. 나의 하나님은 역전의 하나님이시기 때문이다. 하나님은 나의 실패를 역전하실 수 있는 분이다. 어젯밤에 무슨 일이 있었을지라도 과거에 어떤 실패가 있었을지라도 예수님은 지금 모든 것을 새롭게 하실 수 있는 전능하신 분이시기 때문이다. 그러므로 계속해서 "과거를 기억하지 말라"라고 하시는 것이다.

"그런즉 누구든지 그리스도 안에 있으면 새로운 피조물이라 이전 것은 지나갔으니 보라 새것이 되었도다"(고후 5:17). 오늘 올해 마지막 송구영신예배(31일)를 통해서 지난 묵은해를 과감히 떠나보내고, 내년 (2021년)에 새 일을 행하실 하나님을 희망 중에 바라보며, 기대하는 마음으로 새해를 맞이해보면 어떨까!

오늘의 말씀 묵상

"너희는 이전 일을 기억하지 말며 옛날 일을 생각하지 말라 보라 내가 새 일을 행하리니 이제 나타낼 것이라 너희가 그것을 알지 못하겠느냐 반드시 내가 광야에 길을 사막에 강을 내리니 장차 들짐승 곧 승냥이와 타조도 나를 존경할 것은 내가 광야에 물을 사막에 강들을 내어 내 백성 내가 택한 자에게 마시게 할 것임이라 이 백성은 내가 나를 위하여 지었나니 나를 찬송하게 하려 함이니라"(사 43:18~21).

✳ ─────

기도하면
상황이 역전된다

　오늘의 주인공 '한나'는 남편의 사랑을 갑절로 받았으나, 한가지 채워지지 않은 결핍이 있었으니 그것은 바로 '자식'을 낳지 못한 것이다. 남들이 쉽게 가지고 있는 것을 나만 못 가질 때가 있다. 그때는 많이 속상하고 괴롭다.

　모든 가정마다 기도의 제목이 한 가지 이상 없는 집은 없을 것이다. 한 가지 재미있는 이야기가 있다. 서울에서 1천 명 이상 출석하는 큰 교회를 담임하는 목사님들 중에는 의외로 많은 가정이 자녀 문제로 가슴 아파한다는 것이다. 반대로 개척교회를 하는 목사님들의 자녀들이 일찍 철이 들고, 부모에게 효도하며, 자기 앞길을 알아서 잘 개척하며 멋지게 자라간다는 것이다. 그런 것을 보면 하나님은 공평하시고, 한가지 부족 때문에 겸손해지고, 하나님 앞에 엎드리는지도 모른다.

　'한나'도 마찬가지이다. 자기의 부족 때문에 하나님 앞에 나아와 기도하고, 통곡하며, 울부짖고 있지 않은가? 그럴 때 하나님은 그 눈물의 기도를 외면하시지 않고 응답해주신다는 사실이다. "그들이 아침에 일찍이 일어나 여호와 앞에 경배하고 돌아가 라마의 자기 집에 이르니라 엘가나가 그의 아내 한나와 동침하매 여호와께서 그를 생각하신지라 한나가 임신하고 때가 이르매 아들을 낳아 사무엘이라 이름하였으니 이는 내가 여호와께 그를 구하였다 함이더라"*(삼상 1:19~20).*

기도 응답의 방법중에 하나가 바로 '서원기도'이다. 한나는 11절에서 "만군의 여호와여 만일 주의 여종의 고통을 돌보시고 나를 기억하사 주의 여종을 잊지 아니하시고 주의 여종에게 아들을 주시면 내가 그의 평생에 그를 여호와께 드리고 삭도를 그의 머리에 대지 아니하겠나이다"라고 기도하였다.

우리도 한나의 기도를 본받아 지혜롭게 '서원기도'를 적절히 잘 활용하면 좋을 것 같다. "주여! 이 소원을 들어주시면, 남은 인생 하나님의 영광을 위해서, 주님을 기쁘시게 하는 삶을 살겠습니다. 또한, 주님의 제단 앞에 이러 이러한 헌신을 하겠습니다." 아멘.

오늘의 말씀 묵상
"한나가 마음이 괴로워서 여호와께 기도하고 통곡하며 서원하여 이르되 만군의 여호와여 만일 주의 여종의 고통을 돌보시고 나를 기억하사 주의 여종을 잊지 아니하시고 주의 여종에게 아들을 주시면 내가 그의 평생에 그를 여호와께 드리고 삭도를 그의 머리에 대지 아니하겠나이다"(삼상 1:10~11).

✳ ────────

자카르의
은혜(恩惠, grace)

"하나님이 라헬을 생각하신지라 하나님이 그의 소원을 들으시고 그의 태를 여셨으므로"*(창 30:22)*. 히브리어 '자카르'는 '표시하다, 기억하다'라는 뜻으로 항상 마음속 깊이 새기고 살아가는 상태를 가리킨다. 그렇다. 여호와 앞에 애통하는 마음으로, 가난한 마음으로, 절박한 심정으로 간절히 기도하면 하나님은 반드시 기억하시고 생각해 주시고 응답을 주신다.

성경에는 한나 외에도 이삭을 낳은 아브라함의 아내 사라, 요셉을 낳은 야곱의 아내 라헬, 삼손을 낳은 마노아의 아내, 세례 요한을 낳은 사가랴의 아내 엘리사벳 등이 모두 기도할 때 하나님은 그들을 생각하사 은혜를 내리셨다. 이 여인들의 공통점은

①기도 응답으로 늦게 얻은 자식들이 모두 하나님의 선물로 간주되었다는 것과

②그렇게 얻은 자식들 역시 모두 하나님께 특별히 헌신된 믿음의 인물들로 자라갔다는 것이다.

사무엘도 마찬가지였다. "그의 남편에게 이르되 아이를 젖 떼거든 내가 그들 데리고 가서 여호와 앞에 뵙게 하고 거기에 영원히 있게

하리이다"*(삼상 1:22)*. 사무엘은 레위인이었으므로 당연히 성소에서 봉사할 수 있었지만, 그러나 레위인의 봉사라 해도 일반적으로는 30세에서 50세까지였다*(민 4:30)*. 그런데도 사무엘의 경우는 어머니 한나의 서원이 있었으므로 '평생을'*(11절)* 하나님 앞에서 봉사하게 된 것이다. "그를 여호와께 드리되 그의 평생을 여호와께 드리나이다"*(삼상 1:28)*.

이렇듯 한나가 하나님께서 아들을 주시면 그를 바치겠다고 한 것은 결코 일시적인 위탁이 아니었다. 영원한 양도를 의미했다. 한나의 그것은 모성애를 초월한 헌신의 결단이었음을 확인할 수 있다. 이는 하나님의 사랑에 감동된 자만이 가능한 결단이다. 한나는 사무엘의 출생이 전적으로 자신의 기도에 대한 하나님의 응답이요, 은총임을 굳게 믿었기에 자신의 서원을 파기하지 않고 끝까지 아들을 하나님께 도로 바칠 수 있었던 것이다.

결국, 하나님은 이런 한나의 귀한 믿음을 보시고 그를 생각하사 사무엘 외에 다시 세 아들과 두 딸을 더 주셨다*(삼상 2:21)*. 총 4남 2녀를 얻게 된 것이다. 우리 성도님들에게도 이런 하나님의 특별하신 은혜와 은총이 올해 새해를 맞이하여 임하기를 주님의 이름으로 축원드린다. 아멘.

오늘의 말씀 묵상
"엘가나가 그의 아내 한나와 동침하매 여호와께서 그를 생각하신지라"(삼상 1:19).

하나님이
세우시는 사람

"그의 말이 하나도 땅에 떨어지지 않았다"(삼상 3:19)라고 하였다. 그것에는 이유가 있다. 하나님께서 사무엘과 함께 계셨기 때문이다. 그렇다. 하나님과 함께 있는 것보다 더 큰 능력을 발휘하는 것은 없다. 하나님께서 함께 계심으로 사무엘의 뒤를 굳건하게 받쳐주고 있었음을 알 수 있다. 본문에는 '여호와께서' 라는 단어가 무려 3번이나 반복해서 등장한다. 우리의 삶 속에서도 마찬가지이다.

이스라엘의 위대한 왕 다윗도 어디를 가든지 여호와께서 이기게 하셨다(삼하 8:6). "다윗의 집은 점점 강하여 가고 사울의 집은 점점 더 약하여 가니라"(삼하 3:1). "다윗이 그의 모든 일을 지혜롭게 행하니라 여호와께서 그와 함께 계시니라 다윗이 사울의 모든 신하보다 더 지혜롭게 행하매 이에 그의 이름이 심히 귀하게 되니라"(삼상 18:15, 30). 이러한 위대한 축복을 받은 이유를 한 절에서 볼 수가 있다. "만군의 하나님 여호와께서 함께 계시니 다윗이 점점 강성하여 가니라"(삼하 5:10). 한마디로 '여호와께서 함께하시기 때문'에 가능했던 것이다. 오늘 하루 살아가는 동안 임마누엘 하나님이 나와 함께 하신다면 무엇이 두렵겠는가? 강하고 담대하게 살아가자!

"온 이스라엘이 사무엘은 여호와의 선지자로 세우심을 입은 줄을 알게 되었다"*(삼상 3:20)*. 사무엘은 본래 '성전의 사환'이었다. 성전에서 제사장의 일을 도우며 하루하루를 살아가는 평범한 존재였다. 그런데 하나님은 그런 사무엘의 용도를 한순간에 바꾸셨다. 단순한 '성전사환'에서 이스라엘 전체를 섬기고 지도하는 '선지자'로 세우신 것이다. 당시는 왕이 없던 시기였기 때문에, 선지자는 왕의 존재감 이상의 의미를 지니고 있었다. 그것이 바로 하나님의 사람만이 누릴 수 있는 특권이요, 은혜인 것이다. 일반적인 사람들은 스스로 뭔가를 이루기 위해 바둥거리지만, 하나님의 사람들은 하나님의 인도하심에 모든 것을 맡긴다. 스스로 뭔가가 되기 위해 권모술수를 쓰지도, 잔머리를 굴리지도 않는다. 다만 자신에게 맡겨진 일을 하나님 보시기에 정직하게 수행할 따름이다. 그런데 바로 그런 모습을 하나님은 보시고, 그를 가장 적절한 곳으로 이끄셔서 사용하시는 것이다.

사무엘은 하나님의 세우심으로, 단에서 브엘세바까지 전 이스라엘이 믿고 따르는 선지자로 인정을 받게 되었다. 하나님의 주권적인 섭리로 가능한 일이었다. 결론적으로 "하나님께서 세우시기로 작정하시면 못할 것이 없다." 하지만 자신의 노력으로 스스로 높아지려고 하면 그것이 마음대로 안 되는 것이다. 이것이 성경에서 가르쳐주는 교훈이다.

오늘의 말씀 묵상

"사무엘이 자라매 여호와께서 그와 함께 계셔서 그의 말이 하나도 땅에 떨어지지 않게 하시니 단에서부터 브엘세바까지의 온 이스라엘이 사무엘은 여호와의 선지자로 세우심을 입은 줄을 알았더라 여호와께서 실로에서 다시 나타나시되 여호와께서 실로에서 여호와의 말씀으로 사무엘에게 자기를 나타내시니라"(삼상 3:19~21).

✳ ────────

코로나와 에벤에셀

40년 동안 블레셋의 압제에 시달리던(삿 13:1) 이스라엘이 싸움에서 이겼을 뿐 아니라 가나안 서쪽까지 블레셋 군대를 공격하여 쫓아낼 수 있었던 것은, 오직 하나님의 절대적인 도우심이 있었기에 가능한 일이었다. "사무엘이 돌을 취하여 미스바와 센 사이에 세워 이르되 여호와께서 여기까지 우리를 도우셨다 하고 그 이름을 에벤에셀이라 하니라"(삼상 7:12).

'에벤에셀'은 '도움의 돌'이란 뜻으로 미스바 전투의 승리가 오직 하나님의 도우심이었음을 오고 오는 세대들에게 증거하기 위해 세운 기념비이다. 실제로 '블레셋' 사람들이 굴복하여 다시는 이스라엘 지역 안에 들어오지 못하였으며 여호와의 손이 사무엘이 사는 날 동안에 블레셋 사람을 막으셨다(삼상 7:13)고 성경은 증언하고 있다.

아울러 회복의 은총을 베푸시는 하나님을 오늘 만나볼 수 있다. "이스라엘이 그 사방 지역을 블레셋 사람들의 손에서 도로 찾았고 또 이스라엘과 아모리 사람 사이에 평화가 있었더라"(삼상 7:14). 그동안 접경 지역인 이스라엘 동쪽의 성읍들은 오랫동안 블레셋의 통치와 압제하에 있었다. 그런데 사무엘 시대, 미스바 성회를 기점으로 모두 되찾게 된 것이다. '에벤에셀'은 사무엘과 이스라엘이 미스바 성회에서 하나님께 바친 위대한 신앙고백이자, 오늘 우리에게 남긴 위대한 신앙간증인 셈이다.

모든 인간 모임을 한순간에 빼앗아 가버린 '코로나' 시대를 살면서 우리가 꼭 세워야 할 기념비가 있다면 바로 이 '에벤에셀'인 것이다. 우리의 가슴마다 '하나님께서 여기까지 우리를 도우셨다'라는 뜻의 '에벤에셀'의 기념비를 세우고 감사한다면 조만간 우리도 일상을 되찾게 될 것이고(*회복의 은총*), 사무엘 시대 미스바의 백성들처럼 반드시 승리하게 하실 것을 나는 확실히 믿는다.

오늘의 말씀 묵상
"사무엘이 돌을 취하여 미스바와 센 사이에 세워 이르되, 여호와께서 여기까지 우리를 도우셨다 하고 그 이름을 에벤에셀이라 하니라"(삼상 7:12).

두려움에 떨 것인가?
극복할 것인가?

본문 17장 1~2절에서 하나님은 우리를 영적 군사로 불러주셨다는 것을 알 수 있다. 블레셋 사람들이 이스라엘과 싸우고자 하여, 진 치고, 전열을 벌였으니… 성경은 전쟁의 역사서라고 해도 과언이 아니다. 에덴 동산에 전쟁을 선포한 사단이 등장한다(뱀). 결국, 이 전쟁에서 아담과 하와가 패배해 버렸다. 만약 이때 이 전쟁을 이겼더라면… 이 세상은 완전히 달라졌을 것이다.

또한, 아브라함이 조카 롯을 구출하기 위해 사병 318명을 이끌고 가서 전쟁을 치르고 모두 되찾아온다. 여호수아가 아모리 사람들과 전쟁을 치를 때 그 유명한 태양이 멈춘 사건을 기억하고 있다. 하나님이 직접 전쟁에 개입하신 사건이다. 기드온이 미디안 12만 명을 300명의 용사로 물리치지 않았는가?

하나님의 승리를 보면 숫자, 데이터가 중요한 것이 아님을 알 수 있다. 그러나 이 전쟁에서 이기게 되면 반드시 포상금을 받게 되는데, 다윗은 골리앗과 한판 전쟁을 치르고 포상으로, 사울의 딸 '미갈'을 얻게 되어 한 나라 왕의 사위가 되는 영광을 누리고, 부상으로 많은 재물을 얻게 되고, 세금도 면제받게 된다(25절).

본문 11절에서 사울과 이스라엘이 블레셋의 골리앗을 두려워 하는 모습을 보게 된다. 그때 해성같이 나타난 다윗이라는 소년을 보라. 그는 아버지 이새의 도시락 심부름으로 형들이 거하는 전쟁터에 가게 되는데, 우연히 하나님을 무시하고, 업신여기는 골리앗을 보게 된다. 그때 다윗은 사울처럼 두려워 떨고 있지 않고 도리어 하나님이 주시는 강력한 믿음과 담대함으로 골리앗 앞에 나아갔다. 다윗은 형들처럼 군대에도 안 갔고, 하나님을 철저히 의지하고 신뢰한 소년이었다*(46~47절).*

"오늘 여호와께서 너를 내 손에 넘기시리니 내가 너를 쳐서 네 목을 베고 블레셋 군대의 시체를 오늘 공중의 새와 땅의 들짐승에게 주어 온 땅으로 이스라엘에 하나님이 계신 줄 알게 하겠고 또 여호와의 구원하심이 칼과 창에 있지 아니함을 이 무리에게 알게 하리라 전쟁은 여호와께 속한 것인즉 그가 너희를 우리 손에 넘기시리라"*(삼상 17:46~47).* 환경을 바라보지 않고 불가능을 가능케 하시는 전능자 하나님, 전쟁은 여호와께 속한 것임을 정확히 알고 있었던 것이다. 오늘 하루 우리도 다윗 같은 담대함으로 하나님을 끝까지 신뢰함으로 우리 앞에 있는 어떤 대적*(골리앗)*도 물리치고 승리하는 복된 한날이 되어보자!

오늘의 말씀 묵상

"사울과 온 이스라엘이 블레셋 사람의 이 말을 듣고 놀라 크게 두려워하느라"
(삼상 17:11).

✳ ─────────

나의 장점을 통해
역사하시는 하나님

우리 공동체를 해치는 것 중 하나가 바로 '부정적인 소리'를 퍼트리는 것이다. '낙담하게 만드는 말'은 우리 모두의 공공의 적이다. 왜냐하면, 그 부정적인 소리가 우리를 낙담하게 만들고, 우리가 한 걸음도 떼지 못하게 함으로 결국 인생을 주저앉혀 아무것도 못 하게 만들기 때문이다. 어떤 사람은 99%의 가능성이 있어도 1%의 불안한 것 때문에 사업을 못 하는 사람이 있다. 반면에 어떤 사람은 1%의 가능성이 있고 99%의 불안한 요소가 있어도 하나님께 묻고 그 길이 바르다고 하면 소처럼 묵묵히 밀어붙이는 사람이 있다. 결국, 그런 사람이 기적을 일으키는 사람(미라클 맨)이 되는 것이다.

성경은 말하고 있다. "할 수 있거든이 무슨 말이냐 믿는 자에게는 능치 못할 일이 없느니라"(막 9:23). "내게 능력주시는 자 안에서 내가 모든 것을 할 수 있느니라"(빌 4:13). 모양 빠진 다윗을 한번 상상해보라. 시골 촌놈이 갑자기 사울 왕 앞에 나타나 자기가 나라를 구하겠다고, 골리앗을 한방에 물리치겠다고 하니 누가 믿어주겠는가? 모두가 부정적인 말을 했다. 그 소리가 사울의 귀에도 들어갔다. 그것을 감지한 다윗은 사울에게 "사람이 낙담하지 말 것이라 주의 종이 가서 저 블레셋 사람과 싸우리이다"*(32절)*. 그때 사울은 "너는 소년이요 그는 어려서부터 용사임이니라"라고 했다. 이는 "네 주제를 알라. 못 올라갈 나무를 쳐다보지도 말라"라는 말이다.

지금도 사단은 우리 귀에다 대고 "야, 네까짓 게 무엇을 할 수 있겠니? 안 돼! 너는 못 해, 너는 할 수 없어"라는 부정적인 소리로 우리를 낙담하게 만들고 포기하게 만든다. 그러나 다윗은 하나님이 나와 함께 하심을 들판에서 이미 보고 듣고 경험했던 것이다. "주의 종이 사자와 곰도 쳤은 즉 살아 계시는 하나님의 군대를 모욕한 이 할례 받지 않은 블레셋 사람이리이까"*(36절)*. 다윗은 이미 현장에서 승리한 경험이 있었던 것이다. 그의 삶 속에서 이미 확실한 증거를 가지고 있었던 것이다. 그의 무기는 '익숙한 물 매돌'이었다. 다른 것은 몰라도 자신이 '돌'로 사자와 곰을 맞추어 쓰러트렸던 사실, 팩트*(fact)*를 기억하고 있었다. 자신의 장점이 바로 '자신의 손에 들린 물 매돌'이었던 것이다. 하나님은 지금도 나에게 없는 것 가지고 무슨 일을 시키시지 않는다. 내가 가지고 있는 평소에 익숙한 것을 통해 하나님의 위대한 일을 행하시는 분이시다. 오늘 하루도 내가 기도에 익숙하고, 말씀에 익숙하고, 사업에 익숙하고, 공부에 익숙하다면 하나님은 반드시 그것으로 위대한 기적을 만들어내는 '미라클 맨'이 되게 하실 것이다.

오늘의 말씀 묵상

"다윗이 사울에게 말하되 그로 말미암아 사람이 낙담하지 말 것이라 주의 종이 가서 저 블레셋 사람과 싸우리이다 하니 사울이 다윗에게 이르되 네가 가서 저 블레셋 사람과 싸울 수 없으리니 너는 소년이요 그는 어려서부터 용사임이니라"
(삼상 17:32,33).

키 라예호와 함 밀르하마
(전쟁은 여호와께 속한 것)

이 세상은 총과 칼과 창의 지배를 받는 것처럼 보인다. 하지만 '전쟁은 여호와께 속한 것'으로 '만군의 여호와'(에호와 체 바오트) 하나님의 이끄심에 따라 전쟁에서 이길 수도, 질 수도 있는 것이다. 제3차 중동전쟁&6일 전쟁은 1967년 아랍-이스라엘 전쟁으로 이스라엘을 상대로 주변 국가인 이집트, 요르단, 시리아, 레바논이 연합하여 벌인 전쟁이다. 강원도 땅 밖에 안되고 인구 수백만인 이스라엘이, 수억의 아랍인들을(100배 차이) 무찌르고 대승리를 거두었다. 그것도 단 6일 만에(6월 5~10일). 그리고 7일째는 안식일을 회당에서 지켰다. 이 전쟁 이후에 이스라엘군의 사기와 국제적 우위는 증가 되었고, 이스라엘의 영토는 3배나 커졌다.

결국, 하나님이 하신 것이다. 오늘도 하나님은 우리를 두렵게 하는 칼과 창(코로나, 환경적 어려움)을 바라보지 않기를 원하신다. 위를 바라보라는 것이다. 사면이 막혀있을지라도 하늘 문만 열려있으면 문제가 문제 될 것이 없다.

세상은 우리를 업신여기고 우습게 생각할 수 있다. 다윗을 향해 쏟아붓는 저주와 협박을 봐도 알 수 있다. "다윗을 보고 업신여기니 젊고 붉고 용모가 아름다움이라"*(삼상 17:42)*. 아직 애송이로, 아마추어로, 얼굴에 솜털이 난 미소년으로 본 것이 골리앗의 치명적 실수였다. 실제로 이때 다윗의 나이는 15~17세 정도였다*(주석참고)*. 이 말은 하나의 팩트*(사실)*이다. 그렇지만 다윗에게는 한가지 무기가 장착되어있다. 하나님을 만국의 여호와 하나님으로 안 것*(45절)*과, 전쟁은 여호와께 속한 것임을 알았다*(47절)*는 것이다. 또 하나는 다윗이 '익숙한 물맷돌'을 가지고 있었다는 것이다. "손을 주머니에 넣어 돌을 가지고 물매로 던져 블레셋 골리앗의 이마를 치매 돌이 그의 이마에 박히니 땅에 엎드러지느라"*(삼상 17:49)*. 여기서 '박히니'는 히브리어로 '타바'라는 말로 '물에 풍덩 빠지다'는 뜻이다. 완전히 돌이 날아가서 골리앗의 이마에 탄알처럼 들어가서 두개골을 완전히 부숴버린 것이다. 결국, 그 자리에서 꼬꾸라져 버린 것이다. 얼마나 통쾌한 승리인가?

40일 동안 계속 이스라엘을, 다윗의 형들을 괴롭히고, 깝죽대고, 하나님을 모욕하던 골리앗이 한 방에 가버린 것이다. 우리에게도 이런 '한방'이 필요하다. "주여! 우리에게도 영적 파워를 주소서! 기도에 익숙한 자, 말씀에 익숙한 자가 되게 하셔서 다윗처럼 나라를 구원하고, 가족을 구원해 내게 하소서!"

오늘의 말씀 묵상

"또 여호와의 구원하심이 칼과 창에 있지 아니함을 이 무리에게 알 게 하리라, 전쟁은 여호와께 속한 것인즉 그가 너희를 우리 손에 넘기시리라"(삼상 17:47).

✳ ─────

무명의 다윗에서
영웅이 되기까지

17장의 다윗과 18장의 다윗은 180도로 달라진 삶을 살았다. 사무엘상 17장 55절에서 사울은 군사령관 아브넬에게 갑자기 나타나 골리앗을 한방에 무찌른 소년이 누구의 아들이냐고 물을 때 그는 "내가 알지 못하나이다"라고 맹세하면서까지 단연코 모른다고 했다. 그도 그럴 것이 농촌에서 양을 치는 평범한 소년을 누가 알겠는가? 그랬던 그가 18장에 와서는 180도로 달라진다. "그날에 사울은 다윗을 머무르게 하고 그의 아버지의 집으로 다시 돌아가기를 허락하지 아니하였고"*(2절)*.

한마디로 다윗은 왕궁 내각에 스카우트 되어서 이제는 시골 아버지 이새의 집에서 살 필요가 없어졌다. 더 이상 양이나 치는 목동이 아니라, 군대 장군으로 요즘 말하면 '국방부 장관'으로 임명되어서, 매일 왕궁에 머물며, 왕과 함께 식사하며, 왕실 상아 침대에서 잠을 자고, 산해진미가 가득한 식탁을 매일 접하게 되었다. 하루아침에 국민 영웅으로 등극한 것이다. 마치 요즘 미스터 트로트로 영웅이 된 '임영웅'처럼 말이다. 아버지 이새의 말씀을 순종*(형 도시락 심부름)*했고, 하나님을 누구보다 더 뜨겁게 사랑한 다윗이 하나님을 모욕하는 블레셋 장수 '골리앗'과 목숨 걸고 맞장을 뜬 것이고, 만군의 여호와 하나님만을 의지하고 물매 돌을 던진 믿음의 행위로 결국 무명의 다윗이 영웅이 된 것이다.

　무명한 다윗이 유명한 왕이 되기까지 친구 '요나단'의 전폭적인 지지가 있었다. 세상을 바꾸려면 혼자의 힘으로는 안 되는 것이다. 반드시 돕는 동역자가 필요하다. 미국 제46대 대통령인 '조 바이든'이 어제 백악관에 입성하고 대통령 취임식을 하므로 공식적인 대통령의 첫걸음을 떼었다. 그도 그 자리에 오르기까지 수많은 지지자와 '요나단' 같은 동역자가 없었더라면 불가능했을 것이다. '요나단'은 다윗을 생명같이 사랑했다(1절). 마치 '예수님'이 나를 생명같이 사랑하사 십자가에서 죽기까지 하신 것처럼 말이다.

　"내 친구 되신 예수님 날 구원하시려고 그 귀한 몸을 버리사 내 죄를 대속했네"(찬송가 90장 2절). '요나단'은 '다윗'을 위해 자신의 모든 기득권을 포기하고(왕자로서 당연히 아버지 사울에 이어서 왕이 될 수 있음에도 불구하고) 모든 것을 던져, 끝까지 친구를 돕다가 자신은 전쟁터에서 애석하게 죽게 된다. 정말 아련하고 가슴 아픈 찐 우정의 모습이다. 우리도 이런 '요나단' 같은 동역자, 친구를 만나야 한다. "주여, 우리에게도 이런 만남의 복을 허락하소서! 나의 진정한 친구 되어주신 예수님, 오늘 하루도 내 손을 꼭 붙잡고 가소서! 아멘."

오늘의 말씀 묵상
"그날에 사울은 다윗을 머무르게 하고 그의 아버지의 집으로 다시 돌아가기를 허락하지 아니하였고"(삼상 18:2).

사면초가(四面楚歌)에
직면한 다윗

"사울이 죽인 자는 천천이요 다윗은 만만이로다"라는 소리를 듣고 그때부터 사울은 자기 사위 다윗을 경쟁자, 라이벌로 생각하고 시기, 질투를 하게 된다. 그리고 마음의 평정심을 잃어버리고 상대방을 오해하고 혼자 소설을 쓰는 정신질환을 심하게 앓게 된다. 그러면서 악한 영이 사울에게 들어간다. 그리고 얼마 후 다윗이 평일과 같이 손으로 수금을 타는데 사울이 손에 창이 있음을 알고 순간 그것을 던져버린다. 그 위기를 피하자, 한 번 더 던진다. 목숨이 위태로운 상황이 벌어지면서 다윗은 사면초가에 직면하게 된다.

우리도 살다 보면 나를 오해하고, 나를 미워하고, 나를 힘들게 하고, 괴롭히는 사람을 만날 수 있다. 그때 우리가 취할 수 있는 태도는 오늘 주인공처럼 친구 '요나단'에게 나아가는 것이다. "다윗이 도망하여 요나단에게 이르되"(삼상 20:1). '요나단'은 신약의 예수님으로 비유할 수 있다. 요나단이 사면초가에 빠진 친구 다윗에게 "결단코 너는 죽지 아니하리라. 아무도 너를 해치지 못하리라"라고 하면서 안심을 시킨다.

우리가 어려움을 당할 때 우리는 누구에게 피하는가? 우리 인생의 문제의 해결사 되신 예수님께 피하면 어떨까? 결국, 요나단의 도움으로 안전하게 보호받고 머리카락 하나, 눈썹 하나 상하지 않게 되지 않는가? 그리고 결국은 사울이 전쟁터에서 죽지 않는가? 우리를 힘들게 하는 세력, 악한 영은 결국 예수 이름 앞에 녹아 나중에는 우리에게 아무런 해코지를 못 하는 것이다. 코로나 때문에 우리는 절대 죽지 않고 망하지 않는다. 이 사실을 믿고 담대하게 살아가자!

"네 마음의 소원이 무엇이든지 내가 너를 위하여 그것을 이루리라"(4절). 오늘 하루도 예수님께 피하는 인생은 반드시 마음의 소원이 무엇이든지 이루어지며, 나를 너무너무 사랑하시기 때문에(십자가에서 보여주신 것처럼, 아낌없이 모든 것을 쏟아 부어주시는 사랑-물과 피를 남김없이) 넉넉히 승리하게 될 줄을 확실히 믿는다. "주여, 이제는 예배가 회복되게 하소서! 코로나에 두려워하지 말고 믿음으로 아버지 앞에 대면하게 하소서! 현장에 나와서 함께 예배하며 하나님을 직접 대면하게 하소서!"

오늘의 말씀 묵상

"요나단이 다윗에게 이르되 네 마음의 소원이 무엇이든지 내가 너를 위하여 그것을 이루리라" (삼상 20:4).

✳ ──────

점점 강성(强性)하여 가니라

오늘 본문(1~10절)은 다윗이 드디어 온 이스라엘의 왕으로 취임하는 내용을 다루고 있다. 다윗에게 있어서 10년 가까운 세월은 연단의 시간이요, 철저히 하나님만을 의뢰하는 단련의 시간이었다. 사실 다윗이 왕이 될 것을 예상한 사람은 한 사람도 없었을 것이다. 왜냐하면, 그는 평범한 목동이요, 흙수저로 태어났기 때문이다. 그것도 막내로 말이다. 존재감 자체가 없는 것이다. 용모도 사울처럼 출중하지도 않았다.

하지만 하나님이 그를 왕으로 세우고자 하심에는 아무도 막을 자가 없었다. 그의 아버지 이새도, 사울 왕도, 사무엘도(처음에는 다윗의 형들에게 기름을 붓고 왕으로 세우려고 하지 않았는가?) 사울 왕의 신하들도 막을 자가 없었던 것이다. "'그들이 다윗에게 기름을 부어 이스라엘 왕으로 삼으니라"(삼하 5:3). 비록 나는 부족하지만, 하나님이 나와 함께하시기만 하면 불가능한 상황이 가능한 상황으로 역전되는 것이 성경의 역사 아닌가?

"만군의 하나님 여호와께서 함께 계시니 다윗이 점점 강성하여 가니라"(삼하 5:10). 그렇다. 세상의 그 어떤 빽보다 하나님의 빽이 최고다. 만군의 하나님 여호와께서 함께 계시기만 한다면 말이다. 특별히 다윗의 장점은 중요한 일을 하기 전에 꼭 하나님 아버지께 물어보았다는 것이다. 그것은 하나님을 그만큼 경외하고 존중했다는 의미이다. 자식이 부모에게 꼬박꼬박 물어보고 행동한다면 그런 자식을 부모가 얼마나 예뻐하고 사랑스러워하겠는가?

 "다윗이 여호와께 여쭈어 이르되 내가 블레셋 사람에게로 올라가리이까 말리이까"(삼하 5:19). "다윗이 여호와께 여쭈니 이르시되 올라가지 말라"(삼하 5:23). 다윗이 하나님께 사랑받은 이유가 바로 묻는 습관을 지녔다는 것이다. 그럴 때 하나님은 다윗에게 승리를 선물로 주시는 것이다. "이에 다윗이 여호아의 명령대로 행하여 블레셋 사람을 쳐서 게바에서 게셀까지 이르니라"(삼하 5:25). 전쟁에서 승리하고 영토를 확장하며 점점 다윗의 이름이, 명성이 온 세상에 떨쳐지는 것을 보게 된다.

오늘의 말씀 묵상
"만군의 하나님 여호와께서 함께 계시니 다윗이 점점 강성하여 가니라"(삼하 5:10).

* ———————

은총(恩寵, grace)을
베풀리라

　다윗은 목숨 같은 친구 요나단에게 늘 마음의 빚을 지고 살아갔다. 우리는 하나님께 1만 달란트의 빚진 자의 삶을 살고 있음을 항상 잊어서는 안 된다. 영원한 지옥의 형벌에 처할 우리를 대신하여 독생자 예수 그리스도께서 십자가에서 물과 피를 아낌없이 다 쏟아주셔서 이제는 의로운 하나님의 자녀가 되었기 때문이다. 오늘의 주인공 다윗은 1, 3, 7절에서 "요나단으로 말미암아 네게 은총을 베풀리라"라고 세 번이나 반복해서 말하고 있다.

　그래서 사울의 종인 '시바'를 거두어 주고(나중 15명의 아들을 얻고, 종을 20명이나 거느리는 큰 은총을 누리게 됨), 또한 사울의 손자요, 요나단의 아들인 '므비보셋'을 다윗의 왕자들처럼 항상 왕의 식탁에서 먹도록 은총(은혜)를 베푸는 멋진 다윗을 만나보게 된다.

　이 땅에서 우리가 작은 소자에게 냉수 한 그릇 대접하는 것은 하늘에 계신 아버지께 대접하는 것과 같다고 성경은 말하고 있다. "또 누구든지 제자의 이름으로 이 작은 자 중 하나에게 냉수 한 그릇이라도 주는 자는 내가 진실로 너희에게 이르노니 그 사람이 결단코 상을 잃지 아니하리라"*(마 10:42).*

　조 마이클 선교사의 아버지는 5살 지능*(지적 장애),* 어머니는 잘 걷지 못하는 장애인이었다. 이 가정에 하나님의 은총이 임해, 대학에 가서 영어를 전공하고 유명한 학원 강사가 되어 연봉이 수 억원이 되었다. 그러던 어느 날 하나님의 소명을 받고 필리핀 쓰레기 마을로 가게 된다. 어린 5자녀를 데리고 그들과 함께 열악한 환경에서 같이 먹고, 같이 잔 이유는 자신이 예수님께 받은 은총*(은혜)*이 너무 컸기 때문이라고 했다. 나중에 일곱 교회를 개척하고, 여름마다 한국에서 수많은 청소년이 찾아와서 '여름비전캠프'를 하고, 거기에서 변화된 아이들이 한국교회로 돌아가 교회를 뒤집어 놓았다. 미라클*(기적)*이 일어난 것이다. 지금은 '한다세'*(한국 다음세대 살리기 운동본부)*로 활동하고 있다. 주님은 바로 내가 하나님께 받은 은총을 베풀기를 원하신다.

오늘의 말씀 묵상
"다윗이 이르되 사울의 집에 아직도 남은 사람이 있느냐 내가 요나단으로 말미암아 그 사람에게 은총을 베풀리라 하니라"(삼하 9:1).

✳ ———————

다윗의 치명적(致命的)인
실수(失手)

    다윗은 지금도 천국에서 자신의 이야기를 하는 것에 대해 긴장하고 있을 것이다. 그리고 사무엘하 11장을 찢어버리고 싶을 것이다. 왜냐하면, 다윗의 전과기록(前科記錄)이 남아 있기 때문이다. 사무엘상, 하의 저자는 당연히 '사무엘'이다. 기록연대는 B.C. 1010~970년 사이다. 지금으로부터 3천 년 전 사건을 오늘 재구성해 본다.

    "그것이 알고 싶다." 다윗은 하나님께 늘 물으면서, 하나님을 경외함으로 좋은 관계를 유지했다. 그런 다윗을 하나님은 좋아하셨다. 하나님은 다윗 왕을 전쟁의 신으로 만들어주셨다. 이스라엘을 강대국으로 만들어주신 것이다. 그런데 언제부터인가 다윗은 초심을 잃어버리고 안일함에 빠졌다. 영적 긴장의 끈이 풀리고 만 것이다.

    오늘 본문 1절을 보면 금방 알 수가 있다. 다윗이 그날 전쟁에 나가지 않고 요압 장군과 그 부하들과 보내고 자신은 예루살렘에서 편히 쉬게 된다. 그리고 저녁까지 푹 잠을 잤다. 기분 좋게 기지개 켜고 왕궁 옥상 테라스를 거닐게 되었는데, 그때 운명적인 사랑을 만나게 되었다. 그것은 바로 한 여인이 옷을 벗고 목욕을 하는 것이 아니었는가? 그때 빨리 몸을 돌려 왕궁으로 들어갔더라면 얼마나 좋았을까?

다윗은 한참이나 벗은 여인의 아름다운 몸매를 바라보다가 그만 남성호르몬이 과다분비가 되어 정욕이 일어나기 시작했다. 거기서 다윗이 억제하고 왕궁으로 돌아갔다면 얼마나 좋았을까... 나중에 사랑에 눈이 멀어 부하 장수 '우리아'를 가장 치열한 전쟁터 전면에 내세워 죽게 만든 살인방조죄를 범하지는 않았을 것이다. 또한, 하나님의 진노를 받지 않았을 터인데... 다윗은 부하를 시켜 그 여인을 알아보게 했는데, 유부녀라는 것을 알게 되었다. 그것도 자신이 가장 사랑하고 아끼는 부하 장수의 아내였다.

그동안 하나님을 경외하고 두려워했던 다윗이었다면 여기서 멈췄어야 했다. 3절에서 끝났어야 했다. 그런데 역사의 불행은 4절에서 벌어지고 말았다. 다윗이 전령을 보내어 그 여자를 자기에게로 데려오게 하고, 그만 동침하고 말았다. 다윗은 여기서 왕으로서 지켜야 할 체통과 하나님과의 신뢰를 깨버리고, 비도덕적인 추악한 왕으로 전락하였다.

오늘의 말씀 묵상

"저녁때에 다윗이 그의 침상에서 일어나 왕궁 옥상에서 거닐다가 그곳에서 보니 한 여인이 목욕을 하는데 심히 아름다워 보이는지라"(삼하 11:2).

✻ ────────

다윗의
불편한 진실(眞實)

오늘 본문을 보면 재미있는 장면이 나온다. 다윗은 어떻게 해서라도 자신의 부하 장수 '우리아'를 집에 들여보내서 아내와 함께 푹 쉬게하여 자신과의 불륜을 감추려고 하고, 반대로 우리아는 "내가 어찌 하나님의 언약궤가 밖에 있고, 내 부하들이 밖에서 나라를 지키고 있고, 내 상관인 요압 장수가 밖에 있는데 저만 집에 가서 편히 쉬며 먹고 마실 수 있나이까? 절대 집으로 갈 수 없나이다"라고 하면서 우직하게 군인으로서 자신의 자리를 지키고 있다.

이렇게 사랑에 눈이 멀고, 정욕에 눈이 멀면, 아무리 위대한 성군 다윗 왕이라도 초라하고, 자신의 은밀한 죄악을 숨기려고 하는 치졸(稚拙)한 모습을 보이게 된다. 여기서 한가지 궁금한 것이 있다.

왜 하나님은 다윗의 범죄를 막아주시지 않았을까? 에덴동산에서 아담과 하와에게 하나님은 자유를 보장해주셨다. 그러나 딱 한 가지 동산 중앙에 '선악과'만큼은 먹지 말라고 엄히 경고하셨다. "먹는 날에는 정녕 죽으리라"라고 하셨다. 먹고 안 먹는 것은 본인들의 자유 선택이다. 그러나 그 결과에 따른 책임은 자신이 지게 된다.

여기서 만약 다윗이 자신의 갈등과 양심에 가책을 받았으면, 한 번쯤 하나님께 솔직히 물어보았더라면 끔찍한 일을 저지르지는 않았지 않았을까? 생각해본다. "하나님 제가 좋아하는 한 여자가 생겼어요. 그런데 남편이 있어요. 제 사랑하는 부하 장수의 아내입니다. 하나님 어떻게 할까요?" 분명 하나님은 단호하게 "내 사랑하는 다윗아, 너에게는 이미 아름다운 '미갈'이라는 아내가 있지 않으냐? 정신 차리고 네 본분을 잊지 마라!"라고 하셨을 것이다. 그리고 하나님께 회개 기도하고 거기서 끝내야 한다.

만약 다윗이 거기서 멈추었다면 얼마나 좋았을까? 사랑하는 부하 장수 우리아를 죽이지도 않았을 것이고, '밧세바' 사이에서 태어난 아이가 7일 만에 죽는 아픔을 겪지 않아도 되었을 것이고, 나중에 다윗의 딸 '다말'이 배다른 형제 '암논'에게 성폭행을 안 당해도 되었을 것이고, 아들 '압살롬'이 반역을 일으키고 전쟁터에서 죽지도 않았을 것이다. 12~18장은 다윗의 범죄로 인해 생긴 다윗 가족 비극사에 대한 내용을 소개하고 있다. "주여, 나를 죄와 유혹이 많은 이 세상에서 건져주소서! 다만 악에서 구하소서! 성령님 도와주소서! 아멘."

오늘의 말씀 묵상
"그 편지에 써서 이르기를 너희가 우리아를 맹렬한 싸움에 앞세워 두고 너희는 뒤로 물러가서 그로 맞아 죽게 하라 하였더라"(삼하 11:15).

✱ ────────

욕망(欲望)이
다윗을 삼키다

나단 선지자가 다윗에게 "하나님이 너를 무명의 시골 소년에서 이스라엘의 왕으로 세우시고, 사울의 손에서 구원하여 주셨고, 부족함이 없는 축복된 인생을 살게 하셨는데(8절) 왜 여호와의 말씀을 업신여기고 이러한 악을 행하였느냐?"라고 책망하고 있다.

인간의 욕심과 욕망은 끝이 없는 것 같다. 다윗이 무엇이 부족했겠는가? 한 나라의 왕으로서, 모든 것이 자기 수하에 있고, 부족함이 없었을 것이 분명하다.

그런데 그가 자기 부하의 아내에 대한 욕심, 욕망을 가지고 범해서는 안 될 일을 저지른 것이다. 그래서 야고보 사도는 "욕심이 잉태한즉 죄를 낳고 죄가 장성한즉 사망을 낳느니라"(약 1:15)라고 경고하였다.

공의로우신 하나님은 왕이라고 봐주시지 않는다. 지금 서울구치소에는 우리나라 제1의 기업 총수가 구속되어 있다. 이재용 부회장은 국민의 59%가 선처를 바라고 있다. 그러나 사법부의 판단은 법 앞에서는 만민이 평등하다는 것이다.

하나님도 마찬가지이시다. 공의와 정의의 하나님은 뿌린 대로 거두는 자연의 법칙을 우리에게 엄히 가르쳐 주는 분이시다. 사랑으로 심으면 사랑으로 거두고, 미움으로 심으면 미움으로 거두는 법이다.

결국, 다윗과 밧세바 사이에서 낳은 아이가 7일 만에 죽게 되고, 불행한 가족사가 시작이 된다(*형제간에 칼의 보복, 이내가 수치를 당함, 아들이 반역을 일으킴, 나중 아들이 죽게 됨*). 한 사람의 욕심과 욕망이 두 가족을 불행하게 만든 것이다. "오 주여! 나의 욕심과 욕망을 성령의 불로 태우소서! 아멘."

오늘의 말씀 묵상

"네 주인의 집을 네게 주고 네 주인의 아내들을 네 품에 두고 이스라엘과 유다 족속을 네게 맡겼느니라 만일 그것이 부족하였을 것 같으 면 내가 네게 이것 저것을 더 주었으리라" (삼하 12:8).

✳ ───────

희망이라고 쓰고
소망이라 읽는다

　독일의 신학자 '위르겐 몰트만'이 17세의 나이에 세계대전의 참화 속에서 "하나님, 당신은 어디에 계십니까?"라는 질문으로 그의 신학적 사고를 시작하였다. 그는 죄와 불의와 고통, 죽음과 부조리가 가득한 이 세상 속에 하나님의 자비와 정의가 다스리는 세계를 이루는 데 관심을 두고 자신의 신학체계를 정립해나갔다. 그러면서 쓴 책이 바로 '희망의 신학'이다. 이 책에서 그는 부활의 신앙으로 끝까지 희망의 끈을 놓지 말아야 할 것을 강조하고 있다.

　오늘 본문은 다윗의 마지막 말, 유언을 담고 있다. 그가 40년 동안 하나님의 은혜로 왕 노릇을 잘하고 퇴임하면서 희망과 소망을 노래하고 있다. 4절을 풀어서 설명하면 "하나님은 돋는 해의 아침 빛 같고, 구름 한 점 없는 아침 같고, 오늘처럼 비가 내리다가 그친 후에 하늘에서 햇살이 환하게 숲에서 내려와서 땅에 있는 이제 막 움이 돋는 새로운 풀과 같다"라는 것이다. 이 모든 표현은 가슴 벅찬 '희망'이 아지랑이처럼 모락모락 올라오고, '소망'이 봄에 어린 순이 막 올라오는 것 같음을 말하고 있다.

또한 5절에서 하나님은 지금까지도 함께 하신 것처럼 앞으로도 영원한 언약을 지키실 것이고, 만사에 여호와이레 하나님께서 다 구비하여 주실 것이고, 나의 모든 구원과 나의 모든 소원을 이루시는 분이심을 강조하고 있다.

2월 한 달도 여호와이레 하나님께서 우리의 모든 삶과 자녀들을 보호해주시고, 준비시켜 주실 것이고, 연약함으로부터 구원하여서 강건함으로 인도해 주실 것이고, 사업과 직장과 학업 가운데에서 나의 바람을 이루어 주실 것이다.

이 사실을 믿음으로 받아들이고 확신 가운데 담대히 나아가는 한 달이 되기를 소원해 본다. 오늘 하루도 희망과 소망의 하루가 되기를... 화이팅!

오늘의 말씀 묵상
"그는 돋는 해의 아침 빛 같고 구름 없는 아침 같고 비 내린 후의 광선으로 땅에서 움이 돋는 새 풀 같으니라 하시도다 내 집이 하나님 앞에 이같지 아니하냐 하나님이 나와 더불어 영원한 언약을 세우사 만사에 구비하고 견고하게 하셨으니 나의 모든 구원과 나의 모든 소원을 어찌 이루지 아니하시랴"(삼하 23:4~5).

✳ ───────

너는 힘써
대장부(大丈夫)가 되라

　본문은 다윗이 마지막 임종을 앞두고 사랑하는 아들 솔로몬에게 유언하는 내용이다. 험악한 전쟁터에서 잔뼈가 굵은 다윗은 일생을 살아보니, 후대 왕으로서 힘써야 할 것은 믿음에서 흔들이지 말고(코로나로 인해) 씩씩하고 강건한 하나님의 강한 용사가 되는 것이라고 말하고 있다. 그렇게 되면 다윗 왕가의 명성과 축복을 이어갈 수 있기 때문이다.

　모세가 죽으면서 후계자인 여호수아에게 이렇게 권면하고 있지 않은가? "강하고 담대하라 두려워하지 말며 놀라지 말라 네가 어디로 가든지 네 하나님 여호와가 너와 함께 하느니라 하시니라"(수 1:9).

　우리는 지금 코로나로 인해, 극도로 내일 일을 알 수 없는 불안한 인생을 살아가고 있는지 모른다. "또 2주 연장"은 가장 듣기 싫어하는 멘트가 되어버렸다. 하지만 봄은 오고 개나리는 핀다. 이것이 자연의 섭리이다. 도리어 추위(고난)를 겪은 꽃만이 봄을 만끽할 수 있는 것처럼 말이다.

　호주 시드니에 사는 교민이 고국을 다녀가는 길에 개나리 가지를 꺾어다가 자기 집 앞마당에 옮겨 심었다. 이듬해 봄이 되었는데도 개나리꽃은 피지 않았다. 첫해라 그런가보다 여겼지만 2년째에도, 3년째에도 꽃은 피지 않았다. 그리고 비로소 알게 되었다. 한국처럼 혹한의 겨울이 없는 호주에서는 개나리꽃이 아예 피지 않는다는 사실을 말이다.

저온을 거쳐야만 꽃이 피는 것을 전문용어로 '춘화현상'*(春化現象, Vernalization)*이라고 하는데 튤립, 백합, 라일락, 철쭉, 진달래 등이 모두 여기에 속한다. 인생은 마치 춘화현상과 같다. 눈부신 인생의 꽃들은 혹한을 거친 뒤에야 피는 법이다.

그런가 하면 봄에 파종하는 봄보리에 비해 가을에 파종하여 겨울을 나는 가을보리의 수확이 훨씬 더 많을 뿐만 아니라 맛도 좋다. 인생의 열매는 마치 가을보리와 같아서, 겨울을 거치면서 더욱 풍성하고 견실해진다. 마찬가지로 고난을 많이 헤쳐 나온 사람일수록 강인함과 향기로운 맛이 더욱 깊은 것이다.

오늘의 말씀 묵상
"내가 이제 세상 모든 사람이 가는 길로 가게 되었노니 너는 힘써 대 장부가 되고" (왕상 2:2).

✳ ─────

나의 꿈(Dream)을 이루시는 하나님

솔로몬(B.C. 971~931)이 기브온 산당에서 1천 번제를 드리는 것이 오늘 중심내용이다. '기브온' 산당은 평지에 있는 것이 아니라, 무려 해발 722m 높은 곳에 위치해 있다(해운대 장산이 634m). 우리가 하나님께 예배드리러 나아갈 때 어떤 어려운 상황도(팬데믹 상황)도 극복하면서 나아갈 때 하나님은 그 신앙과 믿음을 귀하게 보신다.

솔로몬이 예배를 드리고 밤에 잠을 자는데 꿈에 여호와께서 나타나셨다. 우리도 이런 은혜가 임한다면 얼마나 좋을까? 1999년 4월 21일 엘리자베스 영국 여왕이 73세 생일을 맞아 경북 안동 하회 마을을 방문하여 세계가 깜짝 놀란 적이 있다. 그 이후로 안동이 더 유명해졌다. 안동에서 오시라고 홍보하거나 요청한 적이 없었다. 그냥 여왕이 하회 마을을 보고 싶어서 온 것이다. 이것이 갑작스러운 은혜인 것이다. 하나님도 마찬가지이다. 솔로몬에게 갑자기 꿈에 나타나셔서 "내가 네게 무엇을 줄꼬 너는 구하라"라고 하신 것이다.

지금도 하나님은 우리에게 꿈과 비전을 주시고 그 꿈과 비전을 이루시기를 원하신다.

제 꿈과 비전은

① 우리 대흥교회에 새벽을 깨우는 기드온의 300 용사!

② 연제구의 1.5%인 3천 명의 예배자!

③ 우리교회 다음세대가 우뚝 세워져서 세계적인 글로벌 리더가 10명만 나오기!

④ 책을 한 권 쓰기

⑤ 대학 강단에서 강의하기!

⑥ 세계를 누비며 복음을 전하기!

⑦ 방송선교의 꿈!

여러분은 어떤 꿈과 비전을 가지고 있는가? 미국에 '황경애' 사모가 자녀교육 세미나를 통해 자신의 꿈을 이루시는 하나님을 간증하고 있다. 자신은 경주 촌에서 태어나 자랐지만 4가지 꿈을 가지고 이루어 달라고 계속 기도했다고 한다. 미국에 가게 하소서(간호사로 미국에 진출), 명문가문을 갖게 하소서(백악관에 근무하는 맏딸, 외교관 둘째 딸, 하버드대 나와 NGO단체에서 일하는 아들), 방송사역하게 하소서(지금 미국에서 방송담당), 책을 쓰게 하소서("꿈꾸는 부모가 기적을 만든다" 책), 강단에 서게 하소서(전 세계를 다니며 강의).

오늘의 말씀 묵상
"기브온에서 밤에 여호와께서 솔로몬의 꿈에 나타나시니라 하나님이 이르시되 내가 네게 무엇을 줄꼬 너는 구하라"(왕상 3:5).

솔로몬왕의
세기적(世紀的) 재판(裁判)

오늘 본문은 우리가 잘 아는 내용이다. 창기 두 여자가 서로가 자신의 아이라고 주장할 때 하나님의 지혜를 받은 솔로몬이 기상천외한 방법을 사용함으로 진짜와 가짜를 정확히 구분하고 판결하는 명장면이 나온다. 아마 로스쿨 다니는 법학도라면 이 본문을 수백 번 읽고 앞으로 재판할 때 좋은 사례로 삼아야 할 것이다.

솔로몬 왕은 갑자기 칼을 가져오라고 명한다. 모두가 눈이 휘둥그레졌다. 도대체 그 칼로 무엇을 하려고? 그때 왕이 파격적인 제안을 한다. "서로가 자신의 아이라고 주장하니 가장 공평한 것은 저 아이를 칼로 베어서 반씩 나누어 가지게 하는 것이다." 그때 두 여인의 태도가 180도로 갈라진다. 진짜 엄마는 "저 여자에게 이 아이를 주소서, 결코 죽여서는 안 됩니다." 가짜 엄마는 "좋습니다. 왕이시여! 바로 이것이 정의입니다. 정확히 반씩 나누어 가지면 되겠습니다."

여기서 진짜와 가짜를 우리는 만나보게 된다. 진짜는 사람을 살리는 것이요, 가짜는 너 죽고 나 죽고 하는 식이다. 국회의사당에서 정치를 해도 살리는 정치를 해야 한다. 나도 살고 상대방도 살 수 있는 방법을, 묘안(妙案)을 가지고 같이 상생(相生)의 정치(政治)를 해야 하는 것이다.

이 세기적 재판으로 솔로몬의 명성(名聲)이 온 세상에 알려지게 되었다. 그래서 4장에 보면 태평성대(太平聖代)를 이루게 된다. 솔로몬이 통치한 40년 동안 부국강병(富國强兵)을 이루고 모든 백성이 부족함이 없이 살게 되었다.

지도자 한 사람이 이렇게 중요한 것이다. 우리나라에도 솔로몬 왕 같은 지도자를 달라고 기도해야 할 것이다. 오늘의 핵심은, 이 모든 지혜는 어디서 배워서, 무슨 책을 본 것이 아니라, 하나님이 직접 주신 지혜였다는 것이다. '하나님의 지혜'를 우리도 받아야 할 것이다.

오늘의 말씀 묵상

"온 이스라엘이 왕이 심리하여 판결함을 듣고 왕을 두려워하였으니 이는 하나님의 지혜가 그의 속에 있어 판결함을 봄이더라"(왕상 3:28).

모난 돌이 정 맞는다
-촉석봉정(矗石逢釘)

솔로몬이 드디어 성전을 건축하는 내용이 5장과 6장에 계속해서 나온다. 그런데 오늘 본문을 통해 두 가지의 큰 깨달음을 얻게 된다. 첫째는 성전건축할 때 기초석(基礎石)을 놓는데, 크고 귀한 돌을 떠다가 '다듬어서' 성전의 기초석을 놓았다고 한다. 모가 난 돌을 깎고 다듬으려면 석수장이한테 정으로 많이 맞아야 한다. 모가 난 부분은 더 많이 맞아야 한다.

우리의 인생도 이와 같지 않은가? 어떤 공동체나 모임에서도 성격이 둥글둥글한 사람도 있지만, 모가 난 사람이 있다. 그런 사람은 여러모로 한 공동체에서 하나가 되는 것이 어렵다. 하나가 되기 위해서는 자신을 스스로 '다듬어야 한다'. 그래야 정을 안 맞을 수 있는 것이다.

노회에서도 보면 성격이 특이한 노회원, 성격이 모가 난 노회원도 있다. 그런 분은 주위에서 계속 핀잔도 받고, 견제가 들어온다. 모세는 불같은 성격의 모가 난 사람이었다. 결국, 하나님은 그를 40년 동안 연단해서 위대하게 쓰시지 않는가? 모난 성격, 모난 성품은 말씀의 불방망이로, 성령의 불로 다듬어야 할 것이다.

'두더지 잡기' 게임에서 두더지가 올라올 때 망치로 세게 두드리면 점수가 올라간다. 이 게임에서도 "모난 돌이 정 맞는다"라는 속담을 잘 설명해 주고 있다.

둘째는 성전건축할 동안에 방망이나 도끼나 철 연장 소리가 들리지 않게 했다는 것이다. "모든 철 소리가 들리지 아니하였으며." 그렇다. 유명한 해인사 절이나, 일본 신사에 가면, 이렇게 써놓았다. "발을 들고 조용히 걸으세요." 자기들이 믿는 신이 계신 제단-템플(Temple)이기 때문이다.

교회에서는 개인적인 생각을 주장하거나, 자기 뜻을 관철하기 위해 큰 소리로 떠들면 안 된다. 당회나 제직회나 공동의회에서도 마찬가지이다. 우리 교회는 큰 소리 나는 일이 없어서 얼마나 감사한가? 교회가 평안하고 든든히 서갈 때부터 부흥이 시작이 되는 것이다. 부흥하는 교회의 특징은 세속적인, 인본주의적인 소리가 잠재워지고, 오직 하나님의 말씀만 운행하는 교회이다.

오늘의 말씀 묵상

"이 성전은 건축할 때에 돌을 그 뜨는 곳에서 다듬고 가져다가 건축하였으므로 건축하는 동안에 성전 속에서는 방망이나 도끼나 모든 철 연장 소리가 들리지 아니하였으며"(왕상 6:7).

야긴(Jakin)과
보아스(Boaz)

솔로몬 성전의 두 기둥 이름이 '야긴'과 '보아스'이다. '야긴'은 히 브리어로 '야킨'인데, 뜻은 '여호와께서 세우리라'이다. 다윗 왕조를 세우시고 지탱해 가시는 분이 바로 여호와 하나님 한 분이시다는 것 이다. 그렇다. 우리의 가정과 인생을 세우시고 이끌어가시는 분이 여 호와 하나님이시다.

"여호와께서 집을 세우지 아니하시면 세우는 자의 수고가 헛되 며 여호와께서 성을 지키지 아니하시면 파수꾼의 깨어 있음이 헛되 도다"(시 127:1).

"마음의 경영은 사람에게 있어도 말의 응답은 여호와께로부터 나 오느니라"(잠 16:1).

"너의 행사를 여호와께 맡기라 그리하면 네가 경영하는 것이 이루 어지리라"(잠 16:3).

'보아스'는 히브리어로 '보아즈'인데, 뜻은 '여호와 하나님에게 능 력이 있다'이다. 다윗 왕조에 힘과 능력을 주시는 분은 오직 여호와 하나님 한 분뿐이다. 하나님의 이름 중에 '엘로힘'이 있다. '엘'은 하 나님, '로힘'은 '강한 자, 능력 있는 자'이다. 오늘 하루도 '엘로힘의 하나님'을 붙잡고 나간다면 반드시 승리와 영광을 보게 될 것이다.

본문 14절에 보면 '히람' 이야기가 나온다. '히람'은 솔로몬 성전을 짓는데 놋쇠 대장장이다. "이 히람은 모든 놋 일에 지혜와 총명과 재능을 구비한 자이니라." 성경의 인물 중에 보면 정말 우리처럼 평범한 사람을 하나님이 사용하시는 것을 보면서 이것이 바로 복음(福音)이라는 것을 느낀다. 수많은 직업 중에 '놋쇠 대장장이'를 통해 하나님의 역사를 만들어 가는 주역으로 쓰시는 것을 보게 된다.

그는 요즘 말로 하면 '달인'에 속한다. '달인(達人, master)'이란 '특정 분야에 통달하여 남달리 뛰어난 역량을 가진 사람'을 지칭한다. 우리는 다른 것은 못 할지라도 '기도의 달인, 말씀의 달인, 전도의 달인, 사랑의 달인, 봉사의 달인'은 할 수 있지 않겠는가?

"주여, 우리 교회에도 '야긴과 보아스'와 같은 든든한 기둥 같은 인물들이 많이 나오게 하소서! 주여, 우리 교회도 '히람'같이 자기 직업을 가지고 주의 전을 섬기는 전문가집단, 달인들이 많이 나오게 하소서!"

오늘의 말씀 묵상

"이 두 기둥을 성전의 주랑 앞에 세우되 오른쪽 기둥을 세우고 그 이름을 야긴이라 하고, 왼쪽의 기둥을 세우고 그 이름을 보아스라 하였으며"(왕상 7:21).

✳ ─────

지혜(智慧, wisdom)의 끝판왕(王)
솔로몬 왕(王)

솔로몬의 명성과 소문이 전국에, 아니 주변 국가에 퍼지면서 재미있는 일이 생겼다. 그것은 바로 이스라엘로부터 무려 2천km 떨어진 스바에서 한 여왕이 몇 개월의 시간을 낭비하면서 수많은 수행원과 향품, 금과 보석을 낙타에 싣고 와서 솔로몬 왕을 알현한 것이다.

'스바'는 오늘날의 '예멘' 국가로서 아라비아반도 남서쪽의 사베안 왕국을 가리킨다. 도대체 솔로몬의 지혜와 명성이 얼마나 대단했으면 그렇게 먼 거리에서도 찾아오겠는가? 예를 들어 소문난 맛집이 강원도에 있으면 부산에서 450km 거리를 차로 달려가서 먹고 오는 '식도락'들이 있지 않겠는가?

우리 교회도 이런 명성과 좋은 소문이 있기를 소원해 본다. 온누리교회에 연예인들이 많이 출석함으로 많은 젊은이가 그들을 보고 싶어 교회에 등록하고 다니다가 은혜받고 예수님의 제자가 되었다.

솔로몬 왕의 지혜는 어디서 자격증을 따고, 고시를 치르고 합격증을 받아서 생긴 것이 아니다. 그것은 순전히 기브온 산당에서 솔로몬이 순수한 믿음으로 1천 번째를 드리고, 먼저 그의 나라와 그의 의를 구하자, 하나님이 감동하여서 솔로몬에게 주신 선물인 것이다.

진보와 보수, 세대 간, 빈부 격차로 인한 갈등 등 복잡하고 다양한 이 사회를 하나로 통합하는데 솔로몬의 지혜가 무엇보다도 필요하다고 생각된다.

"지혜가 10명의 권력자들보다 더 능력이 있게 하느니라"*(전 7:19)*.

"주여, 지혜의 끝판왕 솔로몬 같은 지혜를 저에게, 우리 자녀들에게 허락하옵소서! 아멘."

오늘의 말씀 묵상

"스바의 여왕이 솔로몬의 모든 지혜와 그 건축한 왕궁과 여호와의 성전을 보고 크게 감동되어" (왕상 10:4~5).

✱ ———————

왜 솔로몬왕은
끝이 안 좋았을까?

우리나라 대통령, 정치인들을 보면 처음에는 화려하게 등장하고 국민의 사랑을 받다가 갑자기 어느 날 끝이 안 좋게 역사에서 퇴출당하는 분들이 있다. 정말 안타까운 일이다. 목회자도 정말 큰 대형 교회를 섬기다가 마지막이 안 좋게 끝나버리는 분들도 계시지 않는가? 우리는 시작도 중요하지만, 초심(初心)을 잃어버림으로 끝이 망가져서는 절대 안 될 것이다.

오늘의 주인공 솔로몬 왕도 처음에는 아버지 다윗을 본받아 하나님을 최우선으로 섬기고 하나님을 경외한 겸손한 왕이요, 세계 최고의 지혜의 왕이었다(스바 여왕이 2천km에서 그 지혜를 배우기 위해 찾아올 정도로). 하지만 그가 바로의 딸 '나아마' 아내 외에 다른 이방의 많은 여인을 사랑(요즘 말로 외도-外道)하게 되면서 그들이 가져온 온갖 이방 우상들이 수입되어 영적으로 타락(墮落)해 버린 것이다.

우리는 두 주인을 섬길 수가 없다. 하나님과 세상을 모두 다 사랑할 수가 없는 것이다. 우리는 세상에 함몰(陷沒)되어서는 안 될 것이다. 우선순위(優先順位)에서 하나님이 자꾸 뒤로 밀리다 보면 나중에는 저 방

끝 창고에 가두어 둘 수가 있는 것이다. 그리고 내가 위기에 처할 때만 하나님을 찾는 어리석은 인생이 될 수가 있으니 우리는 항상 영적으로 긴장의 끈을 늦추어서는 안 된다.

이재철 목사(통합측)의 둘째 아들 '이승윤' 뮤지션이 드디어 '싱어게인' 음악프로에서 당당히 1등을 했다. 이 목사는 자녀들을 개성대로(달란트) 키워 지금은 세상에서 큰 주목을 받고 있다. 그는 아름다운 퇴장을 잘했다. 끝이 좋았다. 우리도 끝이 좋도록 노력하고, 영적 긴장(靈的緊張)의 끈을 바싹 매어보자!

오늘의 말씀 묵상

"솔로몬 왕이 바로의 딸 외에 이방의 많은 여인을 사랑하였으니 곧 모압과 암몬과 에돔과 시돈과 헷 여인이라"(왕상 11:1).

* ───────

오늘도 미라클(miracle, 기적)은
일어난다

오늘 본문은 3년 6개월 동안 대기근(大飢饉)에 처한 엘리야 시대에 '까마귀'(IQ 90, 부모공경 잘하는 조류·반포보은(反哺報恩):늙은 어미 까마귀에게 먹이를 물어다 주어 보답한다)라는 기상천외(奇想天外)한 방법으로 역사하시는 기적(miracle)의 하나님을 만나보게 된다. 아합(B.C. 873~851)은 북이스라엘 왕국의 7대 왕으로 구약성서 열왕기하의 기록에 의하면 이스라엘 왕 중 제일 악한 짓을 많이 한 왕이라고 평가를 받고 있다.

오늘 이야기는 지금부터 2800년 전 사건을 다루고 있다. 이 당시는 풍요의 신 '바알'을 섬기는 사람들이 많을 때였다. 이것을 놓치지 않고 하나님은 하늘의 모든 비와 이슬을 한순간에 올 스톱(All stop) 시켜 버리셨다. 그 상황에서 '바알 신'은 아무런 힘이 없는 무기력한 신이 되어 버린 것이다. 마치 미국이 북한 김정은 정권의 숨통을 옥조이기 위해 모든 정치자금을 은행에서 차단하여 스스로 핵을 포기하도록 하는 것과 비슷하다.

이때 하나님의 종 엘리야도 대기근의 큰 위기 가운데 처하게 되었다. 마치 코로나로 전 세계에 흩어져 있는 선교사들이 지금 큰 위기를 맞이한 것과 같다. 엘리야가 아합 왕에게 예언한 대로 성취되니 아합 왕과 이세벨은 더 죽이려고 혈안이 되어있었다. 그때 하나님은 요단 강 앞 그릿 시냇가에서 숨어있으라고 명령을 내리신다. 엘리야는 순종하고 그 장소로 이동했다.

그때부터 하나님의 기상천외한 역사, 기적이 일어나는데, 그것은 '까마귀'를 통해 아침과 저녁으로 떡과 고기를 한 끼도 거르지 않고 3년 6개월 동안 계속 먹이신 것이다. 아이러니하게도 그 이전보다 더 잘 먹고 더 잘살게 된 것이다. 그렇다. '까마귀'라는 한 미물을 통해서도 하나님의 역사와 기적은 일어났던 것이다.

코로나 상황에서 장사가 안되고, 사업도 어렵고, 직장생활도 눈치를 보고 있지만 한 가지 분명한 것은, 하나님은 자신이 택한 종을 그냥 내버려 두지 않으시고 끝까지 그의 인생을 책임져 주신다는 사실이다. 4절 하, "너를 먹이게 하리라"라고 말씀하지 않는가? 무엇을 걱정하는가? 무엇을 염려하는가? 오늘도 여전히 하나님은 살아계셔서 기상천외한 방법으로 미라클(기적)을 일으키심을 믿어야 할 것이다. 아멘.

오늘의 말씀 묵상
"그 시냇물을 마시라 내가 까마귀들에게 명령하여 거기서 너를 먹이게 하리라"
(왕상 17:4).

✴ ────────

무(無)에서 유(有)를
창조하시는 하나님

우리가 흔히 자녀들이나, 손주들에게 이런 시험을 해본다. 아이가 양손에 과자를 쥐고 있을 때, "엄마&할머니*(아빠&할아버지)*가 먹고 싶은데 하나면 주면 안 될까?" 실제로 먹고 싶어서 그런 것이 아니다. 그 아이가 정말 나를 사랑하는지 반응을 지켜보고 싶어서이다.

하나님도 아브라함에게 "이삭을 나에게 번제로 바쳐라"라고 말씀하셨는데, 정말 이삭을 번제로 받고 싶어서가 아니라, 아브라함이 정말 사랑하고 경외하는지 시험해 보신 것이다.

오늘의 주인공 사르밧 과부도 마찬가지이다. 엘리야 선지자가 밀가루 조금, 참기름 조금 남은 것 가지고 마지막 한 끼를 아들과 함께 먹고 죽으려는 처참한 한 여인에게 도움을 주지 못할망정 그것을 가지고 떡을 만들어 와서 나를 먹게 하라고 황당한 부탁을 하는 이유가 무엇일까?

상식적으로는 말이 안 되는 소리이지만 선지자 엘리야의 말대로 이 여인이 떡 한 개를 만들어 줄 때, 기적은 일어났던 것이다. 무에서 유를 만들어내신 하나님을 만나보게 된 것이다. 오병이어의 기적을 만들어내신 하나님께서 이 또한 못 하리라는 법이 없는 것이다.

이 여인은 엘리야 선지자를 향해 따지고 원망하지 않았다. 또한, 하나님을 향해서도 원망과 불평을 늘어놓지 않았다. 그냥 하나님의 종의 말에 순종해 본 것이다. 그런데 그 순종을 귀하게 보신 하나님께서는 3년 6개월 대 기근 속에서도 이 여인의 가성에서는 통에 밀가루가, 기름병에 기름이 떨어지지 않은 특별한 은총을 내려주셨다.

"주여, 아무것도 없는 무에서 유를 창조하시는 창조주 하나님을 믿고 말씀대로 순종하며 나가겠사오니, 하나님이 책임져 주시옵소서! 아멘."

오늘의 말씀 묵상

"여호와께서 엘리야를 통하여 하신 말씀 같이 통의 가루가 떨어지지 아니하고 병의 기름이 없어지지 아니하니라"(왕상 17:16).

※ ─────────

새해,
유쾌(愉快) 상쾌(爽快) 통쾌(痛快)

오늘 본문을 보게 되면 엘리야가 갈멜산에서 바알과 아세라 선지자와 말도 안 되는 숫자적 열세에서, 850:1의 영적 싸움에서 엘리야가 통쾌하게 압승하는 드라마틱한 이야기가 나온다.

올해 한 해 동안 살아가다 보면 우리가 수적으로 불리하고, 사방에 있는 적들이(코로나, 건강문제, 물질문제) 우리를 두렵게 할 상황이 연출될 수도 있을 것이다. 그때 우리는 엘리야가 하나님의 이름을 의지(32절)했던 것처럼, 만군의 여호와 하나님을 의지하고 힘차게 나아가 보면 어떨까?

마치 다윗이 골리앗이라는 거대한 적 앞에서 "나는 만군의 여호와의 이름으로 네게 나아가노라! 여호와의 구원하심이 칼과 창에 있지 아니함을 이 무리에게 알게 하리라!"라고 하며 물매 돌 하나를 던질 때 태산같이 큰 대적이 유쾌, 상쾌, 통쾌하게 한방에 쓰러져 버리지 않는가?

우리도 믿음의 선배, 다윗과 엘리야 형님(오빠)을 통해서 오늘 한 수 배워보자! 그리고 용기를 내어보자! 올해 한 해, 신앙 지키기가 어렵고, 믿음의 용사로서의 삶을 살아내기가 녹록지 않더라도 주님을 의지한다면 한번 싸워볼 만하지 않을까?

"내가 주를 의뢰하고 적군을 향해 달리며 내 하나님을 의지하고 담을 뛰어넘나이다"*(시 18:29).* 아멘. 내 힘에 부치고, 내 능력은 한계치에 도달하지만, 그분만을 의지하면, 그분이 대신 싸워주시면 이 싸움은 승산이 있는 싸움이 될 것이다.

"주님, 새해에는 유쾌, 상쾌, 통쾌한 삶을 살아가도록 도와주소서! 아멘."

오늘의 말씀 묵상

"그가 여호와의 이름을 의지하여… 이에 여호와의 불이 내려서 번제물과 나무와 돌과 흙을 태우고 또 도랑의 물을 핥은지라"(왕상 18:32,38).

✻ ———

드디어 기도(祈禱)의
응답(應答)이 터지다

  이동원이 부른 '향수'라는 노래 가사를 보면 '실개천'이 나온다. "넓은 벌 동쪽 끝으로 옛이야기 지줄대는 '실개천'이 회돌아나가고 얼룩백이 황소가 해설피 금빛 게으른 울음을 우는 곳 그곳이 차마 꿈엔들 잊힐리야. 질화로에 재가 식어지면 빈 밭에 밤바람 소리 말을 달리고 엷은 졸음에 겨운 늙으신 아버지가 짚베개를 돗아 고이시는 곳 그곳이 차마 꿈엔들 잊힐리야..."

  실개천은 시골에서 흔히 보는 작은 천(川)을 말한다. 그런데 이 실개천의 물이 흘러가서 내를 이루고, 강으로 흘러가고, 나중에는 바다로 흘러가는 것을 보게 된다. 오늘 본문의 주인공 엘리야가 3년 6개월 동안 비가 오지 않던 이스라엘에 다시 비가 오게 하기 위해 갈멜산 꼭대기로 올라가서 간절하게, 절박하게, 처절하게 기도하는 모습을 보게 된다.

  처음에는 아무런 변화가 없었다. 사환이 하는 말, "아무것도 없나이다"(43절 하). 그렇다. 우리는 기도하다가 낙심할 때가 있다. 우리가 그토록 금식하고 부르짖고 절박하게 기도하는데도 환경에 아무런 변화가 없을 때 낙심이 된다. 그러나 우리의 기도는 한 번도 땅에 떨어진 적이 없다.

사환이 두 번째 메시지를 보라. "사람의 손만한 작은 구름이 일어나나이다"(44절). 실채천에서 흐른 물이 냇가로 흘러가다가 나중에는 강으로 흘러가듯이 말이다. 사환의 마지막 메시지를 보라. "조금 후에 구름과 바람이 일어나서 하늘이 캄캄해지며 큰비가 내리는지라"(45절).

드디어 강으로 흐르는 물이 큰 바다에 도달한 것이다. 기도의 응답이 드디어 터진 것이다. "주여, 기도한 후에 낙심하지 않게 하시고 마침내 하나님의 응답을 경험하게 하소서! 아멘."

오늘의 말씀 묵상

"그의 사환에게 이르되 올라가 바다쪽을 바라보라 그가 올라가 바라 보고 말하되 아무것도 없나이다 이르되 일곱 번까지 다시 가라"(왕상 18:43).

✳ ────────

오늘따라
엘리야 형님이 보고 싶어진다

오늘 본문을 보면 '엘리야 선지자가 바알과 아세라 선지자 850명과 영적 싸움에서 대승리까지 했는데, 어떻게 이세벨 여왕의 협박과 살해위협으로 인해 로뎀나무로 도망가서 거기서 청승맞게 내 생명을 거두어 달라고 나약한 소리를 했을까?'라는 생각이 든다. 믿음 없는 모습에 실망했다고 흔히들 말한다. 하지만 엘리야도 우리와 똑같은 나약한 인간에 불과하다. 파스칼은 불후의 명작 <팡세>에서 '인간은 생각하는 갈대'라고 하였다. 갈대가 얼마나 약한가?

연예인들이 악성 댓글에 스스로 목숨을 끊는 것을 보면서 오늘의 주인공 엘리야 형님을 떠올려본다. 얼마나 사람들의 인신공격이 두렵고 괴로웠으면... 어느 정도 이해가 가기도 한다. 물론 그 형편과 상황을 독일의 철학자 니체(Friedrich Nietzsche)가 말하는 위버멘쉬(Übermensch), 극복(Overman)했더라면 좋았을 것을 하는 아쉬운 마음도 남는다.

엘리야 형님이 탈진, 번아웃(burnout) 증후군(syndrome)을 보인 것은 잠시 하나님을 바라보지 않고 자신의 형편과 환경을 바라보았기 때문이다. 베드로도 처음에는 물 위를 걸었지만, 자신의 형편(形便, condition)과 환경(環境, circumstances), 거친 파도와 풍랑을 바라보다가 그만 믿음은 실종되어 버리고 두려움의 바다에 빠져버리지 않았는가?

그를 번아웃(burnout)에서 일으킨 것은 다름 아닌 천사의 어루만지는 위로와 숯불에 구운 떡과 한 병의 물이었다. 우리는 하나님의 소망의 메시지도 중요하지만, 때때로 사람의 위로와 떡과 음식이 나를 일으켜 주기도 한다. 우리 주위에 죽을 만큼 힘든 사람이 있는가? 우리가 그런 사람에게 다가가서 따뜻한 위로의 말 한마디, 따뜻한 음식과 작은 사랑을 보여준다면 큰 위로와 격려가 될 수 있다.

곧 사순절이 시작이 된다(17일, 수). 예수님이 십자가에서 보여주신 것은 율법의 대강령(大綱領, general rules)인 하나님 사랑, 이웃 사랑의 실천인 것이다. 코로나로 장사가 안되고 사업이 어려울 때 우리는 작은 사랑을 보여주어야 한다. 그 위로(慰勞, comfort)와 격려(激勵, encouragement)가 낙심한 사람들을 일으켜 세울 수 있기 때문이다.

오늘의 말씀 묵상

"그가 이 형편을 보고 일어나 자기의 생명을 위해 도망하여... 로뎀 나무 아래에 누워 자더니 천사가 그를 어루만지며... 그 음식의 힘을 의지하여 사십 주 사십 야를 가서 하나님의 산 호렙에 이르니라"(왕상 19:3,5,8).

욕심(欲心)의
끝판왕 아합

　이스라엘의 7대 왕 아합이 가장 악한 왕으로 찍히는 사건이 바로 '나봇의 포도원' 강탈 사건이다. 왕으로서 무엇이 부족했을까? 굳이 평범하게 포도원 농사를 지어서 행복하게 살아가는 한 가정의 가장을 아내 이세벨의 권모술수를 통해 죽음으로 몰아가게 하고 강제로 빼앗는 못된 짓을 왜 하게 되었을까? 바로 욕심 때문이다. 하늘에서 모든 것을 보고 계신 하나님은 대노(大怒)하셨다. "이는 네가 나를 노하게 하고 이스라엘이 범죄하게 한 까닭이니라"(22절 하). 결국, 하나님의 심판으로 아합 왕가는 패망하게 된다.

　이스라엘 백성들에게 하나님은 6일 동안 하늘에서 만나와 메추라기를 공짜로 내려주셨다. 그런데 토요일에는 2배로 내려주셨다. 그것은 7일째 안식일은 쉬라는 뜻이었다. 그런데도 욕심을 가지고 주일(안식일)날에도 만나를 거두러 나가다가 죽은 사람들이 많아서 그들을 모아서 만든 무덤이 바로 '기브롯 핫다아와(욕심장이의 무덤, 탐욕의 무덤)'이다.

　필리핀의 '이멜다 마르코스'도 욕심의 끝판왕이었다. 그가 부정부

패의 심벌이 되기까지 그의 신발장에는 '1,220' 켤레의 신발이 있었다. 보통 시민들은 아무리 신발이 많아야 30켤레가 안 되는데... 너무 욕심이 과했다. 결국, 작년에 그의 나이 89세에 법정 구속되면서 징역형 77년을 받게 되었다.

몸도 마음도 비울 줄 알아야 건강하고 행복한 삶을 살게 된다. 한국 교회도 대형교회 목사 중 일부가 욕심, 노욕(老慾) 때문에 교회를 아들에게, 사위에게 물려주어 사회에 물의를 일으키고 있지 않은가? 참으로 안타까운 일이다. 교회 전도문이 막히는 결과를 가져오게 되었다.

내일부터 사순절이 시작된다. 우리의 욕심과 탐욕을 십자가 앞에 가져가서 못 박아야 할 것이다. 찬송가 149장 1절, "주 달려 죽은 십자가 우리가 생각할 때에 세상에 속한 욕심을 헛된 줄 알고 버리네. 아멘."

오늘의 말씀 묵상

"아합이 근심하고 답답하여 왕궁으로 돌아와 침상에 누워 얼굴을 돌리고 식사를 아니하니" (왕상 21:4).

나는 예수님의 껌딱지

오늘 이야기는 "여호와께서 회오리 바람으로 엘리야를 하늘로 올리고자 하실 때"(1절)로 시작된다. 지금도 미국에서 토네이도로 수십 톤 되는 집이 번쩍 들려져서 하늘로 올려지는 영상과 사진을 보면 엘리야가 하늘로 들려져서 승천한 것은 그리 어렵지 않은 것임을 알 수 있다.

2, 4, 6절을 보면 반복되는 어구가 2번 나온다. "너는 여기 머물라. 내가 당신을 떠나지 아니하겠나이다"이다. 마치 사도행전 1장 4절, "예루살렘을 떠나지 말고 아버지께서 약속하신 성령을 기다리라"라는 말과 같다. 우리가 성령충만을 받기 위해서는 먼저 하나님의 임재가 임할 때까지 기다리는 인내가 필요하다. 오늘 수요예배는 바로 그런 자리가 될 것이다.

두 번째로 엘리사는 스승 엘리야에게 껌딱지처럼 딱 붙어있어서 떠나지 않는 것을 보게 된다. "내가 당신을 떠나지 아니하겠나이다." 우리도 예수님께 24시간 껌딱지처럼 붙어있으면 어떤 일이 벌어질까? 능력이 임하지 않겠는가? 예수님의 인격과 성품을 닮아가지 않겠는가? 예수님처럼 말하고 예수님처럼 행동하고 예수님처럼 살아간다면 엘리사에게 임한 능력이 임하게 될 것이다.

우리는 지금 영감의 갑절이 필요한 시대에 살고 있다. 사람들의 마음이 점점 강퍅해지고 피리를 불어도 춤추지 않는 시대, 무슨 말을 해도 감동을 받지 않는 무감동의 시대에 오직 성령의 불같은 능력만이 사람들의 마음을 움직여 복음 앞에 무릎을 꿇게 할 수 있지 않겠는가?

"주여, 나에게 엘리야의 영감의 갑절을 허락하셔서 포스트 코로나를 넉넉히 이기게 하소서!"

사순절 기간: 2.17(수)~4.3(토) 40일간, 주님의 고난에 참여해보자!
① 40일 동안 한 끼 금식 참여
② 40일 동안 새벽예배 참석
③ 40일 동안 예수님(십자가) 깊이 묵상하기

오늘의 말씀 묵상
"당신의 성령이 하시는 역사가 갑절이나 내게 있게 하소서"(왕하 2:9).

* ────

나쁜 상황을 고치시고
바꾸시는 하나님

엘리사가 아버지와 같은 영적 스승인 엘리야를 떠나보내고, 슬퍼할 때 스승의 옷을 가지고 요단강을 치니 물이 이리저리 갈라지는 기적을 경험하게 된다*(14절)*. 지금부터 2900년 전 사건이지만 하나님은 지금도 능력의 종들을 통해 기적을 계속 일으키신다. 나는 비록 연약하지만, 성령님께서 힘주시고 능력 주시면 엘리야와 엘리사에게 나타난 기적과 이적이 동일하게 나타나는 것이다.

또 하나의 기적은 쓴 물을 단물로 고치시는 하나님을 만나보게 된다. "이 성읍의 위치는 좋으나 물이 나쁘므로 토산이 익지 못하고 떨어지나이다"*(19절)* 이때 엘리사는 물 근원에 가서 소금을 던졌다. 그리고서 물을 떠먹으니 이제는 죽은 물이 맛있는 생명의 물로 바뀌게 되었다.

지금도 장수촌의 특징은 물 좋고 공기가 좋다는 것이다. 물이 좋아야 곡식과 과일이 모두 맛있게 되는 것이다. '소금'은 지금도 해독제로, 소독제로 사용하고 있다*(식염수)*. 물론 소금의 능력이 어느 정도는 죽은 물을 생명의 물로 바꿀 수 있었겠지만, 사실은 하나님의 능력으로 그 물을 고치신 것이다.

하나님의 능력이라면 충분히 나쁜 상황을 고치시고 바꾸실 수 있는 것이다. 마라의 쓴 물을 단물로 바꾸시는 하나님*(출 15:25)*. 오늘도 여호와라파 하나님께서는 우리의 몸과 마음과 악한 상황을 고치시고 바꾸실 수 있다.

"주여, 치료자 되시는 하나님의 능력으로 나를 고치소서! 나쁜 상황을 고치시고 바꾸시옵소서! 아멘."

오늘의 말씀 묵상

"그 물이 엘리사가 한 말과 같이 고쳐져서 오늘에 이르렀더라"(왕하 2:22).

✳ ————

내 마음의 그릇을
확장(擴張, extend)하자

오늘은 엘리사에게 일어난 재미있는 에피소드(episode)를 소개하고자 한다. 엘리사가 교장으로 있는 선지자학교에 어느 날 한 가난한 신학생(전도사) 사모가 찾아온다. 젊은 남편이 어린 두 아들만 남겨놓고 병으로 죽어버렸다는 딱한 사정을 이야기한다. 설상가상(雪上加霜)으로 가난한 살림에 돈을 이웃집에서 빌렸는데, 점점 이자가 늘어나면서 원금과 이자를 주지 못하자, 어린 두 아들을 데려가서 종으로 삼겠다는 것이다. 이 기가 막힌 상황에 엘리사 교장은 "내가 너를 위하여 어떻게 하랴?"라고 우리 가슴을 녹이는 따뜻한 말을 한다.

주님은 지금도 우리를 향해 "내가 너를 위하여 어떻게 해주랴?"라고 말씀하신다. 그러면서 "네 집에 무엇이 있는지 내게 말하라"라고 하자, 여인은 "참기름 한 병 외에는 집에 먹을 것이 아무것도 없나이다"라고 대답한다. 그러자 엘리사는 "너는 밖에 나가서 모든 이웃에게 그릇을 빌리라 빈 그릇을 빌리되 조금 빌리지 말라"라고 신신당부(申申當付)를 한다.

주님은 벳세다 광야에서 1일 부흥회를 하는데 아침부터 저녁까지

하다 보니 모두가 굶주렸다. 그때 한 소년이 희생적 사랑의 마음을 가지고 물고기 2마리, 보리떡 5개를 주님 앞에 드림으로 남자만 5천 명이 먹고 12 광주리가 남는 오병이어의 기적을 경험하지 않는가?

지금도 주님은 우리에게 이런 기적을 충분히 베푸실 수 있는 분이시다. 이 여인이 참기름 한 병으로 빈 그릇에 채우다 보니 엄청난 기름을 채우고 그릇이 다 떨어질 때 동시에 기름이 멈추었다. 좀 더 더 많은 그릇을 빌릴 수만 있었더라면 더 많은 기적과 은혜를 경험했을 것은 명약관화(明若觀火)한 것이다. 마침내 이 기름으로 은행 빚도 다 갚고, 두 자녀 학원비와 생활비까지 다 채워지게 된 것이다.

할렐루야! 문제는 내 마음의 그릇을 넓히는 것이다. 내 마음의 그릇이 클수록 하나님의 은혜(恩惠)와 은총(恩寵)과 기적(奇跡)이 많이 담기기 때문이다.

오늘의 말씀 묵상

"이르되 너는 밖에 나가서 모든 이웃에게 그릇을 빌리라 빈 그릇을 빌리되 조금 빌리지 말고"(왕하 4:3).

✳ ────────

절망(絶望, despair)의 끝에서
소망(所望, hope)을 만나다

히스기야 왕이 어느 날 병들어 죽게 될 때 하나님은 이사야 선지자를 보내서 죽음을 준비하도록 한다. "너는 집을 정리하라 네가 죽고 살지 못하리라." 마치 병원에서 의사가 "3개월밖에 못 삽니다. 주변 정리를 지금부터 하세요"라고 하는 것과 같다. 얼마나 절망적인 소리인가? 다리가 풀리고 눈앞이 캄캄했을 것이다.

하이데거(독일)는 죽음은 실존의 문제로 인간은 죽음을 맞이하면서 그동안 위선적인 삶, 비본질적인 삶을 되돌아보게 된다고 하였다. 절망의 끝에서 히스기야는 소망의 하나님을 끝까지 붙드는 것을 보게 된다. "히스기야가 낯을 벽으로 향하고 여호와께 기도하였더라"라고 성경은 말하고 있다. 14년 동안*(25세에 즉위~39세 죽을 병 걸림)* 앗수르와 전쟁에서 하나님이 붙드셔서 승리한 것과 진실과 전심으로, 선하게 행한 것을 기억해달라고 통곡의 기도를 드렸던 것이다.

그때 하나님은 "내가 네 기도를 들었고 네 눈물을 보았노라 내가 너를 낫게 하리니 네가 3일 만에 여호와의 성전에 올라가겠고 내가 네 날에 15년을 더할 것이니라"*(5-6절)*라고 하셨다. 지금도 하나님은 우리를 치료하실 수 있는 분이시다.

마가복음 2장에서 한 중풍병자를 '친구들의 믿음'을 보시고 예수님은 고쳐주셨다. 마가복음 3장에서 예수님은 안식일 날 한 손 마른 사람에게 "네 손을 내밀라"라고 하시고 치유해 주셨다. 마가복음 5장에서 거라사인 지방에서 무덤 사이를 거니는 귀신 들린 사람을 향해 "더러운 귀신아, 그 사람에게서 나오라"라고 하시니 군대 귀신이 나와서 돼지 떼에게 들어가고 돼지 2천 마리가 바다에서 죽고, 이 사람은 깨끗이 나았다. 또한 12년 동안 혈루병으로 고생하는 한 여인이 예수님의 옷자락을 믿음으로 만지자 병이 깨끗이 나았다.

오늘의 말씀 묵상

"네가 죽고 살지 못하리라 하셨나이다 히스기야가 낯을 벽으로 향하고 여호와께 기도하여 이르되"(왕하 20:1~2).

✳ ————

나는 말씀 앞에
어떤 반응을 보이는가?

오늘의 주인공은 남유다 16대 왕인 요시야이다. 그는 초등학교 1학년의 나이, 8살 때 왕이 되어, 31년간 통치하였다. 그는 여호와 보시기에 정직히 행하고 다윗의 모든 길로 행하고 좌로나 우로나 치우치지 않고 오직 말씀의 등불을 붙잡고 끝까지 믿음의 길을 걸은 위대한 왕이었다.

그가 이렇게 존경받고 정치적 수명이 긴 이유를 성경에서 찾아보자. 가장 큰 이유로 그는 하나님의 말씀 앞에 적극적인 반응을 보여주었다는 것이다. 요즘은 피리를 불어도 춤추지 않는 무감각, 무감동의 시대이다.

"이 세대를 무엇으로 비유할까 비유하건대 아이들이 장터에 앉아 제 동무를 불러 이르되 우리가 너희를 향하여 피리를 불어도 너희가 춤추지 않고 우리가 슬피 울어도 너희가 가슴을 치지 아니하였다 함과 같도다"*(마 11:16~17)*.

그러나 요시야 왕은 율법 책의 말을 듣자 옷을 찢었다*(11절)*. 그러면서 "이 발견한 책의 말씀에 대하여 여호와께 물으라 우리 조상들이

이 책의 말씀을 듣지 아니하며 이 책에 우리를 위하여 기록된 모든 것을 행하지 아니하였으므로 여호와께서 우리에게 내리신 진노가 크도다"*(13절)*라고 하였다.

실천하는 믿음을 만나보게 된다. 하나님의 말씀은 나를 보여주는 거울과 같다.

"이 백성이 입술로는 나를 공경하되 마음은 내게서 멀도다... 너희가 하나님의 계명은 버리고 사람의 전통을 지키느니라... 사람에게서 나오는 그것이 사람을 더럽게 하느니라 속에서 곧 사람의 마음에서 나오는 것은 악한 생각 곧 음란과 도둑질과 살인과 간음과 탐욕과 악독과 속임과 음탕과 질투와 비방과 교만과 우매함이니"*(막 7:6, 8, 20~22)*.

사순절 기간에 우리는 말씀을 통해 자신을 보고 이러한 것에서 과감히 돌아서야 할 것이다.

"주여, 나를 부인하고 주님이 지신 십자가를 지고, 말씀 앞에 적극적으로 반응하는 참된 주님의 제자의 삶을 살아가게 하옵소서!

아멘."

오늘의 말씀 묵상
"또 서기관 사반이 왕에게 말하여... 사반이 왕의 앞에서 읽으매 왕이 율법책의 말을 듣자 곧 그의 옷을 찢으니라"(왕하 22:10~11).

✳ ───────

내 마음의 우상(偶像, idol)을
불사르라

오늘 본문은 요시야 왕이 바알상과 아세라상과 모든 우상을 기드론 밭에서 불사르고, 빻아서 가루로 만들어 평민의 묘지에 뿌린 이야기이다. 왜냐하면 하나님은 십계명에서도 "나 외에 다른 신들을 두지 말고, 어떤 우상도 만들지 말라"라고 엄히 명하셨기 때문이다.

우리가 참된 신이 아닌 것에 경배하고 엎드려 예배할 때 우리를 만드신 하나님의 마음이 얼마나 쓰리고 아프시겠는가? '내 마음의 우상'(데이비드 파우리슨 저)이라는 책에 보면 현대인들의 마음속에는 '자기연민'(憐憫, sympathy)이라는 우상이 있다고 지적하고 있다.

"자기연민은 우리의 가장 큰 적이다. 거기 굴복하면 현명한 일을 결코 할 수가 없다"(헬렌 켈러). 자기연민에 빠진 사람들은, 불행한 과거나 자신의 비참함을 토로하면서 자신을 마치 신이 버린 불행한 사생아처럼 여긴다. 또한, 그 어떤 꿈을 이룰 수도, 세상을 진보시킬 수도, 누군가를 행복하게 해줄 수도 없다고 믿는다. 자기연민에서 벗어나야 한다. 자기연민은 내면의 창조력과 잠재력을 죽이는 일이요, 정신적 자살행위이기 때문이다.

또한, 여러 가지 '중독'이 하나의 우상이다. '술 중독, 성 중독, 게임 중독, 스마트폰 중독, 쾌락 중독, 도박 중독...' 마지막으로 '고집'이 하나의 우상이다. 우리는 이러한 우상들을 십자가 앞에서 깨뜨리고 부수고 태워서 없애버려야 한다.

우리에게도 요시야 왕처럼 우상을 불사르고, 부수고, 빻아서 없애버리는 결단력이 필요하다.

"주여, 사순절을 맞이하면서 내 마음의 우상들을 십자가에 못 박아 죽이게 하시고, 성령의 불로 완전히 불살라 태워 주소서!"

오늘의 말씀 묵상

"또 여호와의 성전에서 아세라 상을 내다가 예루살렘 바깥 기드론 시내로 가져다 거기에서 불사르고 빻아서 가루를 만들어..."(왕하 23:6).

✻ ———————

하나님은
역전(逆轉)의 명수(名手)

야베스는 태어날 때부터 유복자*(대체로 아버지가 이름을 지어주는데 어머니가 작명해줌)*로서 흙수저였고, 순조롭게 태어난 것이 아니라, 난산으로 태어났다*(내가 수고로이 낳았다).* 그런 야베스가 어떻게 세 가지의 은총과 복을 받게 되었을까?

그 세 가지는, 나의 지역을 넓히시고*(르호봇의 하나님을 경험),* 주의 손으로 나를 도우사*(에벤에셀 하나님을 경험),* 나로 환난에서 벗어나 근심이 없게 하소서*(목자장이신 하나님을 경험-"내가 사망의 음침한 골짜기로 다닐지라도 해를 두려워하지 않을 것은 주께서 나와 함께 하심이라 주의 지팡이와 막대기가 나를 안위하시나이다"(시 23:4)).* 요셉을 기가 막힐 웅덩이에서 건지신 하나님, 에스더와 모르드개를 생명의 위기 가운데 건지시고 역전시켜 하만이 도리어 높은 장대에 매달게 하신 하나님, 룻을 다 망한 가정에서 건지시고 보아스를 만나게 함으로 다윗 왕과 예수님의 조상이 되게 하신 역전의 하나님을 만나볼 수 있다.

야베스가 그토록 받고 싶었던 복은 무엇일까? 복의 어원에서 해답이 나와 있다. 복의 원어*(히브리어)*는 '무릎을 꿇는다'라는 의미인 '바라크'이다. 다시 말해 복의 근원 되시는 하나님께 겸손한 마음으로 무릎을 꿇고 기도할 때 복이 주어진다고 해석할 수 있다.

오늘날도 역전의 삶을 살아가는 사람들이 많다. '루즈벨트' 소년은 학교 다닐 때부터 소아마비를 앓았고 장성한 후에는 우울증을 심하게 앓았다. 그러나 자신의 처지를 비관한 것이 아니라 역전의 하나님을 의지하고 믿음으로 결국 미국 32대 대통령으로 당당히 취임하였다. 아인슈타인과 에디슨도 학교 다닐 때에는 학습장애인, ADHD(주 의력결핍증)이었다. 그러나 장애를 극복하고 천재적인 과학자, 발명가가 되지 않았는가?

"주여, 내 삶에 야베스의 은총이 임하게 하시고, 역전의 하나님을 믿고 의지하며 나아가게 하소서!"

오늘의 말씀 묵상
"야베스는 그의 형제보다 귀중한 자라 그의 어머니가 이름하여 이르되 야베스라 하였으니 이는 내가 수고로이 낳았다 함이었더라"(대상 4:9).

하나님의 법궤와
오벧에돔의 집

오늘 본문을 보면 다윗이 하나님의 궤를 기럇여아림에서 다윗 성으로 모셔오는 내용이 나온다. 그런데 법궤를 운반할 때는 민수기 4장에서 언급된 대로 해야 한다. 하나님이 택한 레위인 중 고핫 자손이 어깨에 메고 4명이 운반을 해야 한다. 그런데 그만 소가 끄는 수레에 싣고 오고 만다.

하나님이 원하시는 방법대로 해야 하지, 내 좋을 대로, 내 소견대로 하면 안 된다. 수레가 오다가 그만 소가 뛰어 법궤가 떨어질 것 같아 '웃사'가 손을 펴서 붙들었다.

그런데 하나님이 진노하사 치시매 죽고 만다. 그날에 다윗이 하나님을 크게 두려워하게 된다. 비로소 "내가 어떻게 하나님의 궤를 내 곳으로 오게 하리요?"라고 한다. 진작 물었어야 한다. 항상 우리는 주의 일을 하기 전에 하나님께 물어보자.

다윗이 이 사건을 통해 큰 충격을 받고 하나님의 궤를 자신의 성으로 모시지 않고 잠시 가드 사람 '오벧에돔'의 집에 모시게 된다. 그래서 '오벧에돔'은 얼떨결에 법궤를 모시는 영광을 누리게 된다. 오벧에돔의 직업은 성문 문지기요, 수금을 타는 음악가이다. 평범한 직업을 가진 오벧에돔의 집에 하나님의 임재를 상징하는 신성한 법궤가 3개월간 머무르는 행운을 얻게 된다. 그런데 3개월 동안 여호와께서 오벧에돔의 집과 그의 모든 소유에 복을 내리셨다고 성경은 기록하고 있다.

우리의 집에도 오직 여호와 하나님 한 분만 모시고 살자. 예수님을 호주로 모시고 살자. 성령님을 모시고 살자. 그럴 때 여호와께서 우리 집과 우리 모든 소유에 복을 내리시지 않겠는가?

"주여, 3월 한 달 우리 집안 모든 식구가 오직 하나님 한 분만 모시고 살아가게 하소서!"

오늘의 말씀 묵상
"하나님의 궤가 오벧에돔의 집에서 그의 가족과 함께 석 달을 있으니라 여호와께서 오벧에돔의 집과 그의 모든 소유에 복을 내리셨더라"(대상 13:14).

spring

봄

＊ ─────

유관순과 에스더의
공통분모

어제는 102주년 3.1절을 맞이하였다. 대한민국 독립을 외치다가 수많은 믿음의 선배들이 순교를 당했는데, 그중에 17세 여고생 '유관순' 열사를 떠올려본다. 그녀에게서 성경의 인물 '에스더'와 비슷한 점을 발견할 수 있다.

첫째는 '연약한 여성'이라는 점이다. 유관순 열사는 1919년 4월 1일 오후 1시 병천 아우내 장마당에서 3천 명의 군중들과 함께 만세 시위행진을 하다가 오후 4시경 일본군의 총격으로 그 자리에서 부모가 모두 돌아가셨다. "에스더는 부모가 없었으나 용모가 곱고 아리따운 처녀라 그의 부모가 죽은 후에 모르드개가 자기 딸 같이 양육하더라"(에 2:7).

둘째로 나라 사랑하는 '애국심'이 대장부 같았다. 유관순 열사는 17세의 어린 나이임에도 불구하고 모진 고문을 이겨내고 재판에서도 당당하게 대항하였다.

"에스더가 모르드개에게 회답하여 이르되 당신은 가서 수산에 있는 유다인을 다 모으고 나를 위하여 금식하되 밤낮 삼 일을 먹지도 말고 마시지도 마소서 나도 나의 시녀와 더불어 이렇게 금식한 후에 규례를 어기고 왕에게 나아가리니 죽으면 죽으리이다 하니라"(15, 16절).

이런 대장부 같은 결단이 하나님의 기적을 만들어내어, 모든 대적자가 도리어 진멸 되었던 것이다. 그래서 유대인들이 평안함을 얻고, 슬픔이 변하여 기쁨이 되고, 애통이 변하여 희락의 날이 되었다.

젊은이들에게 도전하고 싶다! 당신들은 나라에 위기가 올 때 유관순, 에스더같이 목숨을 던질 수 있겠는가? 조국 대한민국은 지금도 당신들을 부르고 있다.

오늘의 말씀 묵상

"자기 민족을 위하여 간절히 구하라하니… 너는 홀로 왕궁에 있으니 모든 유다인 중에 홀로 목숨을 건지리라 생각하지 말라… 이렇게 금식한 후에 규례를 어기고 왕에게 나아가리니 죽으면 죽으리이다 하니라"(에 4:8, 13, 16).

＊ ─────

경칩(驚蟄)과
여호와의 영광(榮光)

오늘 본문은 솔로몬이 성전 낙성식을 할 때 일어난 초자연적인 기적을 다루고 있다. 솔로몬이 기도를 마치자마자 갑자기 하늘에서 불이 내려왔다. 강력한 성령의 불이 초대교회 마가 다락방에 임한 것처럼 말이다. 하나님의 은혜와 은사와 능력은 땅에서부터 오는 것이 아니라 하늘에서부터 내려온다. 오늘 하루도 살아갈 힘과 소망은 땅에서부터 올라오는 것이 아니라 하늘에서부터 내려옴을 기억해야 할 것이다.

"모세와 아론이 회막에 들어갔다가 나와서 백성에게 축복하매 여호와의 영광이 온 백성에게 나타나며 불이 여호와 앞에서 나와 제단 위의 번제물과 기름을 사른지라 온 백성이 이를 보고 소리 지르며 엎드렸더라"(레 9:23, 24).

"이에 여호와의 불이 하늘에서 내려서 번제물과 나무와 돌과 흙을 태우고 또 도랑의 물을 핥은지라"(왕상 18:38).

내일이 24절기 중 경칩(驚蟄)이다. 1년 중 개구리가 겨울잠에서 깨어날 정도로 날씨가 풀린다는 날이다. 그동안 코로나로 움츠려있던 우리의 신앙이 이제는 깨어날 때가 되었다. 여호와의 영광을 되찾아야 한다.

"주여, 이제 회복하게 하소서!"

사순절 40일 신약통독 중 오늘 읽어야 할 본문이 바로 요한복음 7~11장이다. "명절 끝날 곧 큰 날에 예수께서 서서 외쳐 이르시되 누구든지 목마르거든 내게로 와서 마시라 나를 믿는 자는 성경에 이름과 같이 그 배에서 생수의 강이 흘러나오리라 하시니 이는 그를 믿는 자들이 받을 성령을 가리켜 말씀하신 것이라"*(요 7:37~38)*.

그렇다. 우리에게 하나님의 강력한 불의 임재가 임하면 우리의 옛 사람은 십자가에서 다 죽고 하나님의 형상으로 새롭게 변화될 것이다. 그래서 가슴 저 깊은 곳에서부터 생수의 강물이, 기쁨의 강물이 충만히 터져 나와서 날마다 희열과 감격으로 행복한 눈물을 흘리게 될 것이다.

"주여, 내 세포가 깨어나게 하소서! 내 영이 깨어나게 하소서! 내 삶에 하나님의 영광이 드러나게 하소서! 아멘."

오늘의 말씀 묵상

"솔로몬이 기도를 마치매 불이 하늘에서부터 내려와서 그 번제물과 제물들을 사르고 여호와의 영광이 그 성전에 가득하니"(대하 7:1).

* ——

스바 여왕과
솔로몬의 랑데부(rendez-vous)

스바 여왕은 B.C. 10세기 인물로, 에티오피아(아프리카 대륙 동쪽-한반도의 5배 크기)의 건국 서사시에서는 '마케다' 여왕으로 불린다. 이 여인은 솔로몬 왕의 지혜와 매력에 홀릭(holic-빠지다, 중독되다)되어 하룻밤을 같이 자게 된다. 그리고 태어난 아기가 '메넬리크 1세'이다. 에티오피아의 초대황제가 된다. 이만큼 스바 여왕은 완전히 솔로몬의 지혜에 흠뻑 빠졌다. 무엇을 묻든지 다 대답했으니 말이다.

이 지혜는 어디서부터 온 것인가? 땅에서부터 온 것이 아니라 하늘로부터 하나님이 주신 것이다. 지금도 우리 인생의 해답을 하나님이 가지고 계신다. 하나님은 슈퍼컴퓨터, 빅데이터 위에 계시는 분이시다. 온 우주를 만드시고 운행하시는 분이시기 때문이다.

이렇게 하나님으로부터 은총을 입은 솔로몬 왕은 하나님께 영광을 돌리는 삶을 살았다. "복 되도다 당신의 사람들이여! 당신의 하나님 여호와를 송축할지로다"라고 하나님을 잘 알지 못하는 이방 여인의 입에서 탄성이 쏟아져 나오게 된 것이다. 또한 "하나님이 당신을 기뻐하시고 그 자리에 올리사 당신의 하나님 여호와를 위하여 왕이 되게 하셨도다"라는 놀라운 신앙고백을 하였다.

솔로몬 왕처럼 하나님의 마음을 잘 깨닫고 그분을 기쁘시게 하는 삶을 살아간다면 지금도 하나님은 그런 자를 높은 자리에 앉히시고 복된 삶을 영위할 수 있도록 환경과 여건을 만들어 주실 것이다.

"오늘 하루도 하나님과 동업하고, 예수님과 동업하고, 성령님과 동업하게 하소서!"

"나는 포도나무요 너희는 가지라 그가 내 안에 내가 그 안에 거하면 사람이 열매를 많이 맺나니 나를 떠나서는 너희가 아무 것도 할 수 없음이라"(요 15:5).

"주여, 기브온 산당에서 1천 번제를 드리고 먼저 그의 나라와 그의 의를 구함으로 이 땅에서 승리의 삶을 산 솔로몬 왕같이 저도 그러한 삶을 살아가게 하옵소서! 아멘."

오늘의 말씀 묵상

"내가 들은 소문보다 더하도다 복되도다 당신의 사람들이여 복되도다 당신의 이 신하들이여 항상 당신 앞에 서서 당신의 지혜를 들음이로다 당신의 하나님 여호와를 송축할지어다" (대하 9:6, 7, 8).

* ———————

재벌 하나님, 나의 아버지

세계갑부들을 통계로 보면, 10억 달러(*1조 1천 2백 억*)이상을 가지고 있는 갑부가 2,470명이 되고, 한국인 36명이 포함된다. 1위는 아마존 닷컴 설립자인 제프 베조스로 1,130억 달러요, 2위는 마이크로소프트 설립자인 빌 게이츠로 980억 달러요, 투자의 귀재인 워렌 버핏은 675억 달러다. 우리나라 삼성 고 이건희 회장은 한화로 18조 원을 소유하였다. 그런데 오늘의 주인공 솔로몬의 재산과 지혜는 온 천하의 왕들보다 컸다고 증언하고 있다(*22절*). 도대체 솔로몬은 왜 이런 큰 은혜를 입게 되었을까 생각해보면 두 가지로 설명할 수 있을 것이다.

첫째, 아버지 다윗의 신앙 덕분이다. 다윗은 늘 하나님께 묻는 신앙으로(*하나님을 인정하는 신앙*) 임마누엘의 복을 누렸다. 이삭이 기근 시에도 100배의 복을 누릴 수 있었던 것도 아버지 아브라함이 모리아 산에서 자신을 번제로 드리려고 할 때 순종함으로 나아갔고, 아브라함은 100세에 낳은 아들보다 하나님을 더 사랑하고 경외함으로 하나님의 시험으로부터 최종 합격하였다.

둘째, 기브온 산당에서 "네 소원이 무엇이냐?"라고 물으실 때, 부와 재물을 구한 것이 아니라 하나님의 백성들을 어떻게 하면 잘 섬길 수 있을까(먼저 그의 나라와 그의 의를 구하는 신앙)하여 지혜를 구한 것이다. 이것이 신의 한 수였던 것이다. 하나님은 그 대답에 너무 기뻐하시고 구하지 않은 부와 재물은 보너스로, 덤으로 주셨던 것이다.

뉴질랜드에 딱 100불(10만 원)을 가지고 들어간 한 가난한 선교사가 10년 동안 한 가지 기도제목을 하나님께 드렸다. 자신에게 물질의 복을 주셔서 세계선교를 감당하고, 한국의 미자립교회와 농어촌교회 자녀들을 100명씩 무료 초청하여 방학 때마다 언어훈련을 시켜줌으로, 글로벌 리더로 만들겠다는 서원기도를 드렸던 것이다. 신실하신 하나님은 먼저 그의 나라와 그의 의를 구하는 이 선교사의 기도를 응답해주셔서 지금은 큰 건물 2개를 소지하고(1천억 상당 가치), 해외 많은 선교단체 사무실을 무료로 제공해주고, 가난한 목회자 자녀들을 무료로 교육하고 있다. 바로 이분이 '재벌 하나님, 나의 아버지' 책을 쓴 이은태 선교사이다. 솔로몬의 땅은 유브라데 강에서부터 블레셋 땅과 애굽 지경까지 확장되었고, 예루살렘 성안에서는 금과 은이 돌 같이 흔하게 되었던 은혜와 은총을 누리게 된다.

"주여, 우리 가정들과 자녀들이 이러한 은혜와 복을 누리게 하셔서 해외선교사들을 돕고, 국내 어려운 교회와 목회자들을 돕게 하소서! 아멘."

오늘의 말씀 묵상
"솔로몬 왕의 재산과 지혜가 천하의 모든 왕들보다 큰지라"(대하 9:22).

＊ ─────

여호사밧 왕을 통해서
한 수 배운다

여호사밧 왕은 남유다 4대 왕으로 다윗의 증손자이다. 그는 전면
적인 종교개혁을 일으켰고*("산당들과 아세라 목상들도 유다에서 제거하였더라"-6
절 하)*, 자주국방을 선도하였고*("스스로 강하게 하여 이스라엘을 방어하되 여호사밧
이 점점 강대하여 유다에 견고한 요새와 국고성을 건축하고"-1절 하, 12절)*, 교육가로서
의 면모를 갖추었다*("그들이 여호와의 율법책을 가지고 유다에서 가르치되 그 모든 유
다 성읍들로 두루 다니며 백성들을 가르쳤더라"-9절)*.

이렇게 안정되게 국가를 운영함으로 그가 부귀와 영광을 크게 떨
치게 되었고*(5절 하)*, 북이스라엘 아합 가문과 혼인함으로 인척관계
를 맺어 동맹국가로서 더욱 단단한 정치기반을 닦을 수 있었다*(18:1)*.

여호사밧 왕이 이러한 은총과 복을 누릴 수 있었던 것은 두 가지
이유에서이다. 첫째, 여호와께서 여호사밧과 함께 하셨기 때문이다.
"여호와께서 여호사밧과 함께 하셨으니"*(3절 상)*, "여호와께서 나라를
그의 손에 견고하게 하시매"*(5절 상)*, "여호와께서 유다 사방의 모든 나
라에 두려움을 주사 여호사밧과 싸우지 못하게 하시매"*(10절)*.

둘째, 고조할아버지인 다윗의 처음 길을 걸었다*(Again 1907을 기억해보*

라). 그래서 모든 우상을 파하고, 하나님이 싫어하는 불의한 일을 버렸다(*"치우침도 없으시고 뇌물을 받는 일도 없으시니라"-19:7 하*).

　요즘 말로 하면 사법주의 개혁을 단행한 것이다. 여호사밧 왕은 전심으로 여호와의 길을 걸었던 것이다(*"그가 전심으로 여호와의 길을 걸어"-6절 상*).

　"주여, 이번 한 주간도 여호사밧 왕처럼 첫 신앙을 회복하고, 임마누엘의 하나님이 함께 하심으로 은총과 은혜를 입게 하옵소서! 아멘."

오늘의 말씀 묵상
"여호와께서 여호사밧과 함께 하셨으니 그가 부귀와 영광을 크게 떨쳤더라"
(대하 17:3, 5).

✳ ──────

먼저 여호와께
물어보소서

오늘의 재미있는 에피소드는 남유다 4대 왕 여호사밧이, 북 이스라엘 7대 왕 아합과 사돈이 되는 내용이다. 아합 왕이 사돈 여호사밧 왕에게 한 가지 제안을 한다. 두 나라가 동맹을 맺어서 길르앗 라못과 전쟁을 통해 땅을 차지하자는 것이다. 그때 여호사밧 왕은 "먼저 여호와의 말씀이 어떠하신지 물어보자"라고 제안을 한다. 이때 400명의 선지자를 모아서 이 전쟁을 하는 것이 좋을지, 안 하는 것이 좋을지 물어 보았다.

저들은 어용(御用) 선지자로 하나님께 물어보지도 않고 무조건 왕이 좋아하는 쪽으로 찬성하고 만다. 그런데 한 명의 용감한 선지자가 등장하게 된다. 바로 '미가야' 선지자이다. 그는 주위의 회유와 협박에도 굴하지 않고 끝까지 하나님의 말씀만을 전한 진정한 하나님의 종이었던 것이다.

"내 하나님께서 말씀하시는 것 곧 그것을 내가 말하리라"*(13절).* "온 이스라엘이 목자 없는 양 같이 산에 흩어졌는데 여호와의 말씀이 이 무리가 주인이 없으니 각각 평안히 자기들의 집으로 돌아갈 것이니라"(16절). 결국, 전쟁에서 패해서 뿔뿔이 흩어질 것을 예언한 것이다. 그러면서 거짓말하는 영이 왕과 400명의 선지자를 꾀게 되었음을 알려준다(22절).

이처럼 하나님께 직접 음성을 못 듣고 자신들이 좋을 대로 살아가다 보면 거짓의 영의 꾐에 빠질 수 있음을 경고하고 있다. 결국, 미가야 선지자의 예언대로 길르앗 라못과의 전쟁에서 패하게 되고 자신은 변장하여 도망가다가 적군의 화살이 갑옷을 뚫고 통과하게 되어 중상을 입게 되고 저녁 즈음에 숨을 거두게 된다.

"주여, 우리가 중요한 결정을 하기 전에 꼭 하나님께 물어보는 습관을 갖게 하옵소서! 아멘."

오늘의 말씀 묵상
"여호사밧이 또 이스라엘 왕에게 이르되 청하건대 먼저 여호와의 말씀이 어떠하신지 오늘 물어 보소서 하더라"(대하 18:4).

* ────────

질투(嫉妬, jealousy)는
무서운 감정이다

    성경은 형제간의 갈등 문제를 많이 다루고 있다. 가인과 아벨, 이삭과 이스마엘, 에서와 야곱, 요셉과 그의 형들은 서로 사랑하는 관계가 아니라 치열하게 경쟁하고 갈등하는 관계였다.

    그들이 형제이면서도 경쟁하고 갈등한 이유가 무엇일까? 그것은 질투 때문이다. 질투는 감정으로만 끝나지 않기 때문에 무서운 것이다. 그래서 어떤 사람은 질투를 파괴적이라고 말한다. 왜냐하면, 질투는 대상이 망해야 끝이 나기 때문이다.

    그래서 가인은 아벨을 들판으로 불러내어서 돌로 쳐 죽였다. 동생을 사랑해야 하는 형이 동생을 적으로 여기고 쳐 죽이고 만 것이다. 이처럼 질투는 무섭고 파괴적이다. 사울 왕이 다윗을 죽이려고 했던 이유도 바로 질투심에서 비롯된 것이다.

    질투를 극복하는 길은 겸손한 마음으로 나보다 남을 낮게 여기는 것이다. 형제가 칭찬을 받으면, 나보다 나은 사람이기에 당연하다고 생각하는 것이다. 나보다 남을 낮게 여길 때 무섭고 파괴적인 감정인 질투를 넘어설 수 있는 것이다.

우리가 인간관계 속에서 치사한 질투를 극복할 때 진정으로 행복한 삶을 영위할 수 있을 것이다. 우리가 상대방을 축복하면 그 축복이 나에게 부메랑이 되어서 되돌아온다는 사실을 기억해야 할 것이다.

"오! 주여, 저에게서 질투를 뽑아내 주시옵소서! 성령의 불로 질투심을 태워 주옵소서! 이 사순절 기간에 십자가에 저의 질투심을 못 박아 장사지내게 하옵소서!"

오늘의 말씀 묵상

"여인들이 놀며 노래하여 이르되 사울이 죽인 자는 천천이요 다윗은 만만이로다 한지라" (삼상 18:7).

✳ ────────

학사 에스라(Ezra)

오늘의 주인공 에스라는 아론의 16대손으로 이름의 뜻은 '여호와가 도우신다'이다. 그는 바사 왕 '고레스'의 허락을 받아 예루살렘에 귀환할 때 1,800명을 인솔하였다 *(출발 B.C. 458년)*. 그리고 아하와 강변에서 금식기도 후 4개월 만에 무사히 예루살렘에 도착하게 만든 지도자로서 지금부터 2500년 전 인물이다. 그에 대해 성경은 세 가지를 언급하고 있다.

첫째로, 에스라는 모세의 율법에 익숙한 학자이다 *(6, 10절)*. 우리는 무엇에 익숙한가? 어떤 사람은 예배에, 찬양에, 기도에, 말씀에, 전도에, 교회봉사에 익숙한 자가 있다. 또 어떤 사람은 책을 가까이 두고 책 읽기에, 음악 듣기에, 운동하기에, 선을 행하는 데에, 익숙한 사람도 있다. 반대로 도박에, 음주가무에, 쾌락에 익숙한 사람도 있다.

우리는 이번 사순절 기간에 나쁜 습관은 과감히 십자가 앞에 못 박아버리고 좋은 습관*(익숙함)*을 갖도록 해야 할 것이다.

둘째로, 에스라는 여호와 하나님의 도우심을 입은 자이다 *(6절 하, 9, 28절)*. 하나님의 은혜가 항상 그를 떠나지 않았다. 그래서 왕과 그의 보좌관들, 왕의 권세 있는 모든 방백의 앞에서 은혜를 입게 되었다 (28절).

우리의 자녀들에게 여호와 하나님의 은혜가 항상 임하므로, 어디를 가든지 돕는 자들을 붙여주시고, 권세 있는 자들의 눈에 들어서 승진과 승리의 삶을 살아가야 할 것이다. 그래야 세상에서 영향력을 발휘하지 않겠는가?

셋째로, 에스라는 여호와의 율법을 연구하고 준행하고 백성에게 가르쳤다(10절). 우리가 하나님의 말씀을 많이 아는 것도 중요하지만, 그 말씀을 준행하는 것이 더 중요하다.

"오! 주여, 오늘 하루도 말씀을 깊이 묵상하고 그 말씀대로 준행하는 결단력과 믿음을 허락하여 주옵소서! 아멘."

오늘의 말씀 묵상
"모세의 율법에 익숙한 학자로서 그의 하나님 여호와의 도우심을 입음으로 왕에게 구하는 것은 다 받는 자이더니"(스 7:6).

✳ ────────

하나님을 만나는 핫라인,
회개(悔改, repentance)

에스라의 대단원(클라이맥스, *climax*)이 9~10장에서 마무리된다. 이스라엘 백성들이 포로에서 귀환하여 불신자, 이방인과의 통혼을 하게 되므로, 여호와 신앙의 순수성이 파괴되었다. 이에 제사장인 '에스라'(학사, 율법에 익숙한 자, 필사자, 히브리어&아람어에 능숙한 자)가 하나님의 성전 앞에서 저들의 죄를 대신하여 자복할 때 많은 백성이 통곡했다고 한다. 그러면서 백성들에게 소집령을 내린다. "3일 안에 예루살렘으로 모이라. 만약 참석하지 않으면, 재산을 모두 몰수하고, 우리 모임에서 쫓아내리라." 저들은 모두 9월 20일(9절)에 성전 앞 광장에 모였다.

"여러분, 이제 여러분의 조상들의 하나님 앞에서 죄를 자복하고, 그의 뜻대로 행하여 그 지방 사람들과 이방 여인을 끊어버려라"라고 하매, 모든 회중이 아멘으로 화답하였다.

오늘 본문은 회개의 두 가지 원칙을 보여준다. 첫째는, 철저히 하나님 앞에서 죄를 통회, 자복하는 것이다. "너희는 이 세대를 본받지 말고 오직 마음을 새롭게 함으로 변화를 받아 하나님의 선하시고 기뻐하시고 온전하신 뜻이 무엇인지 분별하도록 하라"(롬 12:2). "너희가

이 시기를 알거니와 자다가 깰 때가 벌써 되었으니 이는 이제 우리
의 구원이 처음 믿을 때보다 가까웠음이라 밤이 깊고 낮이 가까웠으
니 그러므로 우리가 어둠의 일을 벗고 빛의 갑옷을 입자 낮에 와 같
이 단정히 행하고 방탕하거나 술 취하지 말며 음란하거나 호색하지
말며 다투거나 시기하지 말고 오직 주 예수 그리스도로 옷 입고 정욕
을 위하여 육신의 일을 도모하지 말라"(롬 13:11~14).

둘째로, 죄를 과감히 끊어버려야 한다. 중독을 끊어버려야 한다. 담
배를 끊고자 하면 가위로 과감히 잘라버리는 결단력이 필요한 것이
다. 알코올 중독에서 빠져나오려면 혹시 집에 술병이 있다면 마당에
가져다 놓고 망치로 다 깨버리는 실행력이 있어야 한다. 내가 회개하
고 중독을 끊으면 우리 가정이 살고, 내가 살고, 축복의 길로 나아가
는 길이 되고, 하나님께 쓰임 받는 길이 되기 때문이다.

A.D. 185년 경에 알렉산드리아 학파를 대표하는 기독교의 대교부,
'오리게네스'는 수백 권의 저서를 남길 만큼 대단한 대학자이다. 그
러던 그가 젊었을 때는 정욕이 자기를 사로잡아 저술활동에 방해를
받게 되자 스스로 거세(去勢)를 할 정도로 그는 치열하게 죄와 피 흘리
기까지 싸웠던 것을 알 수 있다.

오늘의 말씀 묵상
"이스라엘에게 아직 소망이 있나니... 이제 너희 조상들의 하나님 앞에서 죄를
자복하고 그의 뜻대로 행하여 그 지방 사람들과 이방 여인을 끊어 버리라하니"(스
10:2, 11).

✳ ─────

충성(忠誠, faithful)스러운 사람,
하나냐

오늘의 주인공 '하나냐'의 이름의 뜻은 '여호와는 자비하시다'이다. 그는 충성된 종이요, 하나님을 경외함이 모든 백성 중에서 가장 으뜸이라고 성경은 평가하고 있다.

하나냐를 설명하기에 앞서 '느헤미야' 총독*(總督, 식민지 통치 기구의 우두머리)*을 살펴보면, B.C. 445년에 페르시아 왕 고레스의 마음을 여호와께서 감동시키셔서, 느헤미야를 유다의 총독으로 임명하여 예루살렘에 부임하게 하고, 수많은 방해와 어려움을 극복하고 52일 만에 무너진 성벽을 세우게 되었다.

짧은 52일 만에 성벽공사를 마무리한 것은 모든 백성이 한마음으로 각자 맡은 일에 충성하였기 때문이요, '하나냐' 같은 충성된 일꾼, 하나님을 경외하는 자가 있었기에 가능했다.

우리도 하나님이 세우신 교회공동체에서 각자 맡은 역할을 충성스럽게 감당할 때 하나님의 위대한 역사는 일어나고 하나님의 임재가 나타나는 영광스러운 공동체가 될 것이다.

'피스토스'*(충성스러운, 헬라어)* 사람들이 성경 여러 군데 출현한다. '갈

160

렙'은 하나님과 여호수아에게 충성하였다. '갈렙'의 뜻은 '개(*Dog*)'이다. 개가 얼마나 자기 주인에게 충성하는가? 헤브론을 85세 나이에도 정복하겠다는 진정한 '충성'의 사람이었다.

'모세'도 충성의 사람이었다. "내 종 모세와는 그렇지 아니하니 그는 내 온 집에 충성함이라"*(민 12:7)*.

'야곱'도 삼촌 라반의 집에서 20년 동안 7년을 하루같이 충성하였다. '요셉'도 보디발 장군의 집에서 충성하여 가정총무를 맡고 심지어 감옥에서도 충성하여 옥중열쇠를 관리할 정도이다.

"사람이 마땅히 우리를 그리스도의 일꾼이요 하나님의 비밀을 맡은 자로 여길지어다 맡은 자들에게 구할 것은 충성이니라"*(고전 4:1, 2)*.

오늘의 말씀 묵상

"하나냐는 충성스러운 사람이요 하나님을 경외함이 무리 중에서 뛰어난 자라"
(느 7:2).

* ─────────

말씀에 반응(反應, reaction)하는 백성들

7월 1일 제사장 '에스라'가 수문 앞 광장에서 모든 백성을 불러서 새벽부터 정오까지 율법책을 읽어주었다. 새벽 5시~정오 12시까지 무려 7시간 동안 율법책을 읽어주자 백성들은 하나님의 말씀을 두렵고 떨리는 마음으로 일어나서 들었다(5절).

에스라가 "위대하신 하나님 여호와를 송축하라"라고 하면, 모든 백성이 손을 높이 치켜들고 "아멘, 아멘" 하고 반응을 보이면서 몸을 굽혀 얼굴을 땅에 대고 여호와 하나님께 경배하였다(6절). 그리고 율법책을 낭독하고 해석해줄 때 백성들이 깨닫게 되고 그 말씀에 찔림이 되어 다 울었다고 기록하고 있다(9절 상).

이 얼마나 은혜롭고 아름다운 광경인가? 우리도 예배드릴 때 이러한 반응(리액션)을 보인다면 지금보다 더 큰 하나님의 임재를 경험하게 될 것이다.

이어서 총독 '느헤미야'가 "너희는 가서 살진 것을 먹고 단 것을 마시면서 주의 성일에 근심하지 말고 기뻐하라"라고 권면한다(10절). 주일은 가장 기쁘고 즐거운 안식일이 되어야 할 것이다. 왜냐하면 주일에 나를 영원한 죄악에서 건져주시고 하늘 소망을 주신 하나님의 얼굴을 볼 수가 있고, 같은 믿음의 영적 가족들을 만나게 되어 교제를 나누게 되니 이 얼마나 감사하고 기쁜 날인가?

그러면서 느헤미야가 "여호와로 인하여 기뻐하는 것이 너희의 힘이니라"라고 한다. 우리는 누구 때문에 기뻐하는가? 우리는 어떤 때 기뻐하는가?

사람을 보고 일희일비(一喜一悲)하면 금방 낙심도 되고 우울해진다. 그러나 영원한 나의 소망이요, 참 기쁨이신 여호와 하나님을 찬양과 기도와 말씀으로 만나게 되면 세상이 줄 수 없는 참된 기쁨과 만족을 누리게 될 것이다.

"주여, 오늘 하루도 하나님 말씀에 적극적으로 반응하며, 주님 한 분이면 충분합니다! 이런 고백이 나오게 하옵소서! 아멘."

오늘의 말씀 묵상

"백성이 율법의 말씀을 듣고 다 우는지라... 여호와로 인하여 기뻐하는 것이 너희의 힘이니라" (느 8:9~10).

세상의 잘난 사람보다
나를 100만 배 더 사랑하시는 하나님

'에스더'는 '별'(Star)이라는 뜻이다. 본명은 하닷사이지만, 왕후의 위에 오를 때 에스더라고 고쳤다. 아비하일의 딸로서 어렸을 때 조실 부모하고 사촌 오빠인 모르드개의 양육을 받아오던 중 왕후 와스디가 폐출당한 뒤 전국에서 모여온 수많은 아리따운 처녀 중에 내시 헤개의 추천으로 아하수에로 왕에게 간택되어 왕후가 되었다.

에스더는 많은 여인이 있었지만, 궁녀를 주관하는 '헤개'의 눈에 들어오게 된다. 이 모든 것이 하나님의 은혜요, 은총인 것이다. "모든 보는 자에게 사랑을 받더라"(15절 하). 예수님이 어렸을 때 하나님과 사람들에게 더욱 사랑스러워 갔던 것처럼 말이다.

요셉이 13년의 모진 세월을 견딜 수 있었던 것도 아버지 야곱의 특별한 사랑을 받고 자랐기 때문이다. 가끔 세상을 증오하고 테러를 일으키는 사람들 중에는 어릴 때 부모로부터 충분한 사랑을 못 받은 자가 대부분이다.

'한나'가 '브닌나'로부터 아이가 없다는 이유로 수많은 무시와 업신여김을 받았지만, 남편 '엘가나'의 사랑을 갑절로 받으므로 잘 견디어 나중에는 하나님의 은혜로 '사무엘'이라는 위대한 선지자를 배출하지 않았는가?

혹시 어릴 때 부모님으로부터 충분한 사랑을 못 받았다고 해도 낙심할 필요는 없다. 하나님이 나를 세상의 그 누구보다 뜨겁게 사랑하기 때문이다. 나를 지독히도 사랑하시기에 십자가에서 죽기까지 사랑하신 것이 아닌가? 하나님은 지금도 우리를 '왕의 식탁'에 초청하시기를 원하신다. 그 초대에 응하기만 하면 주님이 베풀어주신 잔치(파티)에서 마음껏 먹고, 마시고, 웃고, 즐기며 누리게 되는 것이다.

이 얼마나 감사한 일인가? 세상 우주 만물은 나를 위해서 만들어주신 것이다. 나이아가라 폭포, 비행기, 스마트폰, 인터넷도 내가 세상을 마음껏 여행하라고 주신 선물인 것이다. 잘 활용하고 선용만 한다면 말이다.

"주님, 내가 주님을 세상의 그 어떤 것보다 더 사랑한다는 것을 아시지요. 아울러 주님은 나를 세상의 그 누구보다 100만 배 더 사랑하신다는 사실을 깨닫게 하소서!"

오늘의 말씀 묵상
"모든 보는 자에게 사랑을 받더라... 왕이 크게 잔치를 베푸니 이는 에스더를 위한 잔치라" (에 2:15,18).

✳ ────

크레센도(crescendo)의 삶과
데크레센도(decrescendo)의 삶

오늘도 하나님은 이 세상을 경영하고 계신다. 높일 자를 높이시고, 낮출 자를 낮추신다. 어떤 인생은 음악 악보에서 말하는 '크레센도*(crescendo, 점점 강하게)*' 인생을 살아간다. 처음에는 보잘것없는 인생이지만 시간이 갈수록 점점 빛이 나는 인생이 바로 '크레센도'의 인생이다.

바로 오늘의 주인공인 '모르드개'의 인생이 그렇다. 처음에는 '하만'에게 눈엣가시처럼 여겨졌다. 왜냐하면, 대궐의 모든 신하가 하만에게 꿇어 절을 하는데, 모르드개는 꿇지도 아니하고 절도 하지 않았기 때문이다. 모르드개는 오직 하나님께만 경배하고 사람에게 아부하지 않는 강직한 성품을 지녔던 것이다.

그때부터 하만은 모르드개와 그 민족*(유다인)*을 멸하려는 모략을 꾸몄다. 그러나 결과는 정반대로 나타났으니, 모드드개는 아하수에로 왕으로부터 존귀한 자리에 앉게 된다. 그것은 왕이 잠이 안 와서 우연히*(하나님의 경영)* 역대일기를 읽다가 왕을 암살하려는 음모를 알려준 생명의 은인이 바로 모르드개임을 알게 되면서부터이다.

그때부터 '모르드개'를 높이기 시작한다. 재미있는 것은 '하만'에게 어느 날 왕이 "만약 내가 존귀하기를 원하는 사람이 있다면 어떻게 하여야 하겠느냐?"라고 묻게 된다. 그때 하만은 "왕께서 입으시는 왕복과 왕께서 타시는 말과 머리에 쓰시는 왕관을 가져다가 그 머리에 쓰게 하소서"라고 대답한다. 당연히 그 주인공이 자신일 줄을 알았던 것이다. 그러나 왕은 "너는 네 말대로 속히 왕복과 말을 가져다가 대궐에 앉은 유다 사람 모르드개에게 하나도 빠짐없이 행하라"라고 명한다. 결국, 하나님의 사람 '모르드개'는 하만이 죽이려고 했지만, 도리어 하만의 반지와 어마어마한 하만의 재산을 모르드개가 차지하게 되고, 원수 '하만'을 50규빗*(22m)* 높이에 장대에 달아 죽이고 그의 아들 10명과 모든 대적을 죽였다. 한마디로 하만을 하나님이 강제로 낮추사 '데크레셴도*(decrescendo, 점점 약하게)*'의 삶을 살게 했다.

"주님, 오늘 하루 살아갈 동안 세계를 경영하시는 하나님의 손에 나를 온전히 맡기고, 잠잠히 하나님의 때를 기다릴 줄 아는 지혜로운 삶을 살아가게 하옵소서!"

오늘의 말씀 묵상

"왕이 이르되 이 일에 대하여 무슨 존귀(尊貴, high and noble)와 관작을 모르드개에게 베풀었느냐"(에 6:3).

✳ ──────

모르드개와 같은
정치지도자가 필요하다

모르드개는 다른 사람과 다른 네 가지의 특별한 면을 가지고 있었다.

① 아하수로 왕을 죽이려는 음모를 알려주어 왕의 목숨을 건졌다.

② 하나님을 경외하지 않는 하만에게 끝까지 무릎을 꿇지 않았다. 사람 눈치 안 보고 오직 하나님 앞에서(코람데오 정신) 살았다.

③ 딸 같은 에스더의 마음을 바꾸어 "이 때에 네가 만일 잠잠하여 말이 없으면 유다인은 다른 데로 말미암아 놓임과 구원을 얻으려니와 너와 네 아비 집은 멸망하리라 네가 왕후의 위를 얻은 것이 이때를 위함이 아닌지 누가 알겠느냐"(4:14)라고 하면서 코치, 멘토링을 잘 해주었다.

④ 영적으로 깨어있는 하나님의 사람이었다. "모르드개가 이 모든 일을 알고 자기의 옷을 찢고 굵은 베 옷을 입고 재를 뒤집어쓰고 성 중에 나가서 대성 통곡하며"(4:1).

이러한 모르드개를 역사가, 하나님이 그냥 내버려 두지 않으신다.

첫째로, 그는 아하수에로 왕의 권력서열 2인자가 된다(3절 상). 마치 요셉이 끝까지 보디발 장군의 아내의 강력한 유혹을 물리치고, 하나님을 경외함으로, 고난도 있었지만 결국은 애굽 바로 왕 앞에서 꿈을 잘 해석하므로 인정을 받아, 국무총리가 되고 온 애굽을 통치하는 제 2인자가 되지 않았는가?

또한, 다니엘도 왕의 도장이 찍힌 것을 알고도 자기 집에 돌아가서 고국 예루살렘을 향해 하루 세 번씩 무릎을 꿇고 기도하다가 총리들과 고관들의 시기 질투를 받아 그만 사자 굴속에 던져졌지만, 하나님께서 건져주시고 나중에는 다리오 왕 시대와 고레스 왕의 시대에 두 번이나 국무총리를 연임하게 되는 은혜를 입게 된다.

둘째로, 그는 유다 백성에게 존경과 사랑을 받게 된다. 우리나라에서도 이렇게 존경과 사랑받는 지도자가 많이 배출되어야 할 것이다.

오늘의 말씀 묵상
"유다인 모르드개가 아하수에로 왕의 다음이 되고 유다인 중에 크게 존경받고 그의 허다한 형제에게 사랑을 받고"(에 10:3).

✳ ─────

인동초(忍冬草) 같은 욥의
스펙터클(spectacle)한 삶

욥기서는 바벨론 포로시기에 나온 문학작품이다. 동방에서 가장 갑부요, 온전하고 정직하여 하나님을 경외하며 악에서 떠난 욥에게 어느 날 쓰나미 같은 거대한 고난이 예고 없이 찾아왔다.

때때로 우리는 혼란스러울 때가 있다. 그렇게 열심히 주의 일하고, 십일조 드리고, 하나님을 경외했는데, 고난과 역경이 왜 찾아올까? 과연 하나님은 살아계시는가? 나를 사랑한다는 말이 정말일까? 우리가 아름다운 장미를 꺾어 화병에 담으려면 가시에 찔리기도 하는 법이다. 유대 격언에 "금과 은은 불 속에서 정련되어야 비로소 빛이 난다"라는 말이 있다. 그렇다. 의인에게도 고난과 시련이 올 수 있다. 하지만 그 고난과 시련을 통해 우리의 믿음이 더 견고해지고, 단단해지고 빛을 발하게 되는 것이다.

인동초는 인내로 추운 겨울을 잘 견디다가 계절의 여왕 5월에 아름다운 꽃을 피워내어 사람들에게 사랑을 한 몸에 받게 되지 않는가?

욥을 시험한 사탄은 지금도 믿는 성도들을 두루 찾아다니며 여러 가지 시험과 유혹의 덫을 놓아 쓰러트리고 망가트리려고 한다

170

(7절). 삼손도 드릴라의 시험과 유혹에 그만 넘어가 버리지 않았는가? 다윗도 밧세바의 미모에 그만 홀릭*(holic, 탐닉)*되어 치명적인 실수를 하지 않았는가?

그래서 바울은 "마귀의 간계를 능히 대적하기 위하여 하나님의 전신갑주를 입으라"*(엡 6:11)*라고 권면하고 있다. 간계*(奸計, trick)*는 '메도데이아스'*(헬라어)*로 '음모, 간교한 책략'을 의미한다. 아무리 마귀가 하나님의 자녀를 여러 가지 시험과 시련을 통해 넘어트리려고 해도 하나님은 강한 팔로 보호해주신다.

"강한 손과 펴신 팔로 인도하여 내신 이에게 감사하라 그 인자하심이 영원함이로다"*(시 136:12).*

"주께서 그와 그의 집과 그의 모든 소유물을 울타리로 두르심 때문"*(10절 상).*

"주여, 오늘 하루도 하나님의 강한 팔로 붙드시고, 어떤 고난과 역경도 하나님의 사랑에서 끊을 수 없음을 알게 하옵소서!

오늘의 말씀 묵상
"우스 땅에 욥이라 불리는 사람은 온전하고 정직하여 하나님을 경외하며 악에서 떠난 자더라" (욥 1:1).

✱ ───────

욥의 4차원적(四次元的)
신앙(信仰)

욥은 갑작스럽게 두 번의 강도와 두 번의 자연재해를 당하게 된다. 두 번의 강도는 스바와 갈대아 사람에 의해 일어났고, 두 번의 자연재해는 하늘에서 불이 떨어져서 양과 종들을 살라버렸고, 다음으로는 7남 3녀 자녀들이 모여서 잔치를 하는데 큰바람(토네이도)이 불어와 네 기둥이 무너지면서 집이 붕괴되어 한날한시에 죽었다. 욥에게 갑자기 불어 닥친 재앙과 역경을 도저히 욥이 견디기 어려워서 실어증에라도 걸렸을 것이다.

그토록 온전하고, 정직하고, 하나님을 경외하고, 악에서 떠난 욥에게 이게 무슨 날벼락이란 말인가? 하지만 욥이 그 충격적인 상황에서도 취한 행동을 보라! "욥이 일어나 겉옷을 찢고 머리털을 밀고 땅에 엎드려 예배하고"(와이쉬타후-히). 경배했다는 것이다. 욥은 아내의 말처럼 하나님을 욕하고 저주한 것이 아니라, 그 상황에서도 하나님께 경배하고 예배했다는 것이다.

그러면서 이렇게 고백한다. "주신 이도 여호와시요 거두신 이도 여호와시오니 여호와의 이름이 찬송을 받으실지니이다"(21절 하). 이 상황에서 청지기의 신앙을 보여 주고 있는 것이다. 우리에게 주신 건강, 물질, 자녀 모두 하나님이 한시적으로 우리에게 맡겨주신 것으로 주님이 다시 달라고 하시면 쿨하게 돌려드리는 신앙이 바로 청지기 신앙이다.

'찬송'은 '바라크'(축복)의 의미를 지닌다. 하나님을 욕하고 저주한 것이 아니라 도리어 하나님을 축복하고 경배한 것이다. 차원이 다른 신앙을 보인 것은 욥에게는 2가지가 있었기 때문이다.

① 하나님의 크신 경륜과 섭리를 큰 그림으로 보고 있었다. 욥기 42장의 결말을 미리 본 것이다. 미래를 볼 줄 아는 영적 안목이 있었던 것이다.

② 하나님의 주권을 인정하고, 하나님의 선하신 뜻을 발견했던 것이다. "사랑하는 자들아 너희를 연단하려고 오는 불 시험을 이상한 일 당하는 것 같이 이상히 여기지 말고 오히려 너희가 그리스도의 고난에 참여하는 것으로 즐거워하라 이는 그의 영광을 나타내실 때에 너희로 즐거워하고 기뻐하게 하려 함이라"(벧전 4:12-13).

오늘의 말씀 묵상
"욥이 일어나 겉옷을 찢고 머리털을 밀고 땅에 엎드려 예배하며"(욥 1:20).

✳ ─────

욥의 바윗덩어리 같은
견고(堅固, strong)한 신앙(信仰)

오늘 본문은 사탄이 욥에게 두 번째 시험하는 내용이 나온다. "이제 주의 손을 펴서 그의 뼈와 살을 치소서 그리하시면 틀림없이 주를 향하여 욕하지 않겠나이까"(5절). 이렇게 하나님과 내기 시합을 하고 하나님이 허락하시자, 바로 사탄이 욥의 정수리로부터 발바닥까지 온몸에 종기가 나게 하였다. 얼마나 그 병이 심했는지, 욥의 친구 3명이 와서 7일간 같이 있으면서 위로하는데, 아무도 한마디도 못 할 정도로 심각한 상태였다(13절).

그때 욥은 너무 가려워서 질그릇 조각으로 자기 몸을 긁고 있었다. 옆에서 이것을 지켜본 욥의 아내가 한마디 하고 집을 떠났다. "당신이 그래도 자기의 온전함을 굳게 지키느냐 하나님을 욕하고 죽으라."

이 정도 상황이 오면 보통사람 같으면 생을 자포자기하고, 긴 한숨을 쉬며 하나님을 향해 삿대질하면서 원망했을 것이다. 그러나 욥은 달랐다. "우리가 하나님께 복을 받았은즉 화도 받지 아니하겠느냐"라고 하면서 이 모든 일에 대해 하나님을 원망하고 저주하지 않았던 것이다.

욥이 설령 하나님을 향해 원망하고 분노를 쏟아 내어도 다 이해하실 것이 틀림없는 상황인 것이다. 그러나 욥은 끝끝내 하나님을 향하여 원망하고 저주하지 않았다. 야고보는 이렇게 권면하였다. "그러므로 형제들아 주께서 강림하시기까지 길이 참으라 보라 농부가 땅에서 나는 귀한 열매를 바라고 길이 참아 이른 비와 늦은 비를 기다리나니 너희도 길이 참고 마음을 굳건하게 하라 주의 강림이 가까우니라 형제들아 서로 원망하지 말라 그리하여야 심판을 면하리라 보라 심판주가 문 밖에 서 계시니라 형제들아 주의 이름으로 말한 선지자들을 고난과 오래 참음의 본으로 삼으라 보라 인내하는 자를 우리가 복되다 하나니 너희가 욥의 인내를 들었고 주께서 주신 결말을 보았거니와 주는 가장 자비하시고 긍휼히 여기시는 이시니라"*(약 5:7~11)*.

오늘의 말씀 묵상

"우리가 하나님께 복을 받았은즉 화도 받지 아니하겠느냐 하고 이 모든 일에 욥이 입술로 범죄하지 아니하니라"(욥 2:10).

✱ ─────

나를 단련(鍛鍊, train, discipline)하신 후에

하나님은 지금도 나를 트레인시키시고, 제자로 만들고 계심에 틀림이 없다. 나를 훈련시키시고, 제자로 만드시는 이유가 분명하다. 그것은 하나님이 쓰시기에 합당한 그릇으로 빚어내기 위해서다.

욥기서를 보면 하나님의 마음을 알 수 있다. 하나님은 욥을 고난의 불구덩이에 집어넣고 인내하기를 원하신다. 완전히 불순물이 빠지고 순도 100%의 순전한 금을 얻기 위함이다.

금을 제련하는 것을 보면, 먼저 흙과 모래를 통에 넣고 물에 일면 큰 불순물과 흙이 떨어져 나간다. 다시 물을 부어 흔들면 굵은 모래도 떨어져 나가고 금이 붙은 돌이 드러난다. 다음에는 용광로에 넣어 금을 녹여낸다. 그리고 다시 한번 풀무질을 하여 금을 녹이면 그제야 가볍고 부드러운 순금이 만들어지는 것이다.

금의 원소기호는 Au이며 원자번호는 79번이다. 동광석 1t에는 15~20g의 금이 들어있다. 처음에는 광석에 불과하지만 1,200℃ 이상의 용광로에서 제련하면 황금 93%가 된다. 다시 1,800℃에서 제련하면 99.3%가 된다. 석출된 금은 흑연 도가니 속에서 융해시켜 만드는데 이때의 순도는 99.99% 이다. 세 번 도가니 속에서 살아남아야 순금이 되는 것이다.

하나님께서 우리를 연단하실 때도 세 번의 풀무불을 통과해야 한다. 믿음이 정금으로 만들어지면 그 사람의 믿음은 변질되지 않는 것이다.

하나님이 때때로 우리를 고난의 풀무불에 집어넣을 때가 있다. 바로 이때, 우리가 기뻐해야 한다. 왜냐하면, 조금만 있으면 순금으로 탄생 되어 빛난 존재로 하나님께 멋지게 쓰임 받을 날만 남았기 때문이다.

오늘의 말씀 묵상

"그러나 내가 가는 길을 그가 아시나니 그가 나를 단련하신 후에는 내가 순금 같이 되어 나오리라"(욥 23:10).

인생은 9회 말 투아웃부터다

드디어 오늘 욥기서 대장정을 마치게 되었다. 욥기 1~2장을 보면 욥이 산전수전(山戰水戰), 공중전(空中戰)까지 다 치렀다는 것을 알 수 있다. 동방 제일 갑부가 갑자기 어느 날 알거지가 되었고, 7남 3녀를 한날한시에 사고로 모두 잃게 되고, 자신의 사랑하는 아내에게 버림받게 되고, 자신마저 피부병으로 온몸이 엉망진창이 되어 기왓장으로 몸을 박박 긁고 있었으니 인간이 당하는 슬픔과 고통으로 보면 최고 수준이었다.

그런데 그 모든 시험과 연단이 끝나자 하나님은 그가 잃었던 자녀와 건강을 회복시켜 주셨다. 특별히 재산은 갑절로 보상해주셨다. "이전 모든 소유보다 갑절이나 주신지라"(10절). "여호와께서 욥의 말년에 욥에게 처음보다 더 복을 주시니"(12절).

중요한 것은 아무리 힘든 고난과 고통의 시간이라도 반드시 끝날 때가 있다는 것이고, 즐겁고 기쁜 날이 훨씬 더 많이 남았다는 사실이다.

"그 후에 욥이 140년을 살며 아들과 손자 사 대를 보았고 욥이 늙어 나이가 차서 죽었더라"*(16-17절)*. 욥이 당한 고난은 잠시였고, 하나님의 시험에 합격한 욥은 하나님의 보상으로 140년을 행복하게 기쁘고 즐겁게 살게 되었다는 것이다.

어떤 성도는 고난의 때를 다 지나고 지금은 하나님이 주시는 은혜와 은총으로 차고 넘치도록 복을 받으면서 하루하루를 행복하고 기쁨이 충만한 삶을 살아가고 있다. 하지만 어떤 성도는 지금도 계속 고난학교를 졸업하지 못하고 있다.

그분들에게 위로를 드리고 싶다. 인생을 야구로 비유하자면 9회 말 투아웃과 같다. 마지막 한 번의 기회가 남았을 때 홈런을 치게 되면 진 경기가 역전되어 이기는 경기가 되는 것이다. 기독교는 해피 엔딩으로 끝이 나는 종교이다*(모든 것이 합력하여 선을 이루시는 하나님)*. 부활의 신앙으로 조금만 더 버텨보자. 반드시 욥과 같은 은혜와 은총이 임하게 될 것이다.

오늘의 말씀 묵상
"여호와께서 욥의 곤경을 돌이키시고 여호와께서 욥에게 이전 모든 소유보다 갑절이나 주신지라"(욥 42:10).

✳ ────────

파테르(아버지) 아페스(용서) 아우토이스(그들을)
-가상칠언 1언

　A.D. 33년 4월 초순 금요일, 일기 맑음. 어느 봄날 예루살렘 성 밖으로 세 사람의 십자가의 죽음 행렬이 엄숙히 진행되고 있었다. 그 목적지는 히브리말로 '골고다'요, 아람어로 '갈보리'였다. 거기에서 각자가 메고 온 십자가에 이 세 사람을 달았다.

　그중에 중앙에 달리신 예수님께서 십자가 상에서 하신 말씀을 '가상칠언(架上七言)'이라고 한다. 제1언의 말씀, "아버지 저들을 사하여 주옵소서"(눅 23:34). 예수님이 그 당시 언어로 "파테르(아버지) 아페스(용서) 아우토이스(그들을)"라고 외치셨다. 스데반이 돌에 맞아 죽으면서 했던 말과 같다.

　"주 예수여 내 영혼을 받으시옵소서 하고 무릎을 끊고 크게 불러 이르되 주여 이 죄를 그들에게 돌리지 마옵소서 이 말을 하고 자니라"(행 7:59~60).

　유럽에서 코로나가 시작된 시기에 많은 환자가 생기고 10만이 넘는 사망자가 영국에서 발생했다. 정부가 무능하게 대처했다는 여론이 전국으로 확산 되는 좋지 않은 분위기였는데, 한 나이 많은 귀족이 코로나와 싸우는 데 써 달라고 4,500만 달러(500억)를 내놓았다. 비난과 실패가 있는 것을 감싸고 용기를 준 것이다. 이것이 바로 십자가의 사랑과 용서와 관용정신인 것이다.

우리의 일상생활에서 어떻게 십자가의 사랑을 나타낼 수 있을까? 용서! 사랑하기보다 힘든 것이 바로 용서이다. 용서와 사랑은 예수 그리스도의 복음의 본질이다. 예수님은 나와 이웃의 죄를 용서해 주시기 위해 이 땅에 오셨다. 예수님의 십자가 희생으로 죄를 용서받은 것은 하나님의 크신 사랑 때문이다.

하나님이 우리를 용서해 주신 것처럼 우리도 다른 사람을 용서해야 할 것이다(1만 달란트 비유). "너희가 각각 마음으로부터 형제를 용서하지 아니하면 나의 하늘 아버지께서도 너희에게 이와 같이 하시리라"(마 18:35). 아멘.

오늘의 말씀 묵상
"이에 예수께서 이르시되 아버지 저들을 사하여 주옵소서 자기들이 하는 것을 알지 못함이니이다 하시더라 그들이 그의 옷을 나눠 제비 뽑을세"(눅 23:34).

* ────────

엔 토 파라데이소

오늘은 제2언의 말씀 "오늘 네가 나와 함께 낙원에 있으리라"(눅 23:43)이다. 원어로는 '세메론(오늘), 멭 에무(나와 함께), 에세(너는 있을 것이다), 엔 토 파라데이소(낙원에)'이다. 낙원(樂園)의 뜻은 '아무런 걱정이나 부족함이 없이 편안하고 즐겁게 살 수 있는 곳'이다. 에덴을 말한다. "천국의 가치를 잘 알려면 15분 정도 지옥에 있어 보는 것이 좋다"라고 킬튼이 말했다.

존 뉴톤은 자신이 천국에 가게 된다면 놀랄 만한 세 가지의 일을 보게 될 것이라고 말하였다. "첫째는 내가 보고 싶지 않던 사람들을 많이 보게 될 것이고, 둘째는 보고 싶어 하는 사람들을 보지 못해 몹시 안타까워할 것이고, 마지막으로 가장 큰 놀라움은 내가 거기에 있다는 것이다"라고 했다.

13세기 이탈리아의 유명한 탐험가였던 마르코 폴로는 그 당시 미지의 세계였던 중국으로 건너와서 17년 동안 살았다. 그 뒤 조국으로 돌아가서 유명한 '동방견문록'이라는 책을 썼다. 그가 임종하게 되었을 때 그의 친구들이 찾아와서는 이렇게 다그쳤다. "자네는 그 책에서 도무지 우리가 믿을 수 없는 이야기들만 잔뜩 기록해놓지 않았나? 이제라도 진실을 밝혀주면 좋겠네. 그 책의 모든 내용이 상상에 의해서 꾸며졌다고 고백해보게." 그는 이렇게 대답했다. "내가 책에 쓴 것은 모두 사실일세. 나는 내가 보고 겪었던 것의 절반도 채 기록하지 못했다네."

천국도 이와 마찬가지이다. 우리가 미국을 안 가보았다고 미국이 있음을 부인하는 사람은 아무도 없다. 천국도 내가 직접 안 가보았지만, 수많은 성경 말씀이 증거하고 있으니 우편 강도처럼 "예수여 당신의 나라에 임하실 때에 나를 기억하소서"라는 고백이 필요하다.

천국 가는 길은 아주 쉽다. 오늘의 주인공 우편 강도처럼 먼저 자신이 죄인임을 철저히 깨닫고, 회개하며, 하나님을 두려워하는 마음으로 살아가면 된다(41, 40절). "성도님, 구원받으셨습니까? 성도님이 만약 오늘 밤 죽는다면 천국에 갈 수 있습니까?" 이 질문에 확신 있게 대답할 수 있다면 성도님은 "오늘 네가 나와 함께 낙원에 있으리라"라고 말씀하신 주님의 능력으로 천국에서 세세토록 왕 노릇 하며 복락을 누리게 될 것이다. 이 귀한 영생의 복을 마련해주신 예수 그리스도께 오늘 하루도 감사함으로 살아가야 할 것이다.

오늘의 말씀 묵상
"예수께서 이르시되 내가 진실로 네게 이르노니 오늘 네가 나와 함께 낙원에 있으리라 하시니라"(눅 23:43).

믿음은 선택(選擇)이요,
결단(決斷)이다

다니엘은 바베론에 포로로 끌려와서 왕이 우상에게 바친 음식과 포도주를 하사할 때 거절하기로 했다. 자신이 섬기는 하나님을 배신하지 않겠노라고 뜻을 굳게 정한 것이다. 하나님은 그의 태도를 귀하게 보시고 환관장에게 은혜와 긍휼을 얻게 하셨다(9절). 마치 회사에서 상사들이 회식하러 가면서 술집으로 데려가서 술을 권할 때 나는 예수 믿는 사람으로서 못 마신다고 선언하는 것이 믿음의 선택이요, 결단인 것이다.

미국 킴슨 재벌은 자신처럼 가난한 사람이 크게 성공하게 된 비결 네 가지를 소개하였다.

① 주일성수 목숨 걸고 지킴
② 시간을 낭비하지 않음
③ 금주, 금연을 실천
④ 십일조 생활.

여호수아도 "오직 나와 내 집은 여호와만 섬기겠노라"*(수 24:15)*라고 결단했고, 에스더도 3일 금식기도 하기로 결단했다. 아브라함도 독자 이삭을 모리아 산에서 번제로 드리기로 결단했고, 야곱도 얍복 강에서 사생결단하였다.

어제 우리는 부활절을 맞이하면서 '부활신앙으로, 부활정신으로' 다시 일어나기를 결단했다. 이런 마음으로 뜻을 정했으면 흔들리지 말고 그 결심을 지켜나가야 한다.

신라가 삼국을 통일하면서 김유신 장군이 가장 큰 공헌을 하였다. 그는 젊었을 때 술과 기생을 즐겼다. 어머니가 어느 날 너는 나라를 위해 큰일 할 사람인데 이러면 안 된다고 호되게 야단을 쳤다. 그 후로 유신은 술과 기생집 출입을 금했는데, 어느 날 술의 유혹을 못 이겨 한잔하고 말을 타고 집으로 가는데 엉뚱하게도 말이 기생 '천관녀' 집으로 가서 멈추었다. 자주 가던 길이라 말이 그쪽으로 데려다 준 것이다(습관이 무섭다). 첫사랑 천관녀는 안방에서 뛰어나와 반갑게 맞이했다. 정신을 차린 유신은 한가지 결단을 한다. 칼을 꺼내 자기의 사랑하는 애마를 그 자리에서 목을 쳐버린다. 이런 무서운 결단력이 있었기에 삼국통일을 완성하는 위대한 인물이 되었던 것이다. 우리에게도 우리의 신앙(믿음)생활을 방해하는 그 어떤 유혹과 시험도 과감히 쳐 낼 수 있는 결단력이 필요하다.

오늘의 말씀 묵상

"다니엘은 뜻을 정하여 왕의 음식과 그가 마시는 포도주로 자기를 더럽히지 아니하리라 하고" (단 1:8).

✴ ──────

능히 건져내시겠고

　오늘 본문을 한 문장으로 요약하면 "부활의 주님은 지금도 살아계셔서 악한 세력으로부터, 용광로 같은 불시험으로부터 당신들의 자녀들을 능히 건져(구원)내신다"이다.

　느부갓네살 왕이 어느 날 궁중에서 이상한 소문을 듣게 된다. 이스라엘에서 포로로 끌려온 다니엘의 세 친구가 왕이 만든 금신상 앞에 감히 절하지 않는다는 것이다. 지금 이들은 왕에게 인정받아 바벨론 지방의 고급관료가 된 상황에서 벌어진 일이다. 왕은 분노하게 되고 이들을 급히 소집하게 된다. "내가 너희들을 사랑해서 귀한 관직까지 주었는데 나를 배신하고 내가 세운 금신상 앞에 절을 하지 않는다는 소문이 사실이더냐? 이제라도 신상 앞에 절하기만 하면 너희를 살려 줄 것이다. 능히 너희를 내 손에서 건져낼 신이 누구겠느냐?"라고 하면서 회유와 협박을 가한다.

　그때 세 친구는 "왕이시여 우리가 섬기는 하나님이 계시다면 우리를 맹렬히 타는 풀무불 가운데에서 능히 건져내시리라"(17절)라고 대답한다. 이러한 믿음이 바로 절대 믿음, 절대 신앙인 것이다. NIV 성경에서 보면 "the God we serve is able to save us from it"라고 되어있다.

욥기서의 결론인 42장 2절에 보면 "주께서는 못 하실 일이 없사오며 무슨 계획이든지 못 이루실 것이 없는 줄 아노니"라고 하였다. 하나님은 전지전능하시고, 무소불능하신 하나님이시다. 이 문장을 독일어로 이렇게 정의할 수 있다. 'Über Gott(하나님에 대하여), Mit Gott(하나님과 함께)'.

나는 하나님에 대해서 얼마나 정확히 알고 있는가? 자문해보고, 하나님에 대하여 내가 아는 것을 한번 종이에 적어보라(목사고시&장로고시 주관식으로 나올 수 있다). 그때 자연스럽게 들어갈 말이 바로 지금까지 하나님이 나와 함께 하심(임마누엘 하나님)을 간증하는 것일 것이다. 이 코로나 상황, 악한 대적, 악한 상황에서 능히 건져주실 하나님을 이 아침에 찬양한다.

오늘의 말씀 묵상
"왕이여 우리가 섬기는 하나님이 계시다면 우리를 맹렬히 타는 풀무불 가운데에서 능히 건져내시겠고 왕의 손에서도 건져내시리이다"(단 3:17).

✳ ──────

코로나 시대,
임마누엘 예수를 바라보자

마태복음은 헬라어로 '카타 마타이온'*(마태복음에 의하면)*이다. 마태의 직업은 세리*(세무사)*로 성경을 질서정연하게 배열하고 디테일하게 기록하여 28장을 썼다. 사복음서 중 가장 길다. 누가복음 3장에도 족보가 나오는데 상향식이며*(요셉으로 시작~아담-하나님)*, 마태복음 1장은 하향식이다*(아브라함~구원자 예수까지)*. 역대상 1장에도 족보가 나온다*(아담~아브라함까지)*. 족보 없이 태어난 사람은 없다.

우리는 노아와 아브라함과 다윗과 요셉의 후손이다. 영적으로 하나님이 우리의 아버지이시다. 우리는 그분의 아들과 딸이다. 만왕의 왕이신 예수님을 낳은 마리아와 그의 남편 요셉*(요세프-히)*을 살펴본다. 성경에서 요셉과 동명이인이 여러 명 나온다. 이름의 뜻은 '그가 더하다'*(plus)*이다. 야곱의 11번째 아들이 요셉이요, 예수님의 시신을 자기 새 무덤에 안치한 사람도 아리마대*(지명)* 부자 요셉이다.

기독교의 기적 중의 하나가 바로 동정녀 탄생이요, 신인동형론*(神人同型論, anthropomorphism)*이다. 하나님은 우리를 너무너무 사랑하사 인간의 모습으로 오신 것이다. 100% 신이시며, 100% 인간의 모습을 입고 오신 것이다. 인간이 개미와 대화할 수 있는 방법은 인간이 개미가 되어야만 가능한 것과 같은 원리이다.

그렇게 해서 오신 예수님은 태어나실 때 태명이 있었으니, 바로 임(Im-함께, with) 마누(mane-우리, us) 엘(el-엘로힘, 하나님, God)이다. 이사야 선지자(B.C. 745~695)가 이사야 7장 14절에서 약 800년 전에 예언헀딘 내용이 성취된 것이다. 구약은 예언이요, 신약은 성취인 것이다.

우리의 인생은 하나님 손바닥 안에 다 들어있다. 그렇다고 운명론적으로 살라는 말은 아니다. 하나님의 섭리와 경영하심이 우리를 휘감고 있다는 것이다. 임마누엘 하나님은 이 코로나 시대에 한 번도 우리를 떠나신 적이 없고, 지금도 우리와 함께하신다. 무엇을 염려하는가? 무엇을 두려워하는가? 오늘도 파이팅을 외쳐보자!

오늘의 말씀 묵상

"보라 처녀가 잉태하여 아들을 낳을 것이요 그의 이름은 임마누엘이라 하리라 하셨으니 이를 번역한즉 하나님이 우리와 함께 계시다 함이라"(마 1:23).

✳ ────

예수께 프로스퀴네오(경배) 하라

헤롯 대왕, 헤로데 1세는 포악하기로 악명 높은 왕이었다*(B.C. 37~4)*. 그는 예수의 탄생 소식을 듣고 불안하여 베들레헴의 2살 아래 신생 아들을 무참히 살해했다*(16절)*. 헤롯 왕은 세상 왕을 상징하고, 예수 왕은 하나님 나라 왕을 상징한다. 지금도 빛과 어둠이 같이 공존할 수 없듯이 두 세력은 늘 충돌하고 영적 싸움이 계속된다.

아기 예수께 경배하러 떠나는 동방박사 세 사람*(발타사르, 멜키오르, 카스파르)*이 등장하는데 그들은 하늘의 별자리를 보고 나라의 장래와 운명을 예언하는 '마고스'*(점성가)*들이다. 무려 1,400km 거리를 말을 타고, 산을 건너고, 강을 건너 드디어 아기 예수가 탄생한 마구간에 도착하게 된다. 오직 만왕의 왕이신 아기 예수께 경배*(프로스퀴네오, 예배하다, 경의를 표하다, 엎드려 발에 입을 맞추다)* 하기 위해서이다. 그들은 아기 예수께 보배합을 열어 세 가지를 드렸다.

먼저는 황금이다. 황금은 동서고금에서 최고로 비싼 가치를 지녔다. 메시아, 세상의 왕으로 오신 예수께 왕으로서 마땅히 대접해드린 것이다. 두 번째는 유향이다. 아라비아 지방의 '보스 웰리아' 나무의 껍질에 자국을 내어서 축출하는 것으로 아주 비싼 최고급 향유이다. 지금 세계에서 가장 비싼 향수는 Clive Christian's Imperial Majesty로 2억 6천만 원이다. 제사장들은 제단에서 향을 피워 하나님께 드린 것처럼, 예수의 제사장직 역할을 말한다. 마지막은 몰약이다. 이디오피아 지역에서 자란 '콤미 포라 머라' 나무에서 축출한 것으로 시신을 썩지 않게 하는 방부제로 쓰이며*(모택동, 김일성 미라)*, 나병 환자나 암 환자에게 쓰이는 것으로 어마어마하게 비싸게 팔린다. 예수의 수난과 죽음을 의미한다.

　나중에 요셉과 마리아가 애굽으로 피난 갈 때 세 가지를 팔아서 아주 요긴하게 사용했다는 연구보고서도 있다. 우리도 동방박사 세 사람처럼 만왕의 왕이신 예수께 목숨을 다하고 뜻을 다하고 성품을 다하여 예배*(경배)*해야 할 것이다.

오늘의 말씀 묵상
"유대인의 왕으로 나신 이가 어디 계시냐 우리가 동방에서 그의 별을 보고 그에게 경배하러 왔노라"(마 2:2).

✳ ──────

메타노이아(회개, 悔改, repentance)

예수님보다 6개월 먼저 태어난 세례요한의 제1탄성은 바로 "회개하라"였다. 그의 외침에 온 유대와 요단강 사방에서 사람들이 나아와 자신들의 죄를 회개하고 세례를 받았다(6절).

회개(메타노이아-헬라어)란? 로마 제국 당시 군사용어로 제식훈련 때 '뒤로 돌아가'에서 나온 말이다. 180도로 턴하는 것이다. 이전의 삶에서 완전히 다른 삶을 살아가는 것이 진정한 회개인 것이다. 회개의 열매를 맺는 것도 같은 맥락으로 볼 수 있다.

1907년 평양 대부흥의 원동력은 길선주 장로(나중에 목사)의 회개에서 시작하였다. "나는 아간과 같은 자입니다. 나 때문에 하나님께서 축복하실 수 없습니다. 약 1년 전에 임종을 앞둔 친구가 나를 자신의 집에 불러 '길 장로, 나는 곧 세상을 떠날 것 같소. 내 아내는 그만한 능력이 없으니 자네가 내 재산을 정리해주면 좋겠소'라고 했습니다. 나는 그 부인의 재산을 관리하던 중 욕심에 빠져 부인의 돈 100달러를 사취했습니다. 나는 하나님의 일을 방해했습니다. 내일 아침에는 그 돈을 미망인에게 돌려드리겠습니다." 이것이 진정한 회개인 것이다.

　길 장로가 보여준 통한의 회개는 그 자리에 있던 신자들과 외국인 선교사 모두를 울렸다. 이때부터 새벽 2시가 지나도록 선교사와 교인들이 앞다투어 자신의 죄를 회개하는 통성기도를 올렸다.

　선교사들은 자신의 교만과 편견을 회개했고, 교인들은 선교사에 대한 미움과 질시를 뉘우쳤다. 회개는 또 다른 회개를 낳았으며, 이는 평양대부흥운동의 시발점이 되었다. 오늘날 한국교회에도 이런 회개운동이 일어나야 할 것이다.

오늘의 말씀 묵상
"회개하라 천국이 가까이 왔느니라 그러므로 회개에 합당한 열매를 맺고"(마 3:2, 8).

✱ ────────

시험을 말씀의 무기로
물리치신 예수

　보르네오 섬에 가면 '네펜데스'(Nepenthes)라는 꽃이 있다. 이 꽃은 아름답고 향기가 고혹적이어서 많은 벌레가 앉아 향기에 취할 때 입구가 닫히면서 특수한 소화액이 나와서 한순간에 벌레를 녹여버린다. 시험과 유혹도 이처럼 우리를 아름다움으로, 향기로 유혹한다. 아담과 하와가 뱀(마귀)의 달콤한 소리에(너도 하나님처럼 된다), 유혹에 넘어가 버리고 만다. 그 위대한 다윗 왕도 그만 우리아의 아내 밧세바의 아름다운 몸매의 유혹에 넘어가 버렸다. 솔로몬 왕도 마지막에 이방 여인의 꾐에 빠져 하나님이 싫어하는 우상숭배를 하게 된다. 위대한 사사 삼손도 그만 소렉 골짜기의 드릴라의 유혹에 넘어가 버린다.

　하지만 아브라함은 아들 이삭을 모리아 산에서 번제로 드림으로 시험을 이긴다. 또한, 요셉은 끝까지 보디발 장군의 아내의 유혹을 이기게 된다. 다니엘의 세 친구도 뜨거운 풀무불 앞에서도 끝까지 하나님을 부인하지 않고 시험에서 이겼고, 다니엘도 하루 세 번씩 고국 예루살렘을 향해 창문을 열어놓고 살아계신 하나님께 기도하다가 체포되어 사자굴 속에 던져졌으나, 하나님의 능력으로 살아나게 된다.

오늘의 주인공 예수님이 세례요한에게 물세례를 받을 때 성령이 비둘기같이 임하셨고, 40일 동안 성령에 이끌리어 금식기도을 마치셨을 때 사단이 세 가지 시험을 한다.

첫째는 돌들로 떡 덩어리가 되게 하라는 시험이다. 의식주 문제를 건드린 것이다. 우리는 여기에 자유로울 수 없는 연약한 존재임을 너무나 잘 안다. 하지만 예수님은 "사람이 떡으로만 살 것이 아니요 하나님의 입으로부터 나오는 모든 말씀으로 살 것이라"(신 8:3)라는 말씀의 무기로 승리하셨다.

둘째는 성전 꼭대기에서 뛰어내리라는 것이다. 그때 "주 너의 하나님을 시험하지 말라"(신 6:16)라고 말씀으로 물리치셨다.

셋째는 천하만국과 그 영광을 보여주며 "만일 내게 엎드려 경배하면 이 모든 것을 네게 주리라"라고 유혹한다. 그때 "주 너의 하나님께 경배하고 다만 그를 섬기라"(신 6:13)라고 말씀으로 대적할 때 마귀는 떠나고, 천사들이 나아와서 예수께 수종 들었다(11절).

우리가 마귀를 이길 수 있는 방법은 예수님처럼 말씀의 검으로 물리치는 것이다. 그래서 우리는 말씀을 많이 암송하고 묵상해야 한다.

오늘의 말씀 묵상

"예수께서 대답하여 이르시되 기록되었으되 사람이 떡으로만 살 것이 아니요 하나님의 입으로부터 나오는 모든 말씀으로 살 것이라 하였 느니라 하시니"(마 4:4).

엄지척, 백부장의 믿음

어느 날 예수는 가버나움에서 한 백부장*(centurion, 100명의 부하를 거느리는 오늘날의 중대장)*을 만나게 된다. 그는 자신의 하인이 중풍병으로 몹시 괴로워하는 것을 보고, 치료자 예수께 나온 것이다. 우리도 문제의 해결사 되신 예수께 나아가기만 하면 방법이 있고, 살길이 열린다. 결국, 이 하인은 치료받게 되지 않는가? 집안에 생기가 돌고, 치료받은 하인은 더 열심히 주인의 집을 잘 돌보았을 것이다.

그런데 여기서 반전이 일어난다. 예수께서 백부장의 집으로 가려는데, 백부장이 "주여 내 집에 들어오심을 나는 감당하지 못하오니, 다만 말씀으로만 하옵소서 그리하면 내 하인이 깨끗이 낫겠사옵나이다"라고 하였다. 이 말을 들은 예수는 깜짝 놀라 "이스라엘 중 아무에게도 이만한 믿음을 본적이 없다"라고 하며 엄지 손가락을 치켜 올리면서 위대한 믿음*(great faith)*의 소유자라고 칭찬하신 것이다.

그러면서 "가라 네 믿음대로 될지어다"라고 선포하셨는데, 그 즉시 그 하인이 깨끗이 나음을 입은 것이다. 히브리서 기자는 믿음에 대해 이렇게 갈파했다.

"믿음으로 모든 세계가 하나님의 말씀으로 지어진 줄을 우리가 아나니... 믿음이 없이는 하나님을 기쁘시게 하지 못하나니 하나님께 나아가는 자는 반드시 그가 계신 것과 또한 그가 자기를 찾는 자들에게 상 주시는 이심을 믿어야 할지니라"*(히 11:3, 6)*.

하나님은 말씀 한마디로 세상을 창조하셨다. "빛이 있으라" 하시니 빛이 있었다고 증거 한다. 말씀 한마디로 바다와 육지를 만드시고, 해와 달과 별을 만드시고, 모든 생물과 동물을 만드셨다. 믿음의 선포는 이처럼 위대한 역사를 이루는 것이다.

우리도 문제가 발생하면 명령기도, 선포기도가 필요하다. 우리 주님이 "잠잠하라 고요하라"라고 외친 후에 거친 갈릴리 바다가 조용해지지 않았는가? 우리도 주님으로부터 백부장이 받았던 칭찬을 듣고, 선포기도를 통해 기적을 경험해야 한다. "대흥교회에서 이만한 믿음의 사람을 만나본 적이 없다. 아니 한국교회에서, 세계교회에서 이만한 믿음을 본적이 없다"라고 할 수 있는 엄지척 교인들이 많아지기를 소원해본다.

오늘의 말씀 묵상
"이스라엘 중 아무에게서도 이만한 믿음을 보지 못하였노라"(마 8:10).

욕심을 내려놓으면
삶이 아름다워진다

어떤 청년이 예수께 와서 심각한 철학적 질문을 한다. "선생님이여 내가 무슨 선한 일을 하여야 영생을 얻으리이까?" 모든 종교의 궁극적인 목적은 죽은 후에 영생을 얻는 것이다. 그때 주님은 "무슨 말을 하느냐 선하신 분은 오직 하나님 한 분뿐이다"라고 하신다. 그렇다. 이 땅에서 아무리 성인군자라고 해도 그 삶을 파고 파보면 선하지 않은 부분이 반드시 나오게 되어있다. 연약한 인간이기 때문이다.

그러면서 "네가 영생에 들어가려면 계명들을 지키라"라고 하면서 십계명을 언급하신다. 그 청년은 자신 있게 대답한다. "이 모든 것을 이미 다 지키고 살고 있습니다." 대단한 청년임에는 틀림이 없다. 주님은 "네 소유를 팔아 가난한 자들에게 주라"라고 하신다. 그때 그 청년은 재물이 많으므로 근심하고 그냥 돌아가 버린다.

'팔 복' 책의 주인공인 최춘선 할아버지는 실제로 김포의 수많은 땅을 보상받고 그 돈을 가난한 자들에게 다 나누어주었다. 말씀대로 실천한 것이다. 그렇다고 그 자녀들이 거지가 된 건 아니다(큰아들-의사, 작은아들-학교 교장). 우리는 자식에게 재산을 물려주기보다 여호와 경외신앙&말씀을 물려주어야 할 것이다.

'유한중학교' 설립자인 유일한 박사는 미국에 유학 가서 공부하고 돌아와 우량기업인 유한양행(의약품회사)을 만들어 큰 부와 재산을 이루었지만, 돌아가시면서 모두 사회에 환원하셨다. 철저히 말씀을 실천한 삶을 사신 것이다. 이 회사는 지금도 건실한 회사로 존경받는 기업이 되었다. '소탐대실'(小貪大失) 사자성어는 '작은 것을 탐하다가 큰 것을 잃음'의 뜻이다.

진나라 혜왕이 욕심이 많은 촉나라 군주에게 전갈을 보내어서 당신과 화친하기 위해 황금소와 수많은 보석을 보내겠다고 했다. 그리고 황금소는 똥을 누어도 황금이 나온다고 소문을 냈다. 그런데 당신네 나라 들어가는 길이 가파르고 위험하니 평탄하게 만들어 달라고 부탁했다. 촉나라 군주는 태산준령(泰山峻嶺)을 완전히 평지로 만들어 놓았다. 황금소와 수많은 금은보화를 얻기 위함이었다. 드디어 진나라의 황금소와 진귀한 보석들이 촉나라에 들어왔는데, 갑자기 황금소 안에 숨어있던 여러 병사가 칼로 단숨에 왕실을 점령하고 군주를 포박하였다.

"욕심이 잉태한즉 죄를 낳고 죄가 장성한즉 사망을 낳느니라"(약 1:15). 아멘!

오늘의 말씀 묵상

"네 소유를 팔아 가난한 자들에게 주라 그리하면 하늘에서 보화가 네게 있으리라" (마 19:21).

에르네사토,
I don't know

예수가 가룟 유다의 배신으로 체포되어 대제사장 가야바에게 끌려 가서 심문을 받을 때 멀찍이 따라가던 베드로에게 한 여종이 다가와 서 "너도 갈릴리사람 예수와 함께 있었도다"라고 하자 베드로는 화 들짝 놀라 모든 사람 앞에서 "나는 네가 무슨 말을 하는지 도무지 알 지 못하겠노라"라고 하였다. 이렇게 예수를 부인*(에르네사토-헬라어)*하는 연약한, 인간적인 베드로 형님*(오빠)*을 오늘 만나보게 된다.

여기서 예수와 베드로가 대조적으로 비추어진다. 예수는 자기를 부인하고 하나님 아버지의 뜻을 따랐지만, 베드로는 예수를 부인하 고 자신의 살길만 따른다.

"누구든지 사람 앞에서 나를 시인하면 인자도 하나님의 사자들 앞 에서 그를 시인할 것이요 사람 앞에서 나를 부인하는 자는 하나님의 사자들 앞에서 부인을 당하리라"*(눅 12:8~9)*.

"나를 존중히 여기는 자를 내가 존중히 여기고 나를 멸시하는 자를 내가 경멸히 여기리라"*(삼하 2:30)*. 아멘.

또 다른 여종이 다가와서 "당신은 나사렛 예수와 함께 있었음이 틀림없다"라고 하자 맹세(호르코스)하고 부인하며 "나는 그 사람(톤 안드로폰)을 전혀 모른다"라고 부인했다. '호르코스'라는 단어는 예수님의 금지어이다. "너희는 도무지 맹세하지 말지니 하늘로도 땅으로도 하지 말라"(마 5:34).

세 번째 여종이 "분명히 너는 그들과 한패다. 네 말투를 들어보니 갈릴리사람이 맞다"라고 하자 베드로가 저주하면서 "만약 내가 거짓말이라도 하면 천벌이라도 받겠다"라고 하면서 딱 잡아떼었다(공동번역). 그리고 나서 수탉이 "꼬끼오"하며 울자 예수가 체포되기 전에 "네가 세 번 나를 부인하리라"라고 하신 것이 생각나서 밖에 나가 심히 통곡하였다.

우리는 직장에서, 사회생활 속에서, 학교에서 예수 믿는 것이 불리하게 작동될 것 같으면 슬며시 자신이 예수 믿는다는 것을 안 밝힐 때가 있다.

오늘의 말씀 묵상
"네가 세 번 나를 부인하리라 하심이 생각나서 밖에 나가서 심히 통곡하니라"
(마 26:75).

✳ ─────

가룟 유다의
굴곡진 삶과 죽음

성경에서 가장 비극적인 삶을 살았던 사람을 뽑으라고 하면 1위가 유다일 것이다. '가룟'은 헤브론 남쪽(남부의 유대 지방)의 조그마한 성읍 '카르옷의 남자'를 말한다. 대부분의 제자는 갈릴리 시골 출신이었지만, 유다는 교육도시에서 자란 인텔리(지식인)이며 이름의 뜻도 '찬송하다'이다. 그랬던 그에게 어느 날 마귀가 찾아와서 예수를 팔 생각을 집어 넣어버린 것이다. "마귀가 벌써 시몬의 아들 가룟 유다의 마음에 예수를 팔려는 생각을 넣었더라"(요 13:2).

결국, 그는 은30(120데나리온, 1천 2백만 원)에 스승을 팔아먹은 치졸한 인간으로 낙인이 찍혀버렸다. 비극은 거기서부터 시작되었다. 그 돈을 한 푼도 써보지도 못하고 결국 양심의 가책을 받아 대제사장과 장로들에게 다시 갖다 주었으나, 그들이 받지 않아서 성전에 은30을 던져버리고, 밖으로 나가서 나무에 스스로 목을 매어 죽고 말았다. 만약 유다가 진정 회개하고 뉘우치고 남은 시간을 참회하면서 예수 복음전파에 힘썼다면 얼마나 좋았을까?

우리나라 하루평균 자살률이 38명으로, 40분마다 1명이 스스로 목숨을 끊는다. 특별히 10~30대의 사망원인 1위가 교통사고나 질병이 아니라, 자살이다. 40~50대의 사망원인 1위는 암이다. 젊은 사람들이 극단적인 생각을 더 많이 한다는 것이다. "너는 피투성이라도 살아 있으라"(겔 16:6)라고 선포한 에스겔을 기억해야 할 것이다.

우리가 살다 보면 후회와 한탄을 많이 한다. 세네카는 "가장 쓸데없는 것이 탄식이다"라고 했고, 메리슨 큘리는 "낭비한 시간에 대한 후회는 더 큰 시간 낭비이다"라고 했다. 바울은 "그런즉 누구든지 그리스도 안에 있으면 새로운 피조물이라 이전 것은 지나갔으니 보라 새것이 되었도다"(고후 5:17)라고 선포했다.

'자살'을 뒤집어 말하면 '살자'이다. 죽을 용기가 있으면 그 용기로 살아야 한다. 우리 목숨은 내 것이 아니라 하나님이 이 땅에서 사명을 감당하라고 부여한 것이다. 베드로도 세 번씩 예수를 부인했고, 다윗도 엄청난 살인죄와 간음죄를 범했고, 요나도 불순종의 죄악을 범했고, 둘째 아들이 아버지의 재산을 다 탕진해 버렸지만, 뉘우치고 돌아올 때 하나님은 이들을 새로운 피조물로 만들어주셨다. 이 사실을 우리는 항상 기억해야 할 것이다.

오늘의 말씀 묵상
"유다가 은을 성소에 던져 넣고 물러가서 스스로 목매어 죽은지라"(마 27:5).

✳ ────────

피스티스(믿음)가
마스티고스(병)를 고친다

오늘의 주인공인 한 여인은 혈루증(유출병-구약)을 앓고 있었다. 이 여인을 성경에서는 부정과거분사 세 단어로 표현하고 있다. 많은 의사에게 보였으나 헛수고로 많은 괴로움을 받았고, 가진 재산을 다 허비하였고, 아무 효험이 없었다는 것이다. 그런데 이 여인에게는 다른 사람에게 찾아볼 수 없는 절대 믿음, 절대 신뢰가 있었으니, 그것은 소문으로만 듣던 예수를 절박한 심정으로 찾던 중, 야이로의 딸을 치료하러 가시던 예수 일행과 마주치게 되었고, 그때 예수의 옷자락에 손을 대었다. 그런데 정말 자신의 불치병이 한순간에 치료받는 기적을 경험하였다.

베드로 사도에게도 치유능력이 임하여 "심지어 병든 사람을 메고 거리에 나가 침대와 요 위에 누이고 베드로가 지날 때에 혹 그의 그림자라도 누구에게 덮일까 바라고 예루살렘 부근의 수많은 사람들도 모여 병든 사람과 더러운 귀신에게 괴로움 받는 사람을 데리고 와서 다 나음을 얻으니라"(행 5:15~16)라고 하였다.

바울에게도 이런 기적이 일어났다. "하나님이 바울의 손으로 놀라운 능력을 행하게 하시니 심지어 사람들이 바울의 몸에서 손수건이

나 앞치마를 가져다가 병든 사람에게 얹으면 그 병이 떠나고 악귀도 나가더라"(행 19:11~12).

인도 마을에 힌두교인 '자스민' 이라는 자매가 있었는데 옆집에 한국인 선교사가 이사 와서 성경책을 선물로 주었다. 그 여인은 오늘 본문을 읽다가 자신의 처지와 비슷하다는 것을 깨달았다. 이 여인은 선천성 소아마비로 두 다리로 일어설 수가 없어 앉은뱅이로 평생을 살아 왔었다.

그런데 갑자기 오늘 본문을 읽다가 믿음이 생겨 30번을 반복해서 읽고 나서 "주여, 나에게도 오셔서 내 다리에 힘을 주셔서 일어나 걷게 하소서"라고 간절히 기도하고 용기를 내어서 손을 바닥에 대고 일어서는데 정말 기도대로 서서히 다리에 힘이 생기더니 마침내 스스로 일어서고 조금씩 걷게 되는 기적이 나타났다.

오늘의 말씀 묵상

"예수께서 이르시되 딸아 네 믿음이 너를 구원하였으니 평안히 가라 네 병에서 놓여 건강할지어다"(막 5:34).

✳ ────

예수를 만나면
운명이 바뀐다

여리고에서 태어날 때부터 시력을 잃어버린 맹인 거지 바디매오가 구걸하며 노숙자로 살아가는데, 자기 귀를 의심할 소리가 들려왔다. 나사렛 예수가 자기 동네에 오셨다는 소리를 듣게 된 것이다. 그때부터 "다윗의 자손 예수여 나를 불쌍히 여기소서"라고 소리를 질렀다. 앞이 안 보이니 예수가 어디 계시는지 알 수가 없어서 무조건 소리부터 냅다 질러대는 것이다.

주위 사람이 "야, 이 거지야! 아침부터 재수 없게 왜 악을 쓰고 그래! 조용히 해!"라고 호통을 쳤다. 그렇지만 이 기회를 놓치면 영원히 오지 않을 것을 직감한 맹인은 더욱 소리를 높여서 "다윗의 자손이여 나를 불쌍히 여기소서"라고 외쳐댔다. 드디어 그 소리에 예수가 가던 길을 멈추게 되었다. 그리고 눈이 뜨이게 되어 최악의 삶이 최고의 삶으로 변화되었다.

예수가 나인 성 과부의 독자 아들의 장례행렬에서 그 관에 손을 대고 "청년아 내가 네게 말하노니 일어나라"(눅 7:14)라고 하시니 청년이 살아났다.

누구를 만나느냐에 따라 그 사람의 운명이 바뀐다.

미국의 100대 인물 중에 '오프라 윈프리'가 있다. 그녀는 태어나자마자 어머니로부터 버림받아 사생자가 되어 할머니 손에서 자라다가 그 할머니마저 돌아가셔서 길거리에 버려졌다. 그때부터 쓰레기통을 뒤지면서 먹을 것을 찾아야만 했다. 9살 때 사촌오빠에게 성폭행을 당했고, 14살에는 미혼모가 되었고, 마약에 손을 대기도 했다.

그랬던 그녀가 어느 날 쓰레기통에서 나온 책과 잡지, 신문을 읽으면서 꿈을 갖게 되고 결국에는 대학을 우수한 성적으로 입학하고 TV 토크쇼를 진행하게 되면서 그녀의 실력을 인정받아 대스타의 길로 접어들게 되었다. 그녀는 책을 만남으로 인생이 역전된 것이다.

A.B. 링컨도 어릴 때 엄마가 마지막 유언으로 남긴 빨간 성경책을 읽다가 하나님(예수님)을 만났다. 그의 운명이 바뀌어 나중에 대통령에 당선되었다. 우리 자녀가 인격적으로 예수를 만나게 하자. 그러면 운명이 바뀌게 될 것이다.

오늘의 말씀 묵상

"예수께서 이르시되 네 믿음이 너를 구원하였느니라 하시니 그가 곧 보게 되어 예수를 길에서 따르니라"(막 10:52).

＊ ─────

유앙겔리온(복음)의
능력(표적)

11 제자 중에는 예수의 부활을 믿지 못하고 의심하는 자가 있었다. 그때 예수께서 그들에게 나타나셔서 "믿음이 없는 자(아피스티안, 하나님의 능력과 약속을 믿지 못하는 자)여, 마음이 완악한 자(스클레로카르디안, 마음이 완고한, 강퍅한 자)여"라고 하시면서 꾸짖으셨다. 그러면서 "너희는 온 천하에 다니며 만민에게 복음을 전파하라"고 권면하셨다.

코로나로 인해 모든 교회가 전도를 쉬고 있다. 그렇지만 일부 교회는 지금도 길가에서 열심히 마스크를 나누어주며 복음전파에 열을 올리고 있다. 우리는 언제 어디서든지, 어떤 환경에서도 유앙겔리온(복음) 전파에 힘을 써야 할 것이다. 그러면서 믿는 자들에게 네 가지 표적이 따를 것이라고 말씀하신다.

① 귀신을 쫓아내며
② 새 방언을 말하며
③ 뱀을 집어 올리며 무슨 독을 마실지라도 해를 받지 아니하며
④ 병든 사람에게 손을 얹은즉 나으리라(막 16:17~18).

사도행전 28장에 보면 바울이 탄 배가 파선되어 276명이 죽을 위기에 처했지만, 하나님(복음)의 능력으로 모두가 살아났다.

구조된 후에 멜리데 섬(현, 몰타섬-인구 43만 명으로 한국의 강화도 크기의 섬나라)에 도착했는데 비가 오고 날이 차가워서 원주민들이 불을 피워주었는데, 그때 바울이 나무 한 묶음을 불에 넣다가 독사가 나와서 그 손을 물게 되었다. 그때 원주민들은 "이 사람은 살인한 자로다 그 심판을 받는 것이라"라고 했지만, 하나님의 능력으로 아무 이상이 없자, 그들은 모두 엎드려 바울을 신이라 하며 섬기려고 했다. 이처럼 선교의 현장에는 복음의 능력이 나타나는 것은 자연스러운 일이다.

또한, 무슨 독을 마실지라도 해를 받지 않는다고 했다. 유세비우스에 의하면 실제로 유스투스 바르사바스가 독을 마셨으나 살아났다고 했다. 하지만 그렇다고 우리가 일부러 하나님을 시험해서는 안 될 것이다. 나중에 실제로 뱀을 잡고, 독을 마시는 '애팔레치아' 이단이 생겨나기도 했다. 참으로 어리석은 짓이다. 복음의 능력(표적)은 지금도 전도의 현장에서 여전히 일어나고 있다.

오늘의 말씀 묵상
"믿는 자들에게는 이런 표적이 따르리니"(막 16:17).

✳ ────────

에스플랑크 니스데

주님이 나인 성으로 전도여행을 떠나시는데, 그때 한 죽은 자의 장례행렬을 보게 된다. 주님은 한 사건 한 사건을 그냥 지나치는 법이 없으시다. 역사(사건)에 개입하시는 분이시다. 사람들이 관을 메고 오는 것을 보는데 슬피 우는 한 여인이 눈에 들어왔다. 제자들이 정보를 준다. 이 여인은 과부요, 죽은 아이는 독자였다는 것이다. 사랑의 주님은 그 과부를 보시고 불쌍히 여기셨다.

'불쌍히 여기다'라는 동사는 헬라어로 '에스플랑크 니스데'라는 단어로 '내장, 심장'이라는 의미이다. 인간의 희로애락이 녹아 있는 내장을 말한다. "애간장이 녹는다"라는 말이 있고 '단장(斷腸-창자를 끊어내는 고통)의 미아리고개'라는 말도 있다. 중국 진나라에서 새끼를 잃은 어미 원숭이가 너무 슬피 울다가 그만 죽고 말았는데, 그 뱃속을 갈라보니 내장이 다 끊어져 있었다(斷腸).

주님은 나병 환자를 보시고 불쌍히 여기사(막 1:41), 맹인을 보고서 불쌍히 여기사(마 9:36), 죽은 나사로 무덤에 가셔서 심령에 비통히 여기시고 불쌍히 여기사 눈물을 흘리셨다(요 11:33). 주님은 우리의 아픔과 고통을 보시고 불쌍히 여기시는 분이시다. 그분은 우리들의 진정한 위로자가 되어주신다. 아멘.

주님은 우는 여인을 향해 "울지 말라"라고 하시고 가까이 가서 그 관에 손을 대시며 "청년아 일어나라"라고 명령하셨다. '네아니스케(*청년아*) 에게르데티(*일어나라*)'. '에게르데티'라는 단어는 부활과 관련될 때만 쓰는 단어이다.

"나사로야 나오라." "한국교회여 일어나라." "대한민국이여 일어나라." "일어나라 빛을 발하라"(*사 60:1*). "너희 마른 뼈들아 내가 생기(*푸뉘마, 성령*)를 너희에게 들어가게 하리니 너희가 살아나리라"(*겔 37:5*). 주님은 죽음의 법칙마저 깨뜨리시는 분이시다. 기독교는 기적의 종교다. 주께서(*퀴리오스*) 하시면 안 되는 것도, 불가능한 것도 가능한 것이 된다.

우리 자녀들에게 외쳐보자! "네아니스케 에게르데티." 청년들아 일어나라! 취업이 어렵고, 결혼이 어렵고, 살아가는 게 어려운 이 시대의 젊은이들이여! 실패의 자리에서 이제 일어나라! 주님의 명령이다.

오늘의 말씀 묵상
"주께서 과부를 보시고 불쌍히 여기사 울지 말라 하시고"(눅 7:13).

✳ ─────────

데오스 아가페,
플레시온 아가페

오늘은 예수님이 율법의 큰 두 기둥(하나님 사랑-데오스 아가페, 이웃 사랑-플레시온 아가페)을 설명하고 있다. 어느 날 율법학자가 예수를 테스트하기 위해 "선생님 내가 무엇을 하여야 영생을 얻으리이까"라고 묻는다. 영생은 원어로 '조엔 아리오니온'으로 '유일하신 하나님과 그의 아들 예수를 알아 깊은 교제를 통해 누리게 되는 생명'을 말한다. 예수는 되물어서 "율법에는 무엇이라 기록되었느냐?"라고 하자 그들은 신명기 6장을 인용하여 두 가지를 말한다. "네 마음(카르디아스)을 다하며, 목숨(프쉬케)을 다하며, 힘(이스퀴이)을 다하며, 뜻(디아노이아)을 다하여 주 너의 하나님을 사랑하라"라고 했고, "네 이웃(플레시온)을 네 자신 같이 사랑하라"(수 톤 플레시온, 호스 세마우톤, 아가페세이스)라고 했다.

예수께서 "그렇다면 너희도 이대로 행하라 그러면 영생을 얻을 것이다"라고 말씀하셨다. 그때 한 사람이 "내 이웃이 누구니이까?"라고 묻자 예수는 여리고로 내려가다가 강도 만난 어떤 사람 이야기를 들려준다.

강도 만나서 옷도 다 빼앗기고 폭행을 당해 큰 중상을 입게 되었다.

그때 마침 한 제사장이 지나가다가 예배시간이 다 되어 그 사람을 피하여 그냥 지나가 버린다. 이번에는 어릴 때부터 구별된 삶을 살았던 레위인도 지나가다가 피하여 지나가 버린다. 마지막으로 사마리아(유대인들로부터 혼혈족이라고 무시와 차별대우 받은 사람들-다문화가정 자녀)사람이 강도 만난 사람을 보고서 불쌍히 여기며, 긍휼의 마음과 자비(엘레오스)의 마음을 가지고, 상처 부위를 응급처치하고 가까운 여관으로 데려다가 밤새 치료해주고, 이튿날 2데나리온(1데나리온은 노동자 하루 품삯, 5만 원권 4장)을 여관주인에게 주고, "내가 비즈니스 때문에 지금은 여기를 떠날 수밖에 없지만, 오늘 저녁에 다시 와서 추가로 들어간 비용도 주겠다"라고 하면서 잘 돌보아 달라고 부탁하였다.

"여기서 세 분류의 사람이 나오는데 과연 누가 진정한 강도 만난 자의 이웃이 되겠느냐?"(티스, 플레시온, 게고네나이)라고 하고 "가서 너도 이와 같이 하라"(쉬, 포이에이, 호모이오스)라고 명하신다.

우리는 선한 사마리아 사람처럼 자비를 베풀며 살아가야 한다. 이것이 바로 영생을 얻는 길이요, 주님으로부터 칭찬받는 길이요, 주님의 제자로서의 삶의 태도인 것이다.

오늘의 말씀 묵상
"이르되 자비를 베푼 자니이다 예수께서 이르시되 가서 너도 이와 같이 하라 하시니라"(눅 10:37).

우선순위와
선택(選擇)과 집중(集中)

 "'사람들은 일상 속 선택의 순간에 대해 고민할 시간이 없다.'" 스티브 잡스(Steve Jobs)가 1997년 9월 애플에 복귀 후 제품 종류의 70%를 없애버리고 집중에 의한 애플 브랜드의 재건을 강조하면서 한 말이다. 즉, 브랜드는 그 선택의 순간을 도와주기 때문에 정보가 넘쳐나는 시대에는 브랜드가 더욱 중요하다는 논리였다. 미국 철학자이자 심리학자인 윌리엄 제임스(Willian James)는 "현명하다는 것은 무엇을 무시해야 하는지 아는 것이다"라고 했는데, 이는 오늘날 기업 경영 분야에서 '선택과 집중'이 얼마나 중요한지를 단적으로 보여주는 대목이다.

 오늘 본문에서 누구보다 더 끔찍이 주님을 사랑했던 언니 마르다가 주님을 초청하고 최고의 음식을 준비하느라 모든 에너지를 다 쏟아 내고 있어서 정작 중요한 주님의 말씀을 듣는 데는 소홀했다. 자꾸 가스 불 조정하느라 왔다 갔다 정신이 하나도 없었다. 그런데 얌체 같은 동생 마리아는 주님 발치에 앉아 귀를 쫑긋 세우고 집중해서 말씀 들으며 "아멘, 아멘" 하면서 은혜를 받고 있는 것이 아닌가?

마르다가 갑자기 뚜껑이 열렸다. 자기는 사랑하는 주님을 위해 최선을 다해 음식을 준비하느라 정신이 하나도 없는데 동생 마리아는 언니 도와줄 생각은 1도 안 하고 말씀 듣는 데 집중하고 있는 것이다. 주님께 쫓아가서 "주여, 내 동생이 나 혼자 열심히 주방에서 음식을 준비하는데 전혀 도와주지 않고 있어요. 야단 좀 쳐서 언니를 도와주라고 해주세요"라고 한다. 그때 주님께서 "마르다야, 마르다야, 네가 많은 일로 염려하고 근심하고 있구나. 아이고 딱하지... 하지만 네 동생은 지금 말씀 듣는데 집중하고 있으니 좋은 편을 선택하였구나!"라고 대답하신다. 도리어 동생을 칭찬하고 있는 것이다.

마리아는 우선순위를 아는 여인이었다. 그리고 시간 관리를 잘하고 선택과 집중을 잘한 것이다. 우리는 매일 하루를 시작하기 전에 우선적으로 이엠(E.M)을 하므로 선택과 집중을 잘하고 있다. 분명히 주님으로부터 칭찬을 받게 되고 말씀에 집중하므로 생명의 만나를 먹고 있는 것이다.

오늘의 말씀 묵상
"마리아는 이 좋은 편을 택하였으니 빼앗기지 아니하리라 하시니라"(눅 10:42).

✳ ─────

판토테 프로슈케스다이

오늘의 핵심은 기도를 드문드문하지 말고, 항상*(판토테-꾸준히,자주)* 기도할 것과, 기도의 응답이 더디다고 낙심*(엥카케인-지치다, 상심하다, 절망하다)*하지 말라는 것이다. 기도할 때 주의사항은 어쩌다 한 번, 1년에 한 번 기도원에 가서 기도했다고 만족하지 말라는 것이다. 기도는 영혼의 호흡과 같아서 매일 매시간 지속, 반복해야 한다.

운동도 마찬가지이다. 꾸준히 운동하면 10가지 득템이 있다. 나쁜 콜레스테롤이 감소, 자신감 상승, 수면의 질 향상, 불안감 우울증 감소, 혈압 감소, 인생의 활기가 넘침, 암 예방*(대장암의 40% 감소)*, 대사율 상승, 관절운동에 도움*(유연성)*, 심장질환 감소. 이렇게 좋은 운동도 꾸준히 지속 반복해야 효과가 있다.

"예수께서 나가사 습관*(에도스)*을 따라 감람산에서 기도하셨다"*(눅 22:39)*. 습관은 제2의 천성이다. 좋은 습관은 그 사람의 운명을 바꾼다.

목회자는 세 가지 방을 자주 찾으라고 한다. 기도방, 책방, 심방이다. 그렇다. 평소 내가 자주 찾는 것이 무엇이냐에 따라 그 사람의 인생이 결정된다. 우리는 피시방, 노래방, 클럽을 찾기보다는 말씀을 깊이 묵상하며 조용히 주님을 만나는 나만의 개인 골방이 있어야 한다.

5월, 가정의 달을 맞이하여 우리의 집을 기도방, 찬양방, 책방, 사랑방으로 만들어 보면 어떨까? 오늘 본문에 불의한 재판장과 한 과부가 등장인물로 나온다. 한이 많은 과부는 재판장에게 자신의 억울함을 호소해도 전혀 귀를 기울이지 않는다. 그때 이 여인은 자주, 번거롭게, 괴로울 정도로 찾아가서 탄원한다. 드디어 어느 날 그 한 많은 여인의 소원을 들어주게 된다.

"하물며 선하신 하나님께서 그 밤낮 부르짖는 택하신 자들의 원한을 어찌 풀어주시지 않겠느냐"(눅 18:7). 우리의 기도는 결코 땅에 떨어지는 법이 없이 천사들의 금 대접에 담겨 하늘 보좌에 올라가서 하나님께 보고가 되는 것이다(계 5:8).

오늘의 말씀 묵상

"예수께서 그들에게 항상(판토테) 기도(프로슈케스다이)하고 낙심하지 말아야 할 것을 비유로 말씀하여"(눅 18:1).

✳ ────────

파리사이오스 VS 텔로네스

주님은 오늘 자기는 의롭다고 믿고 다른 사람을 멸시하는 교만한 바리새인(파리사이오스)과 자신은 죄인 중에 괴수라고 가슴을 치며 감히 하늘을 우러러보지도 못하는 겸손한 세리(텔로네스)를 극명하게 대조, 비교하고 있다.

바리새인은 기원전 1세기에 약 6천 명이 있었다. 유대교의 주요 종파 중 하나로 제사장 가문은 아니다. 율법의 세세한 부분까지 엄격히 지키는 사람들로, 안식일을 철저히 지키고. 죄인들과 세리, 창녀와 거리를 두었다. 바리새인은 '분리된 자(파라쉬-히), 나누다, 구별하다'라는 의미이다.

주님으로부터 꾸중과 야단을 제일 많이 받은 이유는, 이들은 본질은 잃어버리고, 너무 외형적이고, 형식적인 신앙생활을 하였기 때문이다. 그래서 '외식하는 자(호이 휘포크리노마이)'라는 별명이 붙어 다녔다. 가면을 쓰는 위선적인 태도를 지적한 것이다.

반면에 세리(텔로네스)는 당시 매국노로 취급받았다. 로마 정부로부터 세금징수의 권한을 받아서 로마 정부가 요구하는 세금보다 훨씬 많이 거두고, 그 일부만 세금으로 내고 나머지는 자신이 착복했다. 그래서 사람들로부터 원성을 사고 존경을 받지 못했다. 이 당시 가장 천대받은 사람들은, 창기들과 이방인들과 죄인들과 세리였다. 당시 사회에서 하층계급으로 멸시 천대, 회피 1호가 된 것이다.

그래서 이 세리는 성전에 와서도 저 멀리 떨어져서 감히 하늘에 계신 하나님께 죄송하고 송구해서 눈을 들지도 못하고 땅만 쳐다보며 가슴을 치면서 이렇게 기도하였다. "오! 하나님이시여, 나를 불쌍히 여기소서. 나는 죄인 중에 가장 나쁜 죄인입니다."

주님은 이 두 사람 중 누가 의로운 자냐고 물으시면서 바로 자신을 낮추고 겸손한 태도로 가슴을 치며 회개하는 세리가 가장 의롭다고 하셨다. "무릇 바리새인처럼 자기를 높이는 자는 내가 낮출 것이요, 이 세리처럼 자기를 낮추는 자는 내가 높아지게 하리라"라고 말씀하신 것이다.

오늘의 말씀 묵상
"자기를 높이는 자는 낮아지고 자기를 낮추는 자는 높아지리라 하시니라"(눅 18:14).

✳ ──────

장벽을 뚫고서

오늘의 주인공 삭개오*(작카이오스)*는 '의로운 사람*(자카이)*'에서 유래되었다. 그가 예수를 만나 온 가족이 구원을 받게 된 것은 네 가지의 장벽을 뚫었기 때문에 가능했다. 그는 세리장*(아르키텔로네스)*이었다. 일반 세리가 아니라 세리의 우두머리, 세무서장 정도 되는 것이다. 고위공무원이 복음을 받아들이는 것이 쉬운 일은 아니다. 또한, 그는 부자였다. "내가 진실로 너희에게 이르노니 부자는 천국에 들어가기가 어려우니라 낙타가 바늘귀로 들어가는 것이 부자가 하나님의 나라에 들어가는 것보다 쉬우니라"*(마 19:23~24)*.

부자 청년은 결국 예수를 떠나지 않았는가? 또한, 그는 키가 작아서 멀리서 예수를 볼 수가 없었다. 그리고 사람이 너무 많아서 도저히 가까이 접근하는 것이 불가능했다. 그러나 삭개오는 예수를 만나고자 하는 뜨거운 열망으로 뽕나무*(돌무화과나무)*에 올라갔던 것이다.

이미 슈퍼스타가 된 예수*(수많은 기적과 이적을 행함으로 온 유대에 소문이 남)*를 만나기 위해서 그는 장벽을 뚫고 뽕나무로 올라갔다. 적극적인 믿음의 소유자, 복음의 열정을 지닌 자, 겸손한 자, 영혼에 대한 목마름을 소유한 자였던 것이다. 결국, 삭개오의 집으로 초대받으신 예수는 "오늘 구원이 이 집에 이르렀으니 이 사람도 아브라함의 자손이로다"라고 선언하신다. 이처럼 구원은 한순간에 이루어지는 것이다.

우리도 삭개오처럼 사모하는 마음과 열정을 가지고 주님 앞에 나아가면 그분은 한순간에 우리 마음에 들어오셔서 우리를 다스리시고 통치하시며 영원히 왕으로 임재하실 것이다.

주님이 오신 목적이 바로 이런 삭개오 같은 잃어버린 한 영혼을 찾고 찾아 구원하는 것임을 알고 오늘도 나부터 주님 앞에 담대히 나아가보자. 코로나의 장벽을 뚫고 나아가보자. 언제까지 움츠리고 머뭇거리고 주저앉아 있을 것인가? 구원의 문은 활짝 열려있으니 그분에게 한 걸음씩 나아가보자. 반드시 주님은 나를 반갑게 맞이하여 주시고 영원한 천국의 기쁨과 참된 평안을 선물로 주실 것이다.

오늘의 말씀 묵상

"삭개오라 이름하는 자가 있으니 세리장이요 또한 부자라... 키가 작고 사람이 많아 할 수 없어"(눅 19:2,3)

✻ ———

코로나 시대에도
전도는 계속되어야 한다

오늘 본문을 통해 코로나 시대, 비대면 시대에 전도하기가 쉽지 않은 때에 예수님과 빌립의 전도를 통해 네 가지 전도법을 소개하고자 한다.

1. 가만이 전도법: 가서, 만나고, 이야기하라! "예수께서 갈릴리로 나가려 하시다가 빌립을 만나시고 나를 따르라"*(43절)*. 이야기하심으로 빌립을 전도하여 예수님의 제자가 된 것이다. 나도 하루 만보 걷기 운동하다 보면 장기결석자, 낙심자 성도들을 우연히 만나게 되고, 잠깐 근황을 묻고 소망의 말씀으로 위로하고 교회 출석을 권면한다. 사무실에만 앉아 있으면 안 된다. 무조건 나가야 된다. 나가면 만날 사람을 붙여 주신다.

2. 와서 보라 전도법: 빌립이 금방 전도 받고 나다나엘을 찾아가서 나사렛 예수의 복음을 전한다. 그때 나다나엘이 "나사렛에서 무슨 선한 것이 날 수 있느냐"라고 하자, "와서 보라"라고 한다. 우리는 밖에 나가서 전도할 때 교회 자랑, 목사 자랑, 성도 자랑을 해야 한

다. 그럴 때 호기심을 갖고 와보고 싶은 마음이 드는 것이다.

3. 칭찬 전도법: 그렇게 해서 나온 나다나엘을 보고 예수께서 "보라 이는 참으로 이스라엘 사람이라 그 속에 간사한 것이 없도다"라고 칭찬하신다. 우리도 전도대상자를 만나면 무조건 그 사람의 장점을 보고 집중적으로 칭찬 세례를 쏟아 낼 때 감동을 받게 된다.

4. 보리라(소망) 전도법: 그러면서 나다나엘을 향하여 "너는 앞으로 이보다 더 큰 일을 보리라 하늘이 열리고 하나님의 사자들이 인자 위에 오르락 내리락 하는 것을 보리라"라고 하시면서 예수 믿고 난 후에 일어날 미래에 대해서 소망으로 위로하며 격려하신다. 코로나로 소망을 잃어버린 현대인들을 향해 우리는 부활의 소망을 전해야 할 것이다.

오늘의 말씀 묵상
"보라 이는 참으로 이스라엘 사람이라 그 속에 간사한 것이 없도다... 이보다 더 큰 일을 보리라"(요 1:47,50).

✳ ───────

성도님은 거듭났습니까?

오늘의 주인공인 '니고데모(니코데모스-헬라어)'의 이름의 뜻은 '백성의 정복자, 백성의 승리자'이다. 그는 예수의 시신에 바르도록 값비싼 몰약과 침향 섞은 것 100근을 기꺼이 내어드린 부유한 사람이요, 유대교를 신봉하는 바리새파 사람이며, 유대인의 최고 종교회의 기관의 구성원인 70인 산헤드린 공회원의 멤버였다.

그가 어느 날 영적인 목마름을 가지고 예수를 찾아와서, "랍비여 당신은 하나님께로부터 오신 선생인줄 안다"라고 하며 호감을 표시했다. 그때 예수께서 "사람이 거듭나지 아니하면 하나님의 나라를 볼 수 없다"라고 단언하신다. 여기서 '거듭나다'의 '아노덴(헬)'은 '처음부터, 완전히, 철저히, 다시, 두 번째, 위로부터, 하나님께로부터'의 의미를 지닌다. 다시 말해 중생(重生, born again)은 완전히 옛사람은 십자가에서 죽고, 새로운 피조물로 다시 태어나는 것을 말한다.

그때 니고데모는 육신의 생각으로 어떻게 엄마 뱃속으로 다시 들어갔다가 나올 수 있느냐고 반문한다. 예수께서 "사람이 물과 성령으로(휘다토스 프뉴마토스)나지 아니하면 하나님의 나라를 들어갈 수 없

느니라"라고 하시면서 "육으로 난 것은 육이요 영으로 난 것은 영이
니라"라고 말씀하신다.

"맑은 물을 너희에게 뿌려서 너희로 정결하게 하되 곧 너희 모든
더러운 것에서와 모든 우상 숭배에서 너희를 정결하게 할 것이며 또
새 영을 너희 속에 두고 새 마음을 너희에게 주되 너희 육신에서 굳
은 마음을 제거하고 부드러운 마음을 줄 것이며 또 내 영을 너희 속
에 두어 너희로 내 율례를 행하게 하리니 너희가 내 규례를 지켜 행
할지라"(겔 36:25~27).

교도소에서 출소하고 나온 사람이 새사람으로 살아가려면 이전의
죄악에서 돌아서야 하고, 손을 씻어야 하고, 발을 완전히 빼야 한다.
세례(洗禮)의 의미도 물로 씻어서(죄악) 새로운 피조물로 살아가는 것
을 말한다.

오늘의 말씀 묵상
"사람이 물과 성령으로 나지 아니하면 하나님의 나라에 들어갈 수 없느니라"(요 3:5).

✳ ────────

인생의 타는 목마름

인간의 몸은 약 70%가 물이다. 그래서 물이 2%만 부족해도 갈증을 느끼게 되고, 5%가 부족하면 혼수상태에 빠지게 되고, 12%가 부족하면 생명이 위태로워진다. 인간에게 물보다 중요한 게 없다. 물은 곧 생명이다. 이 생명의 물을 죽을 때까지 마셔야 한다. 왜 그럴까? 갈증 때문이다. 끊임없이 일어나는 갈증 때문에 우리는 계속해서 물을 마셔야 한다. 그런데, 우리가 사는 세상에는 육체의 갈증만 있는 것이 아니다. 갈증은 우리의 영혼에도 일어난다.

살다 보면 가뭄을 만나 쩍쩍 갈라진 논바닥처럼 내 영혼이 곤고할 때가 있다. 물이 없어 마르고 황폐한 땅처럼 인생이 우울하고 힘들고 고통스러울 때가 있다. 여기에는 예외가 없다. 잘난 사람이나, 못난 사람이나, 많이 배운 사람이나, 적게 배운 사람이나, 부자나 가난한 자나, 남자나 여자 할 것 없이 누구나 영적인 광야를 지나간다. 거기서 타는 목마름을 경험하며 살아간다. 이 목마름은 한 생을 사는 동안 계속해서 그림자처럼 따라다닌다.

오늘의 주인공 사마리아 여인이 예수를 만나고 나서 그의 타는 목마름이 해결 받았다. 이 여인은 정오 12시에 우물물을 길으러 왔다. 뜨거운 중동지역의 정오에는 아무도 이동을 안 한다. 사람의 눈을 피하기 위해서이다. 유대인의 멸시를 받는 사마리아 사람, 여성, 사연이 많은 여인이었음에 틀림이 없다. 이 여인이 떠가는 물은 잠시 목을 축일뿐이다. 또다시 목마름이 오기 때문이다.

이 땅의 삶이 그렇지 않은가? 그래서 주님은 "내가 주는 물을 마시는 자는 영원히 목마르지 아니하리니 내가 주는 물은 그 속에서 영생하도록 솟아나는 샘물이 되리라"*(14절)*라고 말씀하신다. 인생의 근본적인 갈증을 해결해 주실 분은 오직 주님밖에 없다. 그래서 다윗은 이렇게 고백한다. "내 영혼이 주를 갈망하며 내 육체가 주를 앙모하나이다"*(시 63:1)*.

주님 앞에 나아갈 때 거기에 참 안식이 있다. 거기에 참 만족이 있다. 주님 앞에 설 때 비로소 충만함이 있고, 승리가 있고, 성공이 있다. 인생의 모든 문제의 해답은 주님께 있다. 그렇다면 우리는 먼저 주님 앞에 나아가야 한다. 주님을 갈망해야 한다. 이것이 회복의 비결이요, 만족과 행복의 비결인 것이다.

오늘의 말씀 묵상
"내가 주는 물을 마시는 자는 영원히 목마르지 아니하리니 내가 주는 물은 그 속에서 영생하도록 솟아나는 샘물이 되리라"(요 4:14).

✳ ───────

비 진리가 진리를 만날 때
생기는 일

사마리아 여인이 인생의 타는 목마름 속에서 영원히 목마르지 않는 생수 되시는 예수를 만난 후 그의 삶이 180도 바뀌었다. 진정 예수를 인격적으로 만난 사람은 모두가 변화되었다*(삭게오, 바울)*. 비 진리*(육적인 삶만 추구)*가 진리*(영적인 삶)*를 만나게 되면 오늘의 주인공 사마리아 여인처럼 물동이를 버려두고 진리*(복음)*를 선포하는 영적인 사람으로 변화되는 것이다.

한편 제자들은 동네에서 복음을 전하다가 스승 되시는 예수께 와서 식사를 준비해서 드리는데, "내게는 너희가 알지 못하는 먹을 양식이 있느니라"*(32절)*라고 말씀하신다. 그때 제자들은 누가 예수께 음식을 가져다준 것으로 오해한다. 그때 예수는 "나의 양식*(브로시스)*은 나를 보내신 이의 뜻을 행하며 그의 일을 온전히 이루는 이것*(텔레이오오, 다 이루었다-테테로스타이)*이니라"*(34절)*라고 말씀하신다. 나의 브로시스*(양식)*는 무엇인가?

예수의 브로시스는 하나님 아버지의 뜻을 따르는 순종의 삶이요, 이 땅에서 한 영혼을 구원하는 것이다. 다시 말해 예수는 인생의 타

230

는 목마름으로 고통받고 있는 사마리아 한 여인에게 복음을 전해 그가 구원받게 됨에 기쁘고 감사하여서 육신의 밥을 안 먹어도 배가 부른 것이다.

우리가 너무나 기쁜 소식을 접하게 되면 잠시 배고픔도 잊지 않는가? 지금도 우리 주위에 구원받아야 할 영혼들이 널려있다. 마치 씨를 뿌리고 4개월이 지나면 추수 때가 되어서 추수 꾼들이 많이 필요한데 요즘은 젊은 일꾼들이 부족해서 외국인들이 그 자리를 차지하고 있다. 추수 때는 씨를 뿌린 농부나 추수를 거두는 일꾼이나 모두가 즐거워하고 기쁨이 충만해진다. 주님의 관심은 잃어버린 한 마리의 양에 있는 것이다.

오늘도 내 주위에 잃어버린 양 한 마리가 어디 있는지 살펴보고 그를 주께로 인도해야 할 것이다. 그것이 바로 우리의 참된 브로시스(양식)가 되는 것이다. 교회는 매주 새가족이 등록해야 한다. 매주 새생명이 탄생되어야 한다.

오늘의 말씀 묵상
"여자가 물동이를 버려두고 동네로 들어가서 사람들에게 이르되"(요 4:28).

✳ ─────

아가파스 메 플레온 투톤

　고대 그리스에서는 네 종류의 사랑을 이야기했다. 1차원적인 사랑-남녀 간의 뜨거운 사랑인 에로스*(eros)* 사랑, 2차원적인 사랑-우정&형제애 사랑인 필리아*(philia)* 사랑, 3차원적인 사랑-부모와 자녀 간의 사랑인 스토르게*(storge)* 사랑, 4차원적인 사랑-하나님의 십자가 사랑인 아가페*(agape)* 사랑이다.

　오늘 본문에서 예수께서 시몬 베드로가 세 번씩 주님을 모른다고 부인한 것에 대한 상처를 치료해주시기 위해 세 번 사랑의 고백을 기필코 받아내시고 만다. "네가 이 사람들보다 나를 더 사랑하느냐?"*(Do you truly love me more than these? 아가파스 메 플레온 투톤-헬)*. 여기서 '아가파스'는 '아가파오'의 2인칭 단수 현재 능동태 직설법으로 '자신의 생명까지 받치되 전혀 아깝다거나, 서운하다는 보상심리가 없는 초월적인 사랑'을 말한다. 주님이 나를 위해 십자가에서 보여주신 아가파스 사랑을 우리는 늘 기억해야 할 것이다.

　그때 베드로는 "주님 그러하나이다 내가 주님을 사랑*(필리아)*하는 줄 주님께서 아시나이다"라고 하였다. 여기서 베드로는 주님을 아가페로 사랑하는 것이 아니라, 필리아*(형제애)*로 사랑한다고 고백하고 있는 것이다. 그럴 때 주님은 "내 어린양을 먹이라"*(보스케 타 아르니아 무)*라고 말씀하신다. '보스케'는 '보스코'에서 유래된 단어로, '먹이다, 치다, 무리를 보호하다, 필요를 채워주다'라는 의미가 있다.

다시 말해 사역자들은*(교역자들, 교회지도자, 목자, 교사들)* 성도*(양 떼)*들을 이단으로부터 보호해야 하고, 하나님 말씀으로 잘 가르쳐야 하고, 그들의 필요를 채워주어야 한다는 말이다. 주님은 두 번째, 세 번째 동일한 질문을 하신다. "요한의 아들 시몬아 네가 나를 사랑하느냐?" 그리고 "내 양을 치라. 내 양을 먹이라"라고 말씀하신다. 주님을 사랑한다고 고백하는 사람은 자신에게 맡겨준 양 떼들을 잘 목양해야 할 것이다. 그것이 주님이 마지막으로 우리에게 당부하신 유언의 말씀이기 때문이다.

오늘의 말씀 묵상
"요한의 아들 시몬아 네가 이 사람들보다 나를 더 사랑하느냐"(요 21:15).

✳ ─────

예수 그리스도의 이름의 능력

본문에서 선천적 앉은뱅이가 구걸한 곳은 '미문(美門, Beautiful Gate)'이다. 이방인의 뜰에서 여인의 뜰로 들어가는 예루살렘 성전 동편 출입문인데, 금과 청동 장식물의 정교함이 아름다워서 붙여진 이름이다. 요세푸스에 의하면 이 문은 여인의 뜰과 이방인의 뜰 사이에 있었고 성소로 들어가는 10개의 문 중에서 가장 아름다운 것으로 알려진 일명 '니카노르 문(Nicanor Gate)'이라고 한다. 이 '니카노르 문'이 열리면 예루살렘의 하루가 시작되었고 이 문을 통해 유대의 남자들만 제물을 바치러 '이스라엘인의 뜰' 안으로 들어갈 수 있었다.

미문에서 구걸하는 장애우에게 베드로와 요한이 "은과 금은 내게 없거니와 내게 있는 이것을 네게 주노니 나사렛 예수 그리스도의 이름으로 일어나 걸으라"라고 하자 걷기도 하고 뛰기도 하는 초대교회의 기적을 만나보게 된다.

오늘도 우리는 '예수 그리스도의 이름으로(엔 토 오노마티 예수 크리스투)' 선포할 때 내 삶의 묶였던 것이 풀어지는 기적을 경험하게 될 것이다. 초대교회 당시 '예수 그리스도의 이름의 능력'으로 선포할 때 수

많은 기적이 일어났다.

베드로 사도가 룻다에 사는 '애니아'라는 중풍병자*(8년 투병 중)*에게 "애니아야 예수 그리스도께서 너를 낫게 하시니 일어나 네 자리를 정돈하라"*(행 9:34)*라고 하자 즉시로 병마가 떠나가고 걷게 되었다.

욥바에 '다비다'라는 여제자가 그만 병들어 죽고 말았다. 그 시신을 다락방에 올려놓았는데 그때 베드로가 무릎 꿇고 기도하고 그 시신을 향해 "다비다야 일어나라"라고 선포할 때 그가 눈을 뜨고 살아났다. 지금도 예수 그리스도의 이름으로 선포하고 나갈 때 초자연적인 기적이 일어난다. 문제는 내 안에 능력의 주님이 안 계시는 것과 그 이름의 능력을 믿지 못하는 것이다.

오늘의 말씀 묵상
"나사렛 예수 그리스도의 이름으로 일어나 걸으라 하고"(행 3:6).

✳ ————

탐욕(貪慾)이 부른 비극적 사건

초대교회는 모든 물건을 서로 통용했다. 지금도 이스라엘 키부츠에 가보면 초대교회 정신으로 공동생산, 공동분배를 한다. 자기가 필요한 만큼만 생산한 과일, 채소를 무료로 가져가는 것이다. 이런 유무상통 정신으로 살아갈 때 아나니아와 삽비라는 그만 탐욕 때문에 땅을 팔고 전부를 하나님 앞에 가져나온 것이 아니라 일부를 감추었다.

'감추다(에노스파사토)'의 원문의 뜻은 '가로채다, 착복하다'이다. 베드로를 속일 수는 있어도 하나님은, 성령님은 속일 수가 없다. 그때 베드로가 "어찌하여 사탄이 네 마음에 가득하느냐"라고 책망한다.

최초의 살인자 '가인'은 "평소에 동생에 대한 분이 가득찼다"라고 성경은 증언한다. 그 결과 동생을 돌로 쳐 죽이는 살인을 범하고 만다. 사울은 '악신이 가득할' 때 사위인 다윗을 죽이려고 여러 번 창을 던졌다. 이처럼 사탄이 때때로 사람들의 마음속에 들어가서, 거짓말을 하게 하고, 탐심을 일으키게 하고, 나쁜 마음을 갖게도 한다. 그러므로 우리는 늘 성령으로 충만해야 할 것이다.

이스라엘 백성들이 광야 40년 동안 하나님이 하늘에서 만나와 메추라기를 내려주셔서 한 끼도 굶지 않게 만드셨는데도, 일부 백성들은 시날 평지로 가서 하루 먹을 양식만 가져오라고 했는데 욕심으로 그 이튿날까지 메추라기를 줍다가 하나님의 진노로 죽게 되었다. 그들의 시신을 돌로 덮어서 '기브롯 핫다아와*(탐욕의 무덤)*'라 불렀다.

엘리사 시대에 나아만 장군의 한센병이 요단강에서 치유를 받았다. 엘리사는 나아만 장군의 사례를 거절했는데, 사환 '게하시'가 쫓아가서 주인이 다시 받아오라고 했다며 거짓말을 해서 은 두 달란트, 옷 두 벌을 몰래 받아와서 결국 나병에 걸리고 만다. 또 여호수아가 아이 성 전투에서 참패를 당하는데, 그 원인은 '아간'이 시날산의 아름다운 외투 한 벌, 은 200세겔, 금 50세겔을 탐내어 장막에 숨기므로 여호와께 범죄했기 때문이다. 아골 골짜기에서 아간의 모든 식솔이 돌팔매질을 당해 비참하게 죽고 말았다. 바로 이것이 탐욕이 부른 비극적인 사건이다.

오늘의 말씀 묵상

"베드로가 이르되 아나니아야 어찌하여 사탄이 네 마음에 가득하여 네가 성령을 속이고 땅 값 얼마를 감추었느냐"(행 5:3).

✳ ━━━━━

성령과 지혜가 충만한 스데반

    초대교회가 부흥하면서 사역이 다양해졌다. 그래서 사도들이 생각해 낸 것이 자신들은 기도와 말씀사역에 집중하고, 7명의 안수집사를 뽑아서 그들에게 구제와 선교와 봉사의 일을 맡기는 것이었다. 그 중에 스데반 안수집사가 있었다. 그는 성령과 지혜가 충만하고, 지역에서 칭찬받는 사람이었다. 또한, 믿음이 충만하고, 은혜와 권능이 충만했다.

    스데반 안수집사를 통해 큰 기사와 표적이 일어나서 병든 자가 치료받고, 귀신이 떠나가고, 복음의 진보가 나타났다. 또한, 논쟁이 벌어질 때도 스데반을 능히 감당한 사람이 없었다.

    우리 대흥교회도 이런 스데반 집사 같은 충성스러운 일꾼들이 많아지기를 소원해본다. 그런 일꾼들을 동서 사방에서 보내어달라고 기도해야 할 것이다.

    이렇게 사역이 본격적으로 활성화되자, 제자의 수가 더 심히 많아지고 허다한 제사장의 무리도 이 복음의 진리에 복종하게 되었다. 복음의 역사가 흥왕하게 일어날 때 자유민들*(자유를 얻은 노예들)*이 스데반과 논쟁이 벌어졌다. 심지어 백성들과 장로와 서기관들을 충동시켜 그를 잡아 가지고 공회에 이르러 거짓 증인들을 세워 스데반 집사를 파상공격 할 때 스데반은 가만히 침묵을 지키고 있자, 모두가 스데반을 일제히 주목하여 보았다.

그런데 그 얼굴에서 감히 범접하지 못할 아우라가 풍겨 나왔으니, 마치 천사의 얼굴처럼 빛이 강렬하게 뿜어져 나오는 것이 아닌가? 결국, 이렇게 성령과 지혜가 충만하고 믿음이 충만하고 은혜와 권능이 충만하니 아무도 건들 자가 없었고, 강력한 카리스마가 그 얼굴에서부터 흘러넘쳤다.

그렇다. 우리가 기쁨이 충만하면 얼굴에서 표정이 달라진다. 우리가 성령과 지혜가 충만하면 얼굴에서 은혜의 햇살이 품어져 나오는 것이 당연한 것이다. 나는 거울을 쳐다볼 때 스데반의 얼굴에서 나타나는 천사의 얼굴이 보이는가? 아니면 어둠의 영이 지배하는 악마의 얼굴이 보이는가?

오늘의 말씀 묵상
"형제들아 너희 가운데서 성령과 지혜가 충만하여 칭찬 받는 사람 일곱을 택하라 우리가 이 일을 그들에게 맡기고"(행 6:3).

✱ ────

하나님과
인카운터(encounter)한 사울

스데반이 돌에 맞아 순교할 때 바로 그 현장에서 버젓이 지켜본 기독교의 핍박자요, 박해자요, 냉혈한이 사울이다. 그렇지만 하나님은 그를 복음전파 하는데 건축가가 요긴하게 쓰는 모퉁이 돌로 삼으셨다. 다메섹에서 예수 믿는 사람들을 체포해서 잡아가는데, 갑자기 하늘로부터 강력한 빛이 비치어서 말에서 그만 떨어지고 말았다. 그러면서 "사울아, 사울아, 네가 어찌하여 나를 박해하느냐"라는 음성이 들려왔다.

결국, 사울은 하나님을 다메섹에서 인카운터(마주치다)한 것이다. 사울은 사흘 동안 눈이 멀게 되고 먹지도, 마시지도 못하게 되었다. 아나니아를 통해 안수기도 받고 눈이 뜨여지고 음식을 먹고 강건하여지고 즉시로 유대회당으로 가서 복음을 전하는 사람으로 변하게 된 것이다. 이 얼마나 서프라이즈(surprise, 놀라다)한 일인가?

이처럼 하나님을 직접 만난 사람들은 한결같이 인생이 180도로 변화되는 것을 보게 된다. 우편 강도도 주님을 만나 자신의 죄를 철저히 돌아보게 되며 천국에 입성하였다. 또한, 김익두 깡패도 1900년 미국인 선교사인 W. L. 스왈렌의 설교를 듣고 복음의 빛을 받아, 나중에는 목사가 되고 776번의 부흥집회 인도, 2만 8천 회의 설교를 한 대부흥사가 되었다.

고재봉이라는 살인마도*(군대에서 원한을 가지고 한 중령 가족을 무참히 살해함)* 교도소에서 복음의 빛을 만나고 자신이 지은 큰 죄를 날마다 참회하고 사형장의 이슬로 사라지기 전 1천 8백 명에게 복음을 전했다.

우리 주위에 정말 변화가 필요한 사람들이 있다. 낙심하지 말고 그들을 위해서 기도해보자. 사울의 다메섹 사건이 그들에게도 똑같이 임하게 해달라고! 그래서 하나님을 찐하게 인카운터*(만남)*하여서 남은 인생을 복음전파와 이기적 존재가 아닌 타자적 존재로 하나님의 손에 강력하게 붙들려 사는 멋진 인생을 살아가도록 말이다.

오늘의 말씀 묵상
"사울아 사울아 네가 어찌하여 나를 박해하느냐"(행 9:4).

✳ ──────

하나님 앞에 상달 되는 기도

오늘은 이달리야 부대의 백부장(중대장)인 '고넬료' 이야기가 펼쳐진다. 그가 어떻게 했기에 하나님 앞에 그의 기도가 상달 될 수 있었을까? 그것이 알고 싶다. ㄱ(기역)으로 시작되는 네 단어를 주목해보라. 고넬료는

① '경건'하다(유세베스)고 성경은 증언하고 있다. 성경에서 경건이란? "하나님 아버지 앞에서 정결하고 더러움이 없는 경건은 곧 고아와 과부를 그 환난중에 돌보고 또 자기를 지켜 세속에 물들지 아니하는 그것이니라"(약 1:27).

② 하나님을 '경외'(포부메노스)했다. 성경에서 경외란? "네가 네 아들 독자까지도 내게 아끼지 아니하였으니 내가 이제야 네가 하나님을 경외하는 줄을 아노라"(창 22:12).

③ 백성을 많이 '구제'하고(엘레에모쉬나스, 자비를 베풀다)있었다. "구제를 좋아하는 자는 풍족하여질 것이요 남을 윤택하게 하는 자는 자기

도 윤택하여지리라"(잠 11:25).

④ 하나님께 항상 '기도'하였다. 우리가 '항상'(디아판토스, always) 기도(프로슈케)해야 능력이 나타나는 것이다. 드문드문, 가끔, 어쩌다가 기도하는 사람과 매일매일 쉬지 않고 기도하는 사람과는 하늘과 땅 차이가 나는 법이다. 예수께서 귀신을 쫓아내시고 "기도 외에 다른 것으로는 이런 귀신이 나갈 수 없느니라"(막 9:29)라고 하셨다. 고넬료가 이렇게 네 가지를 실천해나갈 때 어느 날 기도하다가 하나님의 사자가 나타(현현)났다. "네 기도와 구제가 하나님 앞에 상달되어 기억하신 바가 되었느니라"(4절 하). 아멘.

우리의 가정이 고넬료 같은 경건한 가정이 되기를 소원해본다. 그럴 때 하나님도 감동하시고 우리 가정의 기도제목과 비전과 꿈을 이루어 주실 것이다. 오늘은 특별히 네 단어를 기억해보자! 경건, 경외, 구제, 기도.

오늘의 말씀 묵상
"천사가 이르되 네 기도와 구제가 하나님 앞에 상달되어 기억하신 바가 되었으니"
(행 10:4).

✳ ─────────

고넬료 같은
명문 가문이 되자

믿음의 명문 가문 고넬료 가정은 오늘 세 단어로 정의할 수 있다.

① 의인*(디카이오스, righteous)*: '정직하고 옳고 고결한 사람'을 말한다. 구약의 요셉은 신약시대의 예수님을 상징한다. 보디발의 아내가 끊임없이 유혹해도 끝까지 하나님을 경외함으로 죄악으로부터 자신을 의롭게 지켜냈다. 우리나라와 해외에서 성추문으로 그동안 쌓았던 명예가 하루아침에 무너진 유명인사가 어디 한둘인가? 그러나 요셉은 "내가 어찌 이 큰 악을 행하여 하나님께 죄를 지으리이까"*(창39:9)*라고 했다.

② 하나님을 경외*(포부메노스, God-fearing man)*: 아브라함이 100세에 낳은 아들 이삭을 하나님을 경외함으로 모리아 산에 번제로 드렸다. 그럴 때 하늘에서 "네가 네 아들 독자까지도 내게 아끼지 아니하였으니 내가 이제야 네가 하나님을 경외하는 줄을 아노라"*(창 22:12)*라고 하였다. 하나님은 최고의 예배, 최고의 기도를 받으시기를 원하신다. 남은 시간, 짜투리 시간을 드리지 말자. 몸과 마음과 시간

과 물질도 말이다.

③ 칭찬하더라*(마르투스, respected, 존경, 증언, 순교자)*: "형제들아 무엇에든지 참되며 무엇에든지 경건하며 무엇에든지 옳으며 무엇에든지 정결하며 무엇에든지 사랑 받을 만하며 무엇에든지 칭찬 받을 만하며 무슨 덕이 있든지 무슨 기림이 있든지 이것들을 생각하라"*(빌 4:8)*. 경기도 양주 고깃집에서 한 여자 목사 모녀가 주인에게 횡포를 부려 온 나라가 발칵 뒤집혔다. 이런 일이 한 번씩 뻥 터질 때마다 전도의 문이 막히는 것이 안타깝다. 하나님 망신, 교회 망신, 목사 망신이다. "너희는 세상의 소금이요 빛이라"*(마 5:13)*라고 하셨는데, 칭찬 대신에 욕을 바가지로 먹고 있으니 말이다.

고넬료에게 우리는 배워야 한다. 의인의 삶! 하나님을 경외하는 삶! 세상으로부터 칭찬받는 삶! 베뢰아 교인처럼 말이다*(신사적-말과 행동에 품격이 더 해지는)*. 아멘.

오늘의 말씀 묵상
"그들이 대답하되 백부장 고넬료는 의인이요 하나님을 경외하는 사람이라 유대 온 족속이 칭찬하더니"(행 10:22).

여름

✳ ────────

졸지 말고
항상 깨어있으라

오늘의 주인공 '유두고' 청년은 헬라시대에서 하층민인 노예계층으로 온종일 노역에 시달리다가 그래도 바울의 말씀을 듣겠다고 온 칭찬받을만한 청년이다. 그런데 세상에서 가장 무거운 것이 눈꺼풀인 것처럼 그만 깊이 졸게 되었던 것이다. 사실 음주운전보다 더 무서운 것이 졸음운전이다. 최근 5년 동안 전국고속도로 사망률 1위가 졸음운전(69.4%)이다. 1초만 졸아도 차가 28m 이동한다. 군대에서 보초가 졸면 바로 영창감이다. 부대원들 수백 명이 그 보초 한 사람 믿고 자고 있기 때문이다.

우리가 신앙생활 할 때 영적인 잠을 자기 않도록 조심해야한다. "시험에 들지 않게 깨어 기도하라 마음에는 원이로되 육신이 약하도다"(마 26:41). "너희는 장차 올 이 모든 일을 능히 피하고 인자 앞에 서도록 항상 기도하며 깨어 있으라"(눅 21:36). "모든 기도와 간구를 하되 항상 성령 안에서 기도하고 이를 위하여 깨어 구하기를 항상 힘쓰며"(엡 6:18).

갑자기 사람들이 웅성웅성하는 소리를 들으니 한 청년이 3층 창가에서 걸터앉아있다가 떨어진 것이다. 모두가 깜짝 놀란 순간이다. 의사 누가가 먼저 내려가서 심장에 귀를 갖다 대고 손을 잡고 맥을 짚어보니 절망적인 상황이 벌어진 것이다*(어떤 주석).* 바울이 단숨에 뛰어 내려가 죽은 청년을 일으켜 안고 "떠들지 말라 생명이 그에게 있다"라고 하고 하늘을 향해 간절히 기도하였을 것이다. 그리고 잠시 후 유두고는 살아났다. 하나님께서 초대교회에 또 하나의 기적을 선물로 허락하신 것이다.

우리 한 사람이 영적으로 깨어 기도하는 파수꾼이 될 때 한 가정을 악한 원수 마귀로부터 지켜내는 것이다. 내 한 사람이 영적으로 깨어 기도할 때 우리 교회가 평안하고 든든히 서갈 수 있다. 내 한 사람이 졸지 않고 영적으로 깨어있으면 이 나라 이 민족을 외부의 적으로부터 지켜낼 수 있는 것이다. 기도로 새벽을 깨우며, 매일 하나님 말씀을 묵상하며 영으로 하나님을 만나 보자!

오늘의 말씀 묵상

"유두고라 하는 청년이 창에 걸터 앉아 있다가 깊이 졸더니 바울이 강론하기를 더 오래 하매 졸음을 이기지 못하여 삼 층에서 떨어지거늘 일으켜보니 죽었는지라" (행 20:9).

주 예수께 받은 사명,
하시나 영성

바울이 에베소를 떠나면서 고별설교하는 내용이 오늘 본문에 나온다. 그러면서 지도자의 덕목 네 가지를 언급하고 있다. 모든 겸손과 눈물, 시험을 잘 참고 주를 섬김, 복음전파의 사명, 회개와 믿음이다. 독일과 일본의 공통점은 전범 국가라는 것이다. 그러나 독일은 메르켈 여성 수상 *(18년 통치)*이 나서서 무릎 꿇고 히틀러에게 피해를 입은 모든 세계인에게 용서를 구했다. 이것이 참된 지도자의 모습이다.

하지만 일본 총리 아베나 스가 *(현)*는 우리나라에 용서를 구하지 않는다. 위안부 문제, 독도 문제, 후쿠시마 방사능 오염수 무단 방류문제 등 후안무치*(厚顔無恥)*한 모습을 보게 된다. 한 국가나 개인이나 겸손과 눈물로 회개할 줄 알아야 지도자로서 인정받게 되는 것이다.

두 번째 본문은 '하시나*(however, 그러나)*' 영성을 보여주고 있다. "오직 성령이 각 성에서 내게 증언하여 결박과 환난이 나를 기다린다 '하시나'"*(23절)*. 환난과 핍박이 오고 두려움이 기다린다고 '하시나' 주 예수께 받은 사명 곧 하나님의 은혜의 복음을 증언하는 일을 마치려 함에는 생명조차 조금도 귀한 것으로 여기지 아니하는 것이 사명자이다.

어제 영남지역 17개 노회 대표들이 대구제일교회에서 선교대회를 하였다. 강사로 오신 연동교회 이성희 목사가 이런 간증을 했다.

"작년에 코로나가 심해 2.5단계가 될 때 20명만 본당에 들어올 수밖에 없었습니다. 그때 저희 교회에 출석하는 삼대 가정이 대면 예배에 참석하겠다고 신청한 숫자가, 무려 16명이었습니다. 나머지 4명만 다른 교인이 참석할 수밖에 없었습니다. 이 장로님 가정은 코로나 상황 2년 동안 한 번도 주일을 집에서 드린 적이 없었습니다."

예배에 목숨을 건, '하시나' 영성을 가진 가정임에는 틀림이 없는 것 같다.

오늘의 말씀 묵상

"결박과 환난이 나를 기다린다 하시나 내가 달려갈 길과 주 예수께 받은 사명 곧 하나님의 은혜의 복음을 증언하는 일을 마치려 함에는 나의 생명조차 조금도 귀한 것으로 여기지 아니하노라"(행 20:23, 24).

✳ ───────

성령의 사람에게는
거칠 것이 없다

바울이 로마로 압송되면서 '유라굴로'라는 광풍을 만나 배에 탄 276명이 14일 동안 죽음의 위기를 겪었지만, 하나님의 특별한 도우심으로 모두가 멜리데 섬에 도착하여 구조를 받게 되었다. 멜리데 섬은 지금의 '몰타(Malta)섬'을 말한다. 인구 43만 명으로 크기가 우리나라 강화도 섬 정도 된다. 순수한 원주민들이 바울 일행이 저체온증으로 바들바들 떨고 있자 불을 피워 몸을 녹이게 했다. 그때 바울이 나무 한 묶음을 불에다 집어넣는데 나무속에 숨어있던 독사가 뜨거운 불에 놀라 그만 바울의 손을 물고 말았다. 이 광경을 지켜본 원주민들은 미신적이고 토속적인 관습에 근거하여 바울이 신으로부터 심판을 받았다고 생각하여 "진실로 이 사람은 살인한 자로다"라고 하였다.

그러나 성령의 사람에게는 이러한 장애가 전혀 문제가 되지 않는다. 거칠 것이 없다. 시간이 한참 지나면 독이 온몸에 퍼져 죽을 줄 알았는데 멀쩡하자, 그들은 "바울이 신이다"라고 외쳤다.

또한, 멜리데 섬의 최고 통치자 추장 '보블리오'가 바울 일행을 친절하게 환대하여 주었다. 여기에서 머문 3개월은 그동안 지친 몸과 마음을 안식하는 시간이 되었다. 그런데 그 추장의 아버지가 열병과 이질*(세균성 이질은 감염성 대장염으로 고열, 구역질, 구토, 경련성 복통)*로 다 죽어가고 있었다. 지금부터 2천 년 전에*(바울: A.D. 10 출생~67 순교)* 무슨 의료기술이 있고 약이 있었겠는가? 그때 바울은 환자에게 손을 얹고 안수 기도를 간절히 해주었다*(8절)*. 즉시로 열이 내려가고 설사가 멈추게 되었다.

지금도 하나님은 우리의 치료자가 되어주신다. 이 소문이 섬에 금방 퍼지게 되자 아픈 사람들이 바울에게 밀물처럼 몰려왔고 하나님이 바울의 손을 통해서 기적을 베풀어주셨다. 이처럼 성령의 사람에게는 막힘이 없고, 거칠 것이 없는 것이다.

오늘의 말씀 묵상

"바울이 나무 한 묶음을 거두어 불에 넣으니 뜨거움으로 말미암아 독사가 나와 그 손을 물고 있는지라"(행 28:3).

✱ ─────

바울의 추천서 2통

요즘 기업이나 대학에서 학교장(총장) 추천서를 받으면 프리패스로, 무시험으로 합격하는 것을 보게 된다. 담임목사 청빙서류 중에도 추천서를 요구하기도 한다. 이력서와 설교 영상만 가지고는 그 사람의 됨됨이를 볼 수가 없기 때문이다.

바울도 로마 감옥에서 빌립보 교회에 2명의 추천서를 보낸다. 한 사람은 우리가 잘 아는 '디모데'이다. 모친 유니게와 외조모 로이스는 다 경건한 신자로 디모데를 어릴 때부터 성경으로 잘 가르쳐 모든 사람에게 칭찬을 듣는 모범 청년이 되었다. 바울을 아버지처럼 섬기며 따랐고, 복음을 위해서 수고가 많은 형제이다.

또 한 사람은 '에바드로디도'이다. 그에 대해 바울은 다섯 가지로 추천 사유를 설명한다. 나의 형제요(톤 아델폰), 함께 수고한 자요(쉬네르곤, 동역자), 함께 군사된 자요(쉬스트라티오텐), 너희 사자요(아포스톨론, 사도), 내가 쓸 것을 돕는 자다(레이투르곤, 봉사자).

그런데 그가 그만 병들어 죽게 되었던 것이다. 우리가 복음을 위해

애를 쓰는데도 때때로 우리 인생에 고난은 찾아온다. 고난을 어떻게 해석하느냐가 중요하다. 고난은 나를 더 겸손히 낮추고, 나를 돌아보게 하고(*자아성찰*), 연단하는 경우가 대부분이다.

하나님은 그를 긍휼히 여기셔서 병을 고쳐주신 것이다. 오늘도 우리는 하나님의 자비와 긍휼을 구해보자. "주여, 이 땅을 치유하시고 회복시켜 주옵소서!"

그리고 바울은 빌립보 교인들에게 마지막으로 부탁을 한다.

"너희가 주 안에서 모든 기쁨으로 그를 영접하고 또 이와 같은 자들을 존귀히 여기라." 그렇다. 우리는 모두 복음으로 부름을 받은 형제요, 자매이다. 서로를 존중히 여기며 위로자가 되어야 한다.

사실 우리는 세상에서 수많은 유혹과 도전에서 영적 전쟁을 순간순간 치열하게 치르고 있지 않은가? 우리는 같은 동역자(*파트너*)요, 한 비전을 향하여 나가는 예수 피를 나눈 전우인 셈이다.

전우여, 오늘 하루도 파이팅!

오늘의 말씀 묵상

"그는 나의 형제요 함께 수고하고 함께 군사 된 자요 너희 사자로 내가 쓸 것을 돕는 자라"(빌 2:25).

✱ ———————

축복의 문을 여는 십일조

멜기세덱은 창세기 14장에 아브라함의 기사에 등장하고는 시편 110편과 히브리서, 성경 전체에서 딱 세 번만 나오는 인물이다. 그는 역사적인 인물인 동시에 예수 그리스도를 예표하는 신비로운 인물 이기도 하다. 그는 아브라함이 조카 롯을 구출하기 위해 동방의 여러 왕과 싸움을 치르고 돌아올 때 영접한 왕이자, 하나님의 제사장으로 아브라함에게 십일조를 받고 복을 빌어주었다.

'멜기세덱'의 뜻은 '의의 왕'이고 그가 다스리는 나라와 연관해서 는 '살렘 왕' 곧 '평강의 왕'이다. 그는 한 도시의 왕이었고, 하나님에 의해 임명된 제사장이었는데 그의 출생과 족보에 관한 기록은 어디 에도 없기에 레위 계통의 제사장과 비교해서 아버지도 없고, 어머니 도 없고, 시작도 없고, 끝도 없다고 설명한다.

십일조는 반드시 해야 하는가? 논쟁이 벌어지기도 한다. 우리는 청 지기로서 내 것과 하나님의 것을 구분하는 지혜가 필요하다. 우리 교 회에서 퇴직금에서 정확히 십일조를 드린 분, 아파트 매매하고 정확 히 십일조를 드린 분도 계신다. 이러한 믿음의 결단이 축복의 문을 열게 되는 것이다.

십일조에 대해 말라기 선지자를 통해 확실히 못을 박고 있다. "만군의 여호와가 이르노라 너희의 온전한 십일조를 창고에 들여 나의 집에 양식이 있게 하고 그것으로 나를 시험하여 내가 하늘 문을 열고 너희에게 복을 쌓을 곳이 없도록 붓지 아니하나 보라 만군의 여호와가 이르노라 내가 너희를 위하여 메뚜기를 금하여 너희 토지 소산을 먹어 없애지 못하게 하며 너희 밭의 포도나무 열매가 기한 전에 떨어지지 않게 하리니 너희 땅이 아름다워지므로 모든 이방인들이 너희를 복되다 하리라 만군의 여호와의 말이니라" *(말 3:10-12).*

십일조를 드리면 하나님이 약속을 한 가지 해주신다. 그것은 지출을 막아주시겠다는 것이다. 황충이 나타나 토지소산을 먹어 없애지 못하게 하겠다는 것이다. 사실 많은 수입보다 중요한 것이 쓸데없는 지출을 막는 것이다. 그런데 하나님께서 그것을 해주시겠다는 것이다. 십일조는 통해 하나님은 우리의 믿음을 점검하고 싶으신 것이다. 정말 물질보다 하나님을 더 사랑하는지 확인하고 싶으신 것이다. 성경은 물질의 복을 받는 비결을 분명히 말하고 있다. 구제와 선교, 온전한 십일조 생활이다. 우리 교회 성도들도 물질의 복을 많이 받아 하나님이 기뻐하시는 사역을 마음껏 펼쳐나가기를 간절히 소원해 본다.

오늘의 말씀 묵상

"이 멜기세덱은 살렘 왕이요... 여러 왕을 쳐서 죽이고 돌아오는 아브라함을 만나 복을 빈자라 아브라함이 모든 것의 십일조를 그에게 나누어 주니라"(히 7:1~2).

✳ ────────

석탄과 다이아몬드의
차이점

　예수의 친동생 야고보 사도가 오늘 우리에게 도전하고 있다. "한국 교회 성도들이여, 여러 가지 시험을 당하거든 온전히 기쁘게 여기십시오. 믿음의 시련이 도리어 인내를 만들고, 인내를 통해 다이아몬드 같은 보석이 되기 때문입니다."

　땅속 깊이 묻힌 석탄(탄소)이 섭씨 1,100도의 불로 연마되고, 450기압(1기압-1평에 750톤 무게로 가중)에 견딜 때 영롱한 다이아몬드(탄소)가 되는 것이다. 그것을 견디지 못하면 그냥 석탄이 되어서 에너지를 잠시 발휘하다가 다 소비되어 연탄재로 변해 밖에 버려져 끝나버리는 것이다.

　성경의 위대한 인물들의 공통점이 무엇인지 아는가? 모두가 인내의 달인들이라는 것이다. 욥은 약 30년 동안 고난을 견디다가 갑절의 복을 받았고, 노아는 무려 120년 동안 해발고도 5,137m에 달하는 아라랏 산(터키에서 가장 높은 산)에서 방주를 만들어 그의 8식구가 구원받고 인류의 조상이 되었다.

　아브라함은 75세에 하나님께서 약속의 자녀를 주시겠다고 약속했지만, 무려 25년 후에 인내함으로 기다리다가 드디어 이삭을 선물로 받았다. 야곱은 삼촌 라반의 집에서 무려 20년 동안 인내의 세월을 보내고 드디어 두 떼나 되는 큰 기업을 얻게 되었다.

요셉은 10명의 형에게 왕따 당하고, 노예로 팔려가고, 억울하게 감옥에 갇히는 13년의 세월을 보내고 드디어 바로 왕의 꿈을 해석하여 영광의 국무총리가 된다.

다윗도 일찍이 사무엘에게 기름부음을 받았지만, 사울로부터 15년의 영욕의 세월을 보낸 후 드디어 이스라엘의 가장 위대한 왕으로 재탄생 되었다.

이집트의 왕자 모세도 40년 동안 장인 이드로의 양을 치며 허드렛일을 하다가 80세에 떨기나무 앞에서 부르심을 받고 남은 40년 동안 200만 이스라엘의 영도자, 영웅이 되었다.

이처럼 시험과 시련은 고통스럽지만, 인내로 잘 참으면 그 결과는 너무나 찬란하고 아름다운 것이다.

오늘의 말씀 묵상

"이는 너희 믿음의 시련이 인내를 만들어 내는 줄 너희가 앎이라"(약 1:3).

✳ ───────

꿈은 성취하라고 주신 것이다

지금부터 90년 전에 미국에서 한 소년이 호텔 보이로 38센트 월급을 받으면서 일을 했다. 소년은 꿈을 갖고 하나님께 기도하였다. "하나님, 제가 이 호텔의 주인이 되게 하옵소서." 자기 방에다 큰 호텔 사진을 붙여놓고 계속 기도하였다. 그는 꿈을 위해 일관되게 꾸준히 기도의 끈을 놓지 않았다. 마치 솔로몬이 기브온 산당에서 일천번제를 드리면서 예배하자 하나님은 네 소원이 무엇이냐고 물어보시고 백성을 정의롭게 재판할 수 있는 분별력(지혜)을 달라고 할 때 응답해 주셨던 것처럼 말이다.

드디어 15년 후 1949년 10월에 이 소년의 꿈이 이루어졌다. 바로 그가 '콘래드 힐튼'이다. 지금 '힐튼 호텔'은 전 세계 250개 정도 된다. 부산 기장에도 무궁화 별 7개 특급호텔인 힐튼호텔이 있고, 서울 워커힐에도 있다.

다니엘도 하루 세 번씩 창문을 열어놓고 고국 예루살렘을 향해 기도할 때 박수와 술객보다 지혜가 10배나 더 했고, 사자 굴속에 던져졌지만 몸 하나 상하지 않았다. 히스기야 왕도 죽을 병에 걸렸을 때

벽을 향해 여호와께 간절히 기도하고 심히 통곡하니, 하나님께서 하늘에서 보시고 15년 생명을 보너스로, 선물로 주셨다. 야곱도 얍복 강에서 환도 뼈가 부러질 정도로 간절히 기도할 때 '이스라엘'(*네가 하나님과 겨루어 이겼다*)이라는 이름을 얻었고, 브니엘(*하나님의 얼굴*)의 하나님을 만나게 되었다.

이처럼 무엇이든지 하나님께 구하면 주신다. 그런데 두 가지 필요충분조건이 있다.

첫째, 믿음으로 구해야 한다.

둘째, 조금도 의심하면 안 된다. 기도하면서 의심하는 자는 마치 두 마음을 품고 있으므로 요동하는 바다 물결같이 이리저리 흔들려서 목적지에 도달하지 못하는 것이다(*꿈을 성취 못 함*).

오늘의 말씀 묵상

"너희 중에 누구든지 지혜가 부족하거든 모든 사람에게 후히 주시고 꾸짖지 아니하시는 하나님께 구하라 그리하면 주시리라"(약 1:5).

✳ ────

욕심(欲心)을 버리는 훈련이
필요하다

야고보 사도는 하나님이 우리의 믿음을 시험하는 것을 Test(시험, 실험, 검사)한다고 하고, 우리가 욕심에 이끌려 미혹 받아 시험받는 것을 Temptation(유혹)이라고 한다. 하나님은 때때로 우리를 정금과 같은 믿음으로 만들기 위해 아브라함처럼, 요셉처럼 시험하실 때가 있다. 예수님도 광야에서 40일 동안 하나님께 시험(test)을 받으셨다. 이러한 시험은 반드시 참고 견디고 이겨내어야 약속하신 생명의 면류관을 받게 된다. 하지만 내 욕심 때문에 당하는 시험(temptation)은 누구도 원망해서는 안 된다.

욕심에 관한 사자성어를 보면 '과유불급(過猶不及)'-정도가 지나침은 미치지 못함과 같다. 즉, 욕심이 너무 지나치면 오히려 화가 될 수 있다는 뜻. '소탐대실(小貪大失)'-욕심이 지나쳐 눈앞의 작은 이익을 탐하다가 오히려 큰 이익이나 진짜 소중한 것을 잃어버린다는 뜻이다. 엘리사의 사환 게하시는 이기적인 이득에 대한 탐욕이 파멸의 원인이 되었다. 이러한 탐욕은 아람 군대장관 나아만을 고쳐 준 일과 관련하여 나타났다. 엘리사는 나아만의 나병을 고쳐 준 데 대해 선물 받기를 거절했지만(왕하 5장), 게하시는 선물을 탐내며 이것을 받는 것이 지극히 정당하다고 생각하여, 나아만을 뒤쫓아 가서 엘리사의 이름을 팔아 은 한 달란트와 옷 두 벌을 달라고 해서 자기 집에 몰래 감추어두었다. 결국, 탄로가 나서 온 몸에 한센병이 걸리는 비극을 맞이하게 된다.

욕심이 잉태한즉 죄를 낳고 죄가 장성한즉 결국 사망을 낳게 된 것이다. 우리 주위에 욕심 때문에 망한 사람이 어디 한두 명인가? 바울은 "너희는 유혹의 욕심을 따라 썩어져 가는 구습을 따르는 옛 사람을 벗어 버리고"(엡 4:22)라고 하였다.

잠언에서 "욕심이 많은 자는 다툼을 일으키나 여호와를 의지하는 자는 풍족하게 되느니라"(28:25)라고 하였다. 결론, "내가 이르노니 너희는 성령을 따라 행하라 그리하면 육체의 욕심을 이루지 아니하리라"(갈 5:16). 아멘!

오늘의 말씀 묵상

"오직 각 사람이 시험을 받는 것은 자기 욕심에 끌려 미혹됨이니 욕심이 잉태한즉 죄를 낳고 죄가 장성한즉 사람을 낳느니라"(약 1:14~15).

✳ ─────

나는 말씀을 몇 퍼센트나
실천하는가?

오늘 야고보 사도는 말씀을 듣는 것도 귀한 일이지만, 그 말씀을 실천할 때 하나님의 역사가 나타나고, 그의 삶의 변화가 생긴다고 강조한다. 말씀을 많이 알고, 들었어도 그 말씀을 실천하지 않는 삶은 마치 모래 위에 집을 짓는 것과 같은 것이다. 결국, 모래성은 비바람이 불고 홍수가 나면 다 무너지고 마는 것이다.

그러나 말씀을 듣고 그대로 실천하는 자의 삶은 반석 위에 집을 짓는 자와 같아서 비바람이 불고 태풍이 불어도(시련과 고난의 강도) 결코, 무너지지 않고 든든히 서 있게 되는 것이다.

느헤미야가 성벽이 무너진 것을 발견하고 안타까워만 하고 아무런 행동을 하지 않았다면 어떻게 그 영광스러운 성벽이 52일 만에 다시 세워질 수 있었겠는가?

모든 학생은 학교에서 우등생의 꿈을 가지고 있다. 친구들과 학교 선생님에게 칭찬받고 인정받고 싶은 '인정욕구'가 다 있다. 하지만 예습, 복습을 철저히 하고, 문제를 많이 풀어보지 않는 학생은 좋은 성적을 결코 받을 수가 없는 것이다. 결국, 실천력이 관건인 것이다.

실천력이 얼마나 우리의 삶에 영향을 주는지 한 가지 재미있는 실험을 해보자. 하나님의 말씀은 항상 완전하다. 그래서 '100'이라는 수치를 주자. 그런데 그 말씀을 눈으로 읽고, 듣고, 묵상하고, 실천하는 성도는 각각 다를 수 있다. 어떤 성도는 말씀을 듣고 실천을 10%밖에 못하면 100×10=1,000의 수치가 나온다. 어떤 성도는 말씀을 듣고 실천을 50% 정도 하면 100×50=5,000의 수치가 나온다. 또 어떤 성도는 말씀을 듣고 100% 실천한다면 100×100=10,000의 수치가 나온다. 그런데 어떤 성도는 말씀을 듣고 전혀 실천하지 못한다면 100×0(영)=0(영)의 수치가 나온다.

결국, 말씀을 실천하는 퍼센트에 따라 성도는 매시간 하나님의 은혜와 축복을 천, 오천, 만, 영(제로)으로 경험할 수 있다는 것이다. 하나님은 우리에게 만 가지 은혜와 축복을 주시기를 원하신다. 오늘 하루도 하나님 사랑, 이웃 사랑을 삶 속에서 실천해 보자!

오늘의 말씀 묵상

"온전한 율법을 들여다보고 있는 자는 듣고 잊어버리는 자가 아니요 실천하는 자니 이 사람은 그 행하는 일에 복을 받으리라"(약 1:25).

✱ ————

세상의 차별과
맞서는 하나님

오늘날 일부 초등학교에서 웃픈(웃기면서 슬픈) 이야기가 있다. 그것은 고급 아파트 사는 아이들끼리 뭉쳐서 그렇지 못한 주거환경에 사는 또래 아이들을 차별한다는 것이다. 세상은 이미 차별하고 차별받는 사회가 되어버렸다. 지금도 인종 간의 차별, 국가 간의 차별, 빈부 간의 차별, 학교와 지역에 대한 차별이 보이지 않게 작동되고 있는 것이 사실이다.

그러나 하나님은 외적인 요소로 차별하지 않는 좋은 분이시다. 성경은 차별을 경고하고 있다. "재판은 하나님께 속한 것인즉 너희는 재판할 때에 외모를 보지 말고 귀천을 차별 없이 듣고"(신 1:17).

"외모로 보시지 않고 각 사람의 행위대로 심판하시는 이를 너희가 아버지라 부른즉"(벧전 1:17).

하나님은 이 세상에서 가난한 자를 택하사 믿음에 부요하게 하신다(5절). "여호와는 가난하게도 하시고 부하게도 하시며 낮추기도 하시고 높이기도 하시는도다 가난한 자를 진토에서 일으키시며 빈궁한 자를 거름더미에서 올리사 귀족들과 함께 앉게 하시며 영광의 자리를 차지하게 하시는도다"(삼상 2:7~8).

하나님은 평범한 아브라함을 불러서 위대한 믿음의 족장으로 세우셨다. 천한 직업인 양치기 소년 다윗을 불러서 이스라엘의 통일왕국을 이루신다. 겁쟁이요, 소심한 기드온을 하나님의 사사로 불러서 미디안 12만 명의 군사를 300명으로 대승을 거두게 하신다. 기생 라합을 불러서 온 가족이 구원을 받게 하시고, 예수의 조상이 되는 축복을 누리게 하신다. 세상에서 차별받던 룻도, 우리야의 아내도 예수의 조상이 되는 은총을 누리게 하신다. 유대인 사회에서 직업으로, 외모로 차별받던 삭개오와 그 가족을 구원하신 예수. "예수께서 이르시되 오늘 구원이 이 집에 이르렀으니 이 사람도 아브라함의 자손임이로다 인자가 온 것은 잃어버린 자를 찾아 구원하려 함이니라" (눅 19:9~10).

차별하지 않고 도리어 약한 자, 부족한 자를 택하여 강한 자를 부끄럽게 만드시는 분이 바로 하나님이시다 (삼상 2:8).

오늘의 말씀 묵상

"만일 너희가 사람을 차별하여 대하면 죄를 짓는 것이니 율법이 너희를 범법자로 정죄하리라"(약 2:9).

은 쟁반에 금 사과 같은 말

정치인들은 항상 세 가지를 조심해야 한다고 한다. 말조심, 돈조심, 술조심이다. 자칫 잘못하면 구설수에 오르기 때문이다. 특히, 말조심을 해야 하는데, 가끔 신문에 어떤 정치인이 여성비하 발언, 노인비하 발언, 청년비하 발언으로 곤욕을 치른 기사를 종종 보게 된다. 조선 시대에 임금에 대해 불경스러운 말을 잘못하다가 관가에 끌려가 문초를 당하기도 했었다.

오늘 본문은 이 세상의 모든 종류의 짐승과 새와 바다의 생물은 사람이 길들일 수 있다는 것이다. 코끼리도, 독수리도, 돌고래도, 사육사가 훈련만 시키면 관광객 앞에서 재주를 부린다. 그런데 사람의 세치 혀는 길들일 사람이 없다는 것이다. 그러므로 한마디 말을 할 때도 조심해야 한다. 우리의 언어생활에 대해 권면하고 있는 것이다. 작은 불씨가 온 산을 태우듯이 작은 말 한마디가 사태를 키울 수 있다.

달리는 말의 입에 왜 재갈을 물리겠는가? 주인이 원하는 방향으로 말을 몰고 가기 위함일 것이다. 배도 작은 키 하나로 사공이 원하는 목적지로 가게 할 수 있다. 이처럼 작은 혀로 자신의 인생을 성공으로 이끌 수 있다는 것이다. 성공하는 사람은 언어부터가 남다르다.

언어의 힘은 생각보다 대단하다. 판사의 말 한마디가 피고의 운명을 바꾼다. 의사의 말 한마디가 환자에게 용기를 줄 수도, 포기를 가져다줄 수도 있다. "사람은 입에서 나오는 열매로 말미암아 배부르게 되나니 곧 그의 입술에서 나는 것으로 말미암아 만족하게 되느니라 죽고 사는 것이 혀의 힘에 달렸나니 혀를 쓰기 좋아하는 자는 혀의 열매를 먹으리라" *(잠 18:20~21)*.

야고보 사도는 우리의 입에서 어찌 찬송과 저주가 같이 나올 수 있겠냐고 한다. 샘이 어찌 단물과 쓴 물을 동시에 낼 수 있겠느냐? 결론, 우리의 몸은 그리스도의 지체로서 말도 고상하게, 거룩하게, 복되게, 은혜롭게 해야 한다.

오늘의 말씀 묵상

"혀는 곧 불이요 불의의 세계라 혀는 우리 지체 중에서 온 몸을 더럽히고 삶의 수레바퀴를 불사르나니 그 사르는 것이 지옥 불에서 나느니라"(약 3:1~12).

* ───────

땅의 지혜와 하늘의 지혜

이 세상을 살아가는 사람들을 보면 두 종류로 나눌 수 있을 것이다. 이 땅의 지혜로 살아가는 사람들과 오직 하늘의 지혜로만 살아가는 사람들이다. 땅의 지혜로 살아가는 사람들의 특징은 다섯 가지로 설명할 수 있을 것이다.

① 세상적(세속적)인 사람(에피게이오스)으로 오직 땅의 것만 생각하는 사람이다.

② 정욕적인 사람(프쉬키케)으로 전혀 영적이지 않은 성령이 결여된 사람이다.

③ 마귀적인 사람(다이모니오데스)으로 귀신에 사로잡혀 살아가는 사람을 말한다.

④ 시기와 다툼의 사람이요

⑤ 삶이 무질서하며 온갖 악한 일을 저지르는 사람이다.

반면에 하늘에 속한 사람(영의 사람)은

① 성결한 삶을 살아가는 사람(하그네)으로, 생각하는 것이나 말하는 것이 정결하고 영혼이 순수하고 깨끗한 사람을 말한다.

② 화평한 사람(에이레니케)으로 평화(에이레네)를 사랑하며 모든 사람에게 평화의 도구가 되는 사람(피스 메이커)이다.

③ 관용한 사람(에피에이케스)으로 사람들을 대할 때 온유하고 상냥하고 친절하고 너그럽고 관대하게 대하는 사람이다.

④ 양순한 사람(유페이테스)으로 성격이 유순하여서 잘 순종하는 양 같이 순한 사람을 말한다. 우리가 최후 심판대 앞에 설 때 양과 염소로 나누어진다고 했다. 양은 우편으로 주님과 함께 영원한 천국에 들어가는 것이고, 염소는 좌편으로 주님이 안 계신, 영원히 꺼지지 않는 뜨거운 불구덩이에 던져지는 것이다. 이번 쿠팡 화재 사건으로 순직하신 소방관을 애도하는 댓글에 보면, "부디 불이 없는 좋은 곳에서 편히 쉬세요"라는 글이 있다. 그렇다. 지옥은 영원히 꺼지지 않는 뜨거운 불구덩인 것이다.

⑤ 긍휼의 사람(엘레우스)으로 남을 향하여 불쌍히 여기고 동정심과 자비심을 갖고 대하는 사람이다.

⑥ 편견이 없는 사람(아디아크리토스)으로 어떤 선입관을 가지고 사람을 대하지 않고 누구나 차별 없이 대하는 사람을 말한다.

나는 땅의 지혜로 살아가는가? 하늘의 지혜로 살아가는가?

오늘의 말씀 묵상
"오직 위로부터 난 지혜는 첫째 성결하고 다음에 화평하고 관용하고 양순하며 긍휼과 선한 열매가 가득하고 편견과 거짓이 없나니"(약 3:17).

✳ ────

나는 지금 무엇을
가까이하는가?

야고보 사도는 소돔과 고모라 같은 이 세상에 아직도 미련을 못 버리고 세상의 재미에 푹 빠져 사는 현대인들을 향하여 경고장을 날리고 있다. "간음한 여인들아 세상과 벗된 것이 하나님과 원수 됨을 알지 못하느냐? 그런즉 누구든지 세상과 벗이 되고자 하는 자는 스스로 하나님과 원수 되는 것이니라."

그렇다. 우리 안에 성령님이 계셔서 우리를 완전히 독점하고 지배하고 다스려서 생명의 길, 승리의 길, 의의 길로 인도하려고 하는데, 우리는 자꾸 주님 품을 떠나 세상이 좋다고 세상으로 달려가는 둘째 탕자가 아닌가?

하나님은 우리를 시기하기까지 사랑하신다. 우리는 영적으로 하나님과 결혼한 사이이다. 이사야는 이것을 '뿔라'*(여호와와 결혼하다)*라고 칭했다*(62:4)*. 결혼한 신랑이, 신부가 어찌 옛날 애인에게 마음이 뺏겨 자꾸 집을 나가서 은밀하게 만날 수 있겠는가? 이제는 청산해야 한다. 우리는 신랑 되신 예수님의 신부로서 살아가야 한다.

그러기 위해서는 하나님을 가까이해야 한다. 내 손에 항상 가까이 있는 것이 무엇인가? 성경책이. 이엠 묵상집이, 찬양집이, 좋은 기독 서적이, 인문학 서적이, 가까이 있어서 늘 보고 싶을 때 볼 수 있어야 한다. 화투장이, 포커가 가까이 있으면 자꾸 도박장이 생각이 나는 것이다. 술병과 담배가 가까이 있으면 나도 모르게 자꾸 술과 담배를 가까이할 수밖에 없는 것이다.

우리는 환경을 바꾸어야 한다. 요즘 현대인들이 스마트폰을 항상 소지한다. 스마트폰이 없으면 불안장애를 겪을 정도이다. 하나님을 가까이하기보다 세상의 것이 이미 나를 지배하고 중독시키고 있지는 않은가? 손양원 목사 설교집에 보면 '나는 예수의 중독자'라고 불러 달라고 했다. 그만큼 온전히 살아도 주를 위해, 죽어도 주를 위해 살았던 것이다.

요즘 일부 10대, 20대 아이들은 순수하지 않고 어른들 흉내를 내며 악한 짓을 서슴지 않고 하고 있다. 그들이 폭력성 유튜브, 게임, 영화를 가까이하기 때문이다. 근묵자흑(近墨者黑)이라는 말을 상기해보자. 먹을 가까이하면 검어지기 마련이다.

오늘의 말씀 묵상

"그런즉 너희는 하나님께 복종할지어다 마귀를 대적하라 그리하면 너희를 피하리라 하나님을 가까이하라 그리하면 너희를 가까이하시리라"(약 4:7~8).

✳ ———————

내일을 모르는
안개 같은 인생

    사람들은 저마다 착각 속에 살아간다고 한다. 아프지도 않고 영원히 살 줄 안다. 인생의 고난이 안 올 줄 안다. 꿈을 이루기 전까지는 시간이 안 흘러가는 줄 안다. 아가씨는 절대로 아줌마가 안 될 줄 안다. 인생의 플랜을 짜면 다 이루어지는 줄 안다.

    우리 인생은 안개와 같이 잠시 왔다가 다시 하나님께로 돌아가는 것이다. 중국 진시황제도 영원히 이 땅에서 살 것처럼, 불로초를 구하다가 결국 구하지 못하고 49세로 생을 마쳤다. 몽고의 영웅, 정복의 신, 세계사에 남을 만한 위대한 군주, 칭기즈칸(*전 세계의 군주-이름의 뜻*)도 작은 모기에게 물려 말라리아로 65세에 이 세상을 떠나고 말았다. "내 사전에 불가능이란 없다"라고 호언장담한 정복자, 나폴레옹 보나파르트도 52세에 맥없이 죽고 말았다.

    우리나라 상위 0.001%인 삼성 이건희 회장도 식물인간, 코마 상태로 5년 정도 보내다가 결국 78세에 생을 마감했다. "세계는 넓고 할 일은 많다" 책으로 유명한 대우그룹 김우중 회장도 명예와 전 재산을 잃고 도피 생활하다가 82세로 재작년에 죽고 말았다. LG그룹

구자경 회장도 94세로 재작년에 죽었다. 모두가 100년을 넘기지 못한 것이다.

그러므로 우리는 천년, 만년 살 것처럼 내일을 자랑하지 말고, 하나님이 생명 허락하신 한날을 소중히 생각하고 오늘 선을 베풀고 오늘 주의 말씀에 순종하는 삶을 살아가야 할 것이다. "내일부터 공부하겠다. 내일부터 성경 읽겠다. 내일부터 새벽예배 나가겠다. 내일부터 이엠을 하겠다. 내일부터 전도하겠다. 내일부터 교회 나가겠다"라고 한다. 하지만 내일은 나에게 있어서 희망 사항일 뿐이다.

내일은 내 날이 아니다. 하나님이 은혜 주시고 허락해야만 내일이 오는 것이다. 당장, 지금, Now, 사랑하고 선을 행하고 주님 뜻에 순종하는 삶을 살아가자. 이것이 안개와 같은 인생에서 지혜로운 삶을 살아가는 방편이 되기 때문이다.

오늘의 말씀 묵상

"내일 일을 너희가 알지 못하는도다 너희 생명이 무엇이냐 너희는 잠깐 보이다가 없어지는 안개니라"(약 4:14).

✱ ─────

사치와 방종에서
돌이키라

　로마가 왜 망했는지 아는가? 두 가지 이유에서다. 하나는 성적 타락이요, 또 하나는 사치와 방종 때문이다. 사치의 제국이라는 중국 명나라 말 때 사대부들의 사치가 극에 달했다. 기마, 복식, 가구에다 엄청난 사치를 부렸다. 지금도 해운대 센텀 신세계 백화점, 롯데 백화점 명품관에 신상품이 들어오면 새벽부터 줄이 길게 늘어선다. 1천만 원이 넘는 샤넬 핸드백, 구찌 핸드백, 루이뷔통 핸드백을 구입하기 위해서이다. 부산이 세계적인 휴양도시, 명품도시에는 틀림이 없다. 우리나라에서 가장 외제차가 많은 데가 부산이요, 40층 이상 고층빌딩이 가장 많이 세워진 데가 바로 부산인 것이다.

　부산의 복음화율이 11.5%로 전국에 비해 상당히 낮은 지역이다. 사람들이 너무 부하고(100억 이상 소유) 사치하고 방종하다 보면 하나님이 눈에 안 보이는 법이다. 그러나 우리 주위에 부자이면서도 검소하고 주를 위해 물질을 사용하는 선한 청지기들이 많음에 감사하다.

　성경에 보면 아합 왕이 나오는데, 그는 왕으로서 모든 것을 가지고 있었음에도 불구하고 탐욕이 발동하여 나봇의 포도원을 강탈하고 말았다. 인간의 물질에 대한 탐욕은 끝이 없다. 그 물질로 구제하고 선교하고, 선한 일에 사용한다면 얼마나 좋을까? 그 물질로 자신을 위해 치장하고 사치하고 방종 하는 것에서 이제는 돌이켜야 한다.

우리는 모두 청지기의 정신으로 돌아가야 한다. 현대사회는 돈이면 다 되므로 돈을 숭배하는 맘모니즘이 지배하고 있다. 자본주의 사회의 끝판 왕 미국을 보라. 이번에 코로나로 백신을 만들어서 제약회사가 엄청난 돈을 벌고 있지 않은가? 지금도 저개발국가, 난민들은 백신 접종률이 평균 5% 미만이다. 백신도 빈익빈 부익부로 양극화되고 있는 것이다.

멕시코에 동기 목사 선교사가 있는데 선교자립을 위해 커피를 한국에 판매하고 싶어도 카르텔이라는 무시무시한 돈과 권력이 결탁한 조직이 있어서 함부로 못 한다고 들었다. "모든 인류가 하루속히 사치와 방종에서 돌이켜 여호와 하나님께로 돌아오게 하소서!"

오늘의 말씀 묵상

"너희가 말세에 재물을 쌓았도다... 너희가 땅에서 사치하고 방종하여"(약 5:3,5).

* ───────

고난이 올 때
기도로 승부하라

우리 인생 앞에 갑자기 홍해 바다 같은 거대한 문제가 가로 막아 설 때 가 있다. 그런 상황이 오면 우리는 기도조차도 안 나올 때가 있다. 너무 고난의 무게에 압도가 되어서 말이다. 주님은 우리를 더 단련시켜서 정금과 같이 사용하시기 위해 때때로 고난과 역경을 주시기도 한다.

이삭을 100세에 얻은 아브라함에게 어느 날 "네 아들 네 사랑하는 독자 이삭을 데리고 모리아 땅으로 가서 나에게 번제로 드리라"라고 말씀하신다. 인생 최대위기가 찾아온 것이다. 결국, 아브라함은 결단한다. "내가 아이와 함께 저기 가서 예배하고(기도가 포함) 우리가 너희에게로 돌아오리라." 이때 하나님은 미리 수풀에 숫양을 준비시켜주셔서 이삭을 죽음 가운데서 건져주셨다.

그리고 "네가 이같이 네 아들 네 독자도 아끼지 아니하였은즉 내가 네게 큰 복을 주고 네 씨가 크게 번성하여 하늘의 별과 같고 바닷가의 모래와 같게 하리라"라는 위대한 복을 경험하게 된 것이다.

야곱이 삼촌 라반의 집에서 20년 동안 살면서 재산이 두 떼나 이루는 큰 복을 받았지만, 형 에서가 개인적으로 기르는 사병 400명을 이끌고 야곱을 죽이려고 다가오는 큰 고난과 위기를 만나게 된다. 그때 야곱은 얍복 강에서 기도로 승부수를 띄운다.

"야곱이 홀로 남았더니 어떤 사람이 날이 새도록 야곱과 씨름하다가 날이 새려하니 나로 가게 하라 하니 당신이 내게 축복하지 아니하면 가게 하지 아니하겠나이다." 이처럼 죽기 살기로 기도할 때 '이스라엘'이라는 이름으로 개명해 주면서 "네가 하나님과 사람들과 겨루어 이겼음이니라"라고 하면서 야곱의 기도에 손을 들어주셨다. 이때 브니엘의 하나님을 만나게 된 것이다.

이후에 원수 같은 형 에서와 친구 같은 사이로 변화되었다. "에서가 달려와서 야곱을 맞이하여 안고 목을 어긋맞추어 그와 입맞추고 서로 우니라"*(창 33:4)*. 이처럼 고난이 오고, 역경이 찾아올 때 우리는 기도로 승부수를 두어야 할 것이다.

오늘의 말씀 묵상

"너희 중에 고난 당하는 자가 있느냐 그는 기도할 것이요 즐거워하는 자가 있느냐 그는 찬송할지니라"(약 5:13).

* ──────

한 영혼을 돌이키게 하면

평양에 골치 아픈 한 깡패가 있었다. 이 청년을 안 만나는 날이 복 받은 날이다. 그만큼 회피 대상 1호였던 것이다. 그가 어느 날 전도지를 나누어주는 파란 눈의 여선교사를 만나게 되었다. 그 여선교사가 전도지를 나누어주면서 서툰 한국말로 "청년 이 전도지로 코를 풀면 코가 썩어요. 그러니 꼭 읽어보세요"라고 했다. 그러나 그는 보란 듯이 그녀 앞에서 전도지로 코를 풀고 버려버렸다.

그런데 밤에 잠을 자는데 계속 여 선교사의 말이 환청처럼 들리는 것이다. "전도지로 코를 풀면 코가 썩어요." 그다음 날 이 청년은 그 여선교사를 찾아가서 "제발 제 코가 썩지 않도록 기도해주세요"라고 했다. 이 청년은 평양신학교 3회 졸업생인 '김익두' 목사였고, 그 여선교사는 '샐리'로 남편은 스왈론 선교사이다. 찬송가 326장을 작사한 선교사이다.

이처럼 한 청년을 죄에서 돌이키게 하므로 사망에서 생명으로 옮겼고, 한국교회 장로교에 큰 업적을 남겼고, 1921년 웅천집회에 참여한 주기철 청년도 은혜를 받고 나중에 목사가 되고 순교의 종이 되었던 것이다.

평양에 또 다른 깡패가 한 명 더 있었다. 이 청년은 마펫 선교사가 복음 전할 때 옆에서 듣다가 "서양 귀신은 물러가라"라고 하면서 돌을 던졌는데, 그 돌에 마펫 선교사는 턱에 맞아 피를 흘리고 쓰러졌다. 그는 아무렇지도 않은 듯 그냥 지나쳐 가버렸다. 그날부터 잠을 자는데 계속 악몽을 꾸면서 자기의 한 일에 대해 깊은 회개를 하게 되었다. 그러다가 어느 날 마펫 선교사를 찾아가서 무릎을 꿇고 용서를 구했다. 그때 선교사는 나 같은 죄인도 주님이 용서해주셨는데 왜 내가 당신을 용서하지 않겠는가 하면서 그를 끌어안고 눈물을 흘리며 간절히 기도해주었다.

그 후로 이 청년은 깊은 감동을 받고 선교사님에게 10개월 동안 성경을 배우게 되고 나중에 세례를 받았다. 그리고 평양신학교 1회 졸업생이 되어 드디어 목사가 되었다. 그리고 우리나라 최초 선교사가 되어 제주도에 가서 복음을 전하게 되고, 제10회 통합측 총회장이 되었다(*이기풍 목사*).

이처럼 한 사람을 돌이키게 하니, 그 한 사람이 위대한 복음 사역자가 되었다. 오늘 하루도 우리 주위에 죄 가운데서 방황하는 한 영혼을 돌이키게 하면 하늘에서 큰 상급이 주어질 것이다.

오늘의 말씀 묵상
"내 형제들아 너희 중에 미혹되어 진리를 떠난 자를 누가 돌아서게 하면 너희가 알 것은 죄인을 미혹된 길에서 돌아서게 하는 자가 그의 영혼을 사망에서 구원할 것이며 허다한 죄를 덮을 것임이라"(약 5:19~20).

우리, 복자(福者)로 살아가요

7월 한 달을 복*(아쉬레, 행복)*있는 사람으로 살아가자! 오늘 본문에서 복자*(복 있는 사람)*는 세 가지를 금해야 한다고 한다. 마치 구약의 율법 613개 중에 '하라' 계명은 248개, '하지 말라' 계명은 365개인 것처럼 말이다. 우리가 복 있는 사람으로 살아가려면 먼저 하지 말 것부터 철저히 지켜야 한다.

①악인들의 꾀를 따르지 말라. '꾀'는 히브리말로 '에차'로 '도모하다, 의도하다'라는 뜻이다. 하나님의 뜻을 도모하고 살기보다는 악인들의 뜻을 따른다는 것이다. 지난주에 여고생 2명이 장애우 친구를 폭행하고 괴롭혀서 구속이 되었다. 못된 친구들을 만나 그들의 꼬임에 빠져서는 안 되는 것이다.

②죄인들의 길에 서지 말라. '죄인'은 '하타임'*(히)*으로 '표적에서 빗나가다'*(miss the target)*라는 의미이다. 하나님의 율법을 거역하며 하나님의 뜻에서 빗나간 자들을 말한다. 오늘날 빗나간 청소년들이 얼마나 많은가?

③오만한 자들의 자리에 앉지 말라. 얼마 전에 공군 선임 중사(남)의 추행으로 여중사가 안타깝게도 이 세상을 떠나게 되었다. 군대 문화에서 선배는 '하늘이다'라는 오만함(갑질)에서 벌어진 일이다.

다음으로 복자로 살아가려면 두 가지를 실천해야 한다.

①여호와의 율법(토라)을 즐거워하라.

②그의 율법을 주야로 묵상하라. '묵상'은 '하가'(히)라고 하는데 '신음소리를 내다, 중얼거리다, 속삭이다'라는 뜻을 가진다. 우리가 이엠을 매일 하면서 묵상한 말씀을 길을 걸을 때나, 앉았을 때나, 학교에서나, 직장에서나, 가정에서나, 차를 타고 이동하거나, 식사를 하거나, 잠자리에 누울 때나, 항상 그날의 말씀을 읊조리며, 암송하며, 묵상하면 죄로부터 멀어지게 될 것이다.

그리고 하나님과 깊은 영적 사귐이 이루어져서 삶에 열매를 맺게 되고, 잎사귀가 마르지 않고, 모든 일이 형통하고, 여호와께 인정받는 축복의 인물이 될 것이다.

오늘의 말씀 묵상

"복 있는 사람은... 오직 여호와의 율법을 즐거워하여 그의 율법을 주야로 묵상하는도다"(시 1:1~2)

✳ ─────

너는 내 아들(딸)이라

오늘은 우리의 정체성을 회복하는 시간이 되었으면 한다. 사실 우리는 연약하여 유혹에 자주 넘어지고 말씀을 들어도 작심삼일로 결심이 쉽게 무너져 내리는 질그릇 같은 존재들이다. 하지만 하나님은 오늘도 분명히 말씀하신다.

"사랑하는 성도야! 너는 내 아들이다(베니아타). 너는 내 딸이다. 오늘날 내가 너를 낳았도다"라고 선언하신다. 예수님이 세례요한에게 세례를 받으시고 물에서 올라오실 때 하늘로부터 "이는 내 사랑하는 아들이요 내 기뻐하는 자라"라고 선언하셨다. 변화 산에서도 홀연히 빛난 구름 사이에서 "이는 내 사랑하는 아들이요 내 기뻐하는 자니 너희는 그의 말을 들으라"라는 음성이 들려왔다.

오늘 본문은 아버지와 자녀 관계를 다시 한번 정립하시면서 내게 무엇이든지 구하라는 것이다. 세 가지를 약속해주셨다.

① 내가 이방 나라를 네 유업으로 주겠다는 것이다. 지금부터 정확히 136년 전에 언더우드 선교사가 조선 땅을 밟으면서 "주여, 황무한 이 땅의 영혼들을 내게 주시옵소서!"라고 한 기도대로 대한민국

은 2천만 명의 예수의 제자들이 생겨났다 *(19.7%-최근 자료)*.

② 네 소유가 땅끝까지 이르리로다. 코로나가 끝나면 다시 외국으로 나갈 기회가 올 것이다. 우리가 해외 여행갈 때 그 나라에 가서 필요한 모든 것을 카드, 달러로 못 살 것이 없다. 심지어 땅도 구입할 수 있다. 우리나라 교회들이 해외에 수많은 교회를 개척했다. 한국교회 성도들이 낸 헌금으로 그 나라 땅을 구입해서 이제는 우리 소유가 된 것이다. 제주도의 50%의 땅을 중국 사람들이 사지 않았는가?

③ 하나님의 자녀들에게 이미 철장 권세를 주셨다는 것이다. '철장'*(쉐베트 바르젤)*은 쇠막대기로 왕권을 상징하는 홀을 의미하기도 하고, 전쟁 시 사용하는 철퇴이기도 하다. 우리가 예수 이름으로 기도하면 더러운 귀신이 떠나가고, 정신병이 떠나가고, 육체의 질병도 떠나간다. 각종 중독에 빠진 자들은 예수 이름으로 선포할 때 그 강력한 중독을 깨뜨려서 진리 안에서 자유인이 될 수 있다.

오늘의 말씀 묵상

"너는 내 아들이라 오늘 내가 너를 낳았도다 내게 구하라 내가 이방 나라를 네 유업으로 주리니 네 소유가 땅끝까지 이르리로다 네가 철장으로 그들을 깨뜨림이여 질그릇 같이 부수리라 하시도다"(시 2:7~9).

✳ ───────

이 땅의 왕과
재판관들은 들으라

청와대에서 가끔 조찬기도회 하는데 나를 부르지 않는다. 대통령 앞에서, 장관들 앞에서, 국회의원들 앞에서, 판사들 앞에서, 차기 대통령 후보자 앞에서 오늘의 본문을 가지고 설교하고 싶다.

"하나님을 경외하고, 백성들을 두려워하세요! 그리고 하나님의 말씀인 성경책을 매일 한 장씩 읽고 이엠을 하세요! 인생의 모든 교훈과 지혜가 성경책 한 권에 다 들어있기 때문입니다."

청문회를 통과하려면 다섯 가지가 깨끗해야 한다.

돈 문제(재산 형성과정이 깨끗한가?), 이성문제, 권력남용 문제, 언어문제(예전에 어디서 무슨 말을 했는지 요즘은 다 녹화되어서 증거자료로 나온다), 군대문제(적법한 절차로 군 면제 받았는지 검증).

그런데 이 다섯 가지를 조심하라고 성경에서 이미 말씀하고 있다.

"불의의 재물은 무익하여도 공의는 죽음에서 건지느니라"(잠 10:2).
"지혜가 또 너를 음녀에게서 말로 호리는 이방 계집에게서 구원하리니"(잠 2:16).

"의로운 사람이 권력을 잡으면 백성들이 즐거워하지만 악한 자가 권력을 잡으면 백성들이 탄식한다"(잠 29:2).

"말이 많으면 허물을 면하기 어려우나 그 입술을 제어하는 자는 지혜가 있느니라"(잠 10:19).

"병사로 복무하는 자는 자기 생활에 얽매이는 자가 하나도 없나니 경기하는 자가 법대로 경기하지 아니하면 승리자의 관을 얻지 못할 것이며"(딤후 2:4-5).

이렇게 하나님의 말씀을 듣고 지켜 행하면, 인생이 형통하게 된다. "여호와를 경외함으로 섬기고 떨며 즐거워할지어다 그의 아들(예수님)에게 입맞추라"(11-12절)라고 권면한다. 그렇다! 이 땅의 모든 왕과 권력자들이 하나님을 경외하고 백성들을 두려워한다면 정말 좋은 정치, 선한 정치, 살리는 정치, 존경받는 정치를 하게 될 것이다.

우리는 복음대로 살아가야 한다. 그럴 때 하나님의 복과 은혜를 천대까지 받을 수 있다. "여호와께 피하는 모든 사람은 다 복이 있도다." 아멘.

오늘의 말씀 묵상
"그런즉 군왕들아 너희는 지혜를 얻으며 세상의 재판관들아 너희는 교훈을 받을지어다 여호와를 경외함으로 섬기고 떨며 즐거워할지어다"(시 2:10~11).

✳ ──────

수많은 대적을 물리치고
복 주시는 하나님

우리가 인생 가운데 수많은 경쟁자(라이벌) 틈바구니에서 살아가다 보면 기가 죽고 두려움이 찾아올 때가 있다. 또한, 악한 원수 마귀도 호시탐탐 우리를 노린다. 하나님으로부터 떼어놓으려고 온갖 수단과 방법을 동원한다. 생각 속에 의심을 가져다주기도 하고, 순간순간 안 좋은 생각을 주입하기도 한다. 그러나 "천만인이 나를 에워싸 진 친다 하여도 나는 두려워하지 아니하리이다"라고 다윗은 담대히 고백하고 있다.

시편 3편은 아들 압살롬이 쿠데타를 일으켜 자신을 죽이려고 할 때, 그 비참한 심경을 기록한 시이다. 우리도 살아가다 보면 믿었던 사람이 갑자기 자신을 향해 공격할 수도 있고(*지금의 정치 상황을 보면 쉽게 이해가 된다*), 믿었던 친구가 자신을 배신하기도 하고, 주위 사람들이 모두가 자신을 오해하고 중상모략할 수도 있다. 그럴 때 우리가 이 본문을 읽으면 큰 위로가 될 것이다.

"여호와여 주는 나의 방패시오 나의 영광이시오 나의 머리를 드시는 자이시니이다"(*3절*). 우리 아빠 아버지는 나의 방패가 되어 주신다.

그래서 악한 원수 마귀의 불화살도 막아주시고, 세상에서 억울한 일을 당해도 내 편이 되어주시며 나를 변호해주신다. 보혜사 성령님이 나를 은혜 가운데 보호해주시고, 스승이 되어서 멘토해 주시며, 나의 개인 변호사가 되어 주신다. 얼마나 감사하고 마음 든든한가?

하나님을 끝까지 붙들고 의지하고 나갈 때 하나님은 우리의 모든 원수의 뺨을 치시며 악한 자의 이(뼈)를 꺾으시는 분이시다(7절). 결국, 하나님은 압살롬의 쿠데타를 평정하게 하시고, 광기 어린 사울의 칼춤에서 벗어나게 하신다.

다윗은 이스라엘의 2대 왕으로 40년 동안 태평성대, 부국강병을 이루고 아들 솔로몬에게 왕권을 순조롭게 이양하여 또한 40년을 솔로몬이 통치하게 한다. "오직 구원은 여호와께 있사오니 주의 복을 주의 백성에게 내리소서"(8절). 아멘.

오늘의 말씀 묵상
"구원은 여호와께 있사오니 주의 복을 주의 백성에게 내리소서"(시 3:8).

✳ ———

우리의 기도에
신실하게 응답하시는 하나님

오늘 본문 시편 4편을 '저녁 시'라 칭한다. 시편 3, 5편은 '아침 시'로 분류된다. "내가 자리에 누워... 내가 평안히 눕고 자기도 하리리"(4, 8절). 다윗은 저녁에 잠자리에 들면서 시편 4편을 통해 자신이 부르짖어 기도할 때 응답하시는 하나님을 소개하고 있다. 1절에 "내가 부를 때에 응답하소서 곤란 중에 나를 너그럽게"라고 고백하고 있다.

욥도 환난과 곤란 중에 이렇게 기도하고 있다.

"하나님은 곤고한 자를 그 곤고에서 구원하시며 학대 당할 즈음에 그의 귀를 여시나니 그러므로 하나님이 그대를 환난에서 이끌어 내사 좁지 않고 넉넉한 곳으로 옮기려 하셨은즉 무릇 그대의 상에는 기름진 것이 놓이니라"(욥 36:15-16).

그렇다. 하나님은 내게 은혜를 베푸사 눈물의 기도를 들어주신다. 심지어는 다윗처럼 살인죄와 간음죄를 범해 무기징역에 처해야 하는데도 하나님은 용서해주신다. "하나님이여 주의 인자를 따라 내게 은혜를 베푸시며 주의 많은 긍휼을 따라 내 죄악을 지워 주소서"(시 51:1).

하나님은 택하신 자들의 기도를 절대 외면하시지 않으신다. "그들은 제사로 나와 언약한 이들이니라 환난 날에 나를 부르라 내가 너를 건지리니 네가 나를 영화롭게 하리로다"*(시 50:5, 15)*. 이스라엘 백성들이 출애굽하기 전에 모세의 10가지 재앙을 똑똑히 목도하게 되었는데, 마지막 재앙이 애굽에 살아있는 모든 생명 중에 첫 번째 사람이나 짐승이나 죽게 되는데, 하나님이 택한 이스라엘 백성들에게*(문설주에 어린양의 피를 바른 자)* 죽음의 사자가 영향을 전혀 주지 못했다.

"이스라엘 자손에게는 사람에게나 짐승에게나 개 한 마리도 그 혀를 움직이지 아니하리니 여호와께서 애굽 사람과 이스라엘 사이를 구별하는 줄을 너희가 알리라"*(출 11:7)*.

이처럼 하나님이 택한 선민들은 특별관리에 들어가고, 그들이 부르짖어 기도할 때 반드시 응답하시는 것이다.

오늘의 말씀 묵상

"내 의의 하나님이여 내가 부를 때에 응답하소서 곤란 중에 나를 너그럽게 하셨사오니 내게 은혜를 베푸사 나의 기도를 들으소서"(시 4:1).

* ───────

나의 말에 귀를 기울이시는
하나님께 기도하자

　오늘 시편 5편은 다윗의 '아침 시'로서 관악(플롯)에 맞추어서 부른 찬양 시다. 다윗은 우리가 예배드릴 때, 기도할 때, 하나님께서 우리의 말에 친절하게 귀를 기울여 듣고 계신다고 한다. 마치 어린 자녀들이 엄마한테 가서 쫑알쫑알 이야기하면 엄마가 가만히 다 듣고 있는 것처럼 말이다. 학교에서 친구들과 사이좋게 지낸 이야기부터 못된 애들이 자기를 괴롭힌다는 이야기까지 미주알고주알 다 이야기한다. 다 듣고 나서 엄마는 "아이고 우리 강아지, 그랬구나! 많이 힘들었겠구나!"라고 하면서 꼭 껴안아 준다. 그때 아이의 서러움과 아픈 마음이 다 치유되고 회복되어 다시 밝은 얼굴로 "엄마, 뭐 먹을 것 없어?"라고 하면서 아무 일도 없었던 것처럼 방에서 거실로 뛰어다니며 천진난만하게 놀게 되는 것이다.

　우리도 똑같다. 우리가 새벽에 나가서, 하나님 앞에 나아가서 지난 하루동안 있었던 여러 가지 복잡다단한 마음을 하나님께 토로하는 것이다.

　그럴 때 하나님은 아무 소리 안 하시고 그냥 물끄러미 쳐다보시면서 다 듣고 계신다. 그리고 상한 내 마음을 헤아려 주시고, 성령님이 위로해 주신다. 찬양으로, 말씀으로, 개인기도로 하나님은 나를 깊이 만나주신다. "여호와여 나의 기도를 들으시며 나의 부르짖음에 귀를 기울이소서 내가 눈물 흘릴 때에 잠잠하지 마옵소서"*(시 39:12)*.

"내가 여호와를 기다리고 기다렸더니 귀를 기울이사 나의 부르짖음을 들으셨도다 나를 기가 막힐 웅덩이와 수렁에서 끌어올리시고 내 발을 반석 위에 두사 내 걸음을 견고하게 하셨도다"*(시 40:1~2)*.

그렇다. 우리가 인생을 살다 보면 눈물 흘릴 때가 있다. 억장이 무너지기도 하고, 가슴이 답답하고, 앞이 캄캄하고 암담한 상황을 직면할 때도 있다. 기가 막힌 상황이 벌어지기도 하고, 깊은 수렁에서, 늪에서 나오려고 하면 더 깊이 빠져들기도 한다. 그럴 때 하늘에서 내게 손을 내밀어 붙잡아주는 손이 있으니 바로 '전능자 엘샤다이' 하나님의 손인 것이다. 아멘.

오늘의 말씀 묵상
"여호와여 나의 말에 귀를 기울이사 나의 심정을 헤아려 주소서 나의 왕 나의 하나님이여 내가 부르짖는 소리를 들으소서 내가 주께 기도하나이다"(시 5:1~2).

✳ ────────

여호와께서
싫어하는 스타일 네 종류

어제 우리는 충격적인 뉴스를 접했다. 아이티 대통령의 사저에 괴한 6명이 침투하여 대통령에게 12발의 총을 난사해서 현장에서 목숨을 잃게 했다. UN과 전 세계 모든 정상이 경력하게 규탄하고 있다. 지금도 전 세계에서는 이처럼 피 흘리기를 즐기는 자들이 있는 것이다. 자신들의 목적달성을 위해서는 무슨 짓이든 다 자행하는 것이다.

오늘 본문에서 다윗은 여호와께서 기뻐하는 자도 있지만 싫어하는 네 종류의 사람들이 있다고 우리에게 알려주고 있다.

첫째는 죄악을 범하는 자들을 싫어하신다. 죄악의 원어가 '레샤'(죄를 범하다, 위반하다, 사악하게 행동하다-남성 단수 명사)이다. 하나님의 속성 중에 하나가 '거룩성'이다. 거룩하시고, 빛이신 하나님은 죄악과 어둠을 싫어하신다. 우리 마음에 죄악을 품으면 빨리 하나님 앞에서 회개하고 돌이켜야 한다. 말씀의 거울 앞에 나를 비추어서 조금이라도 죄악이 보이면 철저히 회개하고 삶을 결단해야 한다.

둘째는 오만(교만)한 자를 싫어하신다. 오만의 원어는 '홀 렐림'(찬양하다, 자랑하다, 칭찬하다)라는 뜻으로 자신을 스스로 최고라고 치켜세우고, 늘 자신을 드러내기를 좋아하는 것이다. 하나님께 영광을 돌리고 다른 사람에게 공을 돌리기보다, "내 생각에는, 내가 보기에는, 내 경험으로는"라고 하면서 편견이라는 감옥 속에 갇혀 산다.

셋째는 거짓말하는 자들을 싫어하신다. '도베레 카자브'(자기 이익을 위해 악의를 가지고 비방하거나, 거짓 증언함으로 무고한 자에게 해를 끼치는 사람)는 자신에게 정직하지 못하고 타인에게 정직하지 못하는 사람을 말한다. 일부 정치인들, 유명인 중에 보면 거짓말을 밥 먹는 듯이 하는 사람들이 있다. 이런 사람은 하나님이 싫어하는 스타일이다.

마지막으로 피 흘리기를 즐기는 자와 남을 속이는 자들을 싫어하신다. 최근에 보이스피싱이 다시 기승을 부리고 있다. "검사입니다. 전화 끊으면 수배됩니다"라고 하면서 전화를 쉽게 못 끊게 하고 금융정보를 빼내어 돈을 송금하라고 유인한다(작년 한 해 피해액 7천억 원).
"주여, 정직한 영을 주시옵소서! 하나님이 싫어하는 행동을 멈추게 하소서(STOP)!"

오늘의 말씀 묵상
"주는 죄악을 기뻐하는 신이 아니시니 악이 주와 함께 머물지 못하며 오만한 자들이 주의 목전에 서지 못하리이다..."(시 5:4~5).

* ────────

주여, 나를 고치소서

하나님은 지금도 고장 난 인생을 고쳐 쓰시는 분이시다. 얼마 전 여호수아홀 강단에서 사용하는 선풍기 프로펠러에서 "따다닥" 소리가 나서 목양실로 가져와서 선풍기를 분해해서 닦고 다시 꽉 조여서 조립하여 작동해보았더니 소리가 더는 나지 않았다. 하나님도 우리의 고장 난 인생을 보시고 그냥 갖다버리지 않고 고치고 수리해서 다시 사용하신다.

40세 혈기왕성한 모세가 이집트 파라오의 왕자일 때 의분을 참지 못하고 애굽 병사를 주먹으로 쳤는데 그만 죽고 말았다. 모세는 순간 두려워서 시체를 모래 속에 파묻었다. 나중에 들통이 나서 미디안으로 도망가게 되고 거기서 미디안의 제사장 이드로를 만나 그의 딸과 결혼도 하고 40년 동안 처가살이를 하게 된다. 철저히 낮아지고 겸손해지고 혈기를 죽이는 시간이 지난 후 모세가 80세가 될 때 호렙산 떨기나무에서 모세를 다시 부르셔서 민족의 위대한 지도자로 사용하셨다. 이처럼 하나님은 부족하고 모자란 성품을 다듬고 고쳐서 마침내 위대하게 사용하신 것을 보게 된다.

오늘 본문은 다윗이 여호와께서 자신의 죄악에 대해서 분노로 책망하고, 진노로 징계하지 말아 달라고 간구하는 내용이다. 그리고 은혜를 베푸사 나를 고쳐 사용해달라고 요청한다. 예레미야 선지자도 같은 간구를 하였다. "여호와여 주는 나의 찬송이시오니 나를 고치소서 그리하시면 내가 낫겠나이다 나를 구원하소서 그리하시면 내가 구원을 얻으리이다"(렘 17:14). "여호와 내 하나님이여 내가 주께 부르짖으매 나를 고치셨나이다"(시 30:2). "여호와께서 그를 병상에서 붙드시고 그가 누워 있을 때마다 그의 병을 고쳐 주시나이다, 내가 말하기를 여호와여 내게 은혜를 베푸소서 내가 주께 범죄하였사오니 나를 고치소서 하였나이다"(시 41:4).

하나님은 지금도 병상에 있는 성도들을 고치시고 낫게 하실 수 있다. "내 이름을 경외하는 너희에게는 공의로운 해가 떠올라서 치료하는 광선을 비추리니 너희가 나가서 외양간에서 나온 송아지 같이 뛰리라"(말 4:2). "이르시되 너희가 너희 하나님 나 여호와의 말을 들어 순종하고 내가 보기에 의를 행하며 내 계명에 귀를 기울이며 내 모든 규례를 지키면 내가 애굽 사람에게 내린 모든 질병 중 하나도 너희에게 내리지 아니하리니 나는 너희를 치료하는 여호와임이라"(출 15:26).

오늘의 말씀 묵상

"여호와여 내가 수척하였사오니 내게 은혜를 베푸소서 여호와여 나의 뼈가 떨리오니 나를 고치소서"(시 6:2).

주여, 나를 구원하소서

시편 8편은 창조시로서 깃딧에 맞춘 노래이다*(81, 84편-총 3편)*. '깃
딧'은 '키타라'*(그리스)*-'기타라'*(스페인)*-'기타'*(영어)*로 발전되었다. 본문
4~5절을 통해서 우리는 어떤 존재인지를 다시 한번 깨닫고 살아가
야 할 것이다. '사람*(○○○)*이 무엇이기에' 하면서 자기 이름을 한번
대입해서 읽어보라! 색다른 느낌이 들 것이다. "성호가 무엇이기에
주께서 성호를 생각하시며 성호가 무엇이기에 주께서 성호를 돌보
시나이까? 성호를 하나님보다 조금 못하게 하시고 영화과 존귀로 관
을 씌우셨나이다." 아멘.

그렇다. 하나님은 온 우주 만물을 말씀 한마디로, 그의 손가락으로
만드셨다. "주의 손가락으로 만드신 주의 하늘과 주께서 베풀어 두
신 달과 별들을 내가 보오니"*(3절)*. 온 우주에 떠 있는 별들의 숫자는
무려 10의 22승 개이다. 0이 22개가 붙는다. 즉 백해를 말하는 것이
다*(억-조-경-해)*. 우주는 1천억 개의 은하로 구성되어 있다. 1개의 은하에
는 1조 개의 별들로 구성되어 있다. 이처럼 광대한 우주를 나의 아버
지가 직접 손으로 만드신 것이다.

　나는 예수님의 십자가의 은혜로 그분의 자녀가 된 것이다. 나는 한 없이 부족하고 연약한 질그릇 같지만 하나님께서는 나를 사랑하사 천사들이 나를 수종들게 만드셨다는 이야기이다. 나는 보통존재가 아닌 것이다. 온 우주 만물을 다스리고 통치하고 정복하라고 만드신 것이다. 하나님은 사람에게 어마어마한 창의력과 능력을 주셨다. 그것을 평생 다 써보지도 못하고 하나님 앞에 가는 것이다. 천재는 5% 정도 사용하고 보통사람은 1~3% 정도 사용할 뿐이다. 하나님이 주신 능력과 재능을 사용하는 것은 빙산의 일각인 셈이다. 나에게 95%의 잠재력이 숨어 있다는 것이다. 그것을 끄집어내야 한다.

　독일의 실존주의 철학자 니체는 이것을 '위버멘슈(독일어: Übermensch)'라고 했다. 한국어로는 '초인'으로 번역될 수 있다. 신은 인간에게 무한한 가능성을 주었기에 어떤 환경도 초월할 수 있는 능력이 있다는 것이다. 지금 코로나 상황에서도 우리는 이미 잘 적응하고 있지 않은가? 우리 속에 숨어 있는 무한한 가능성을 개발하고 노력한다면 위대한 인물로 재탄생될 수 있다. 오늘 하루 우리 모두 파이팅으로 시작해보면 어떨까!

오늘의 말씀 묵상

"여호와 내 하나님이여 내가 주께 피하오니 나를 쫓아오는 모든 자들에게서 나를 구원하여 내소서"(시 7:1).

* ────────

최고의 피서(避暑)는
주님께 피하는 것

요즘 찜통더위가 연일 계속되고 있다. 사람들이 하나둘씩 피서를 떠나는 바캉스(vacance) 계절을 맞이했다. 강으로, 산으로, 계곡으로, 바닷가로 더위를 피해서 피서를 간다. 지혜로운 우리 교회 성도들은 매일 새벽마다 비전센터 4층으로 피서를 온다. 시원한 에어컨 바람과 시원한 은혜의 말씀으로 하루를 시작하면 얼마나 기분이 상쾌하고 좋은지 모른다. 그렇다! 우리 예수 믿는 사람들은 주께 피하고, 주를 의지해야 진정 복된 삶이 되는 것이다.

이스라엘의 두 가지 죄악을 예레미야 선지자는 외친다. "내 백성이 두 가지 악을 행하였나니 곧 그들이 생수의 근원 되는 나를 버린 것과 스스로 웅덩이를 판 것인데 그것은 그 물을 가두지 못할 터진 웅덩이들이니라"(렘 2:13). 살인죄만 죄가 아니라, 생수의 근원 되신 하나님을 믿지 않는 불신 죄가 가장 큰 죄악이다.

하나님을 떠난 인생은 아무리 물질을 의지하고 모아 보려고 해도 한순간에 하나님이 불어버리시면 다 날아가 버린다. 암호화폐 비트코인을 1조 원을 보유한 폴란드 출신 미르체아 포페스쿠(41)가 해변에서 최근 익사체로 발견되었다. 비밀번호를 혼자만 알고 있어서 결국 1조 원이 증발해 버렸다.

칼빈은 사람들 마음속에 각자 우상 공장이 하나씩 있다고 말한 바 있다. 물질자랑, 자식자랑, 학벌자랑, 권력자랑, 건강자랑, 가정배경 자랑, 업적자랑, 미모자랑, 등등. 우리도 하나님보다 더 의지하고 사랑하고 있는 것들이 한두 가지는 있지 않은가? 우리는 다윗처럼 오직 주님만 의지하고 주님을 찾고, 주님께 피하는 자들이 되어야 할 것이다. 그럴 때 하나님이 이러한 복을 약속해 주셨다.

"내가 오늘 너희에게 명하는 내 명령을 너희가 만일 청종하고 너희의 하나님 여호와를 사랑하여 마음을 다하고 뜻을 다하여 섬기면 여호와께서 너희의 땅에 이른 비, 늦은 비를 적당한 때에 내리시리니 너희가 곡식과 포도주와 기름을 얻을 것이요 또 가축을 위하여 들에 풀이 나게 하시리니 네가 먹고 배부를 것이라"*(신 11:13~15)*.

"주여, 오늘 하루도 주님만 의지합니다. 주님을 찾고, 주님께만 피하겠나이다."

오늘의 말씀 묵상
"여호와여 주의 이름을 아는 자는 주를 의지하오리니 이는 주를 찾는 자들을 버리지 아니하심이니이다"(시 9:10).

✳ ──────

불공정한 세상에서도
아직 소망은 있다

　세상은 공정한 세상을 말하지만, 현실은 그렇지 않기에 우리는 공의로우신 하나님이 절대적으로 필요하다. 이 땅에서 공정한 사회를 만들겠다고 하는 사람들, 정의로운 세상을 만들겠다는 사람들에게 묻고 싶다. 당신들은 그렇다면 공정한가? 정의롭게 살고 있는가?

　공정을 외치는 사람들 재산을 조사해보면 수십억, 수백억 원을 가지고 있다. 일반 직장 다니는 사람이 100만 원씩 매달 저축해도 40년을 저축해야 겨우 5억 원짜리 아파트 하나 구입할 수 있다. 그런데 어떻게 수십억, 수백억 원의 재산을 형성했을까? 과연 그 재산형성에 공정과 정의가 있었을까? 삼척동자에게 물어봐도 뻔한 대답이 나올 것이다.

　오늘 본문은 공정하지 않은 세상과 악인에 대해 탄원시로 구성되어 있다. "악한 자가 교만하여 가련한 자를 심히 압박하오니 그들이 자기가 베푼 꾀에 빠지게 하소서"(2절). "악인은 그 마음의 욕심을 자랑하며 탐욕을 부리고 여호와를 배반하며 멸시하고 그의 모든 사상에 하나님이 없나이다"(3~4절).

중국, 러시아, 북한의 공통점이 무엇이라고 생각하는가? 저들은 하나님이 없다고 믿는 무신론자들이요, 공산주의자들이요, 개인의 인권은 없고, 자신의 숙적(宿敵)을 냉정하게 죽이고, 숙청해버린다. 이번 여름 8월에 '암살자들'이라는 영화가 개봉된다. 김정은의 이복형 김정남이 2017. 2. 13. 말레이시아 쿠알라룸푸르 국제공항에서 두 여성에 의해 피살당한 사건을 재구성한 것이다. 4년이 지난 사건이 다시 온 세상에 실체가 드러나게 될 것이다.

그렇다. 불공정한 세상에서도 소망이 있는 것은 공의로우신 하나님께 탄원서를 올려볼 수 있기 때문이다. "주께서는 다 보셨나이다 주는 재앙과 원한을 감찰하시고 주의 손으로 갚으려 하시오니 외로운 자가 주를 의지하나이다 주는 벌써부터 고아를 도우시는 이시니이다 악인의 팔을 꺾으소서"*(14절)*. 하나님은 약한 자와 압제당하는 자를 위하여 심판의 칼을 가시는 분이시다.

"주여, 이 땅을 온전히 다스리시고 통치하여 주옵소서! 왕으로 오시옵소서! 아멘."

오늘의 말씀 묵상
"주께서는 보셨나이다 주는 재앙과 원한을 감찰하시고 주의 손으로 갚으려 하시오니 외로운 자가 주를 의지하나이다 주는 벌써부터 고아를 도우시는 이시니이다"
(시 10:14).

✳ ──────

여호와여
열방을 치유하소서

시편 12편은 다윗의 시로서 지휘자를 따라 8현금으로 맞추어 부른 노래이다. 가야금은 12줄, 거문고는 6줄인데 다윗이 연주한 현악기는 8줄인 것이다. 다윗의 외마디 외침이 바로 1절, "여호와여 도우소서"(Help, LORD)이다. 지금도 미얀마에서는 군부 쿠데타로 무죄한 시민들이 총, 칼에 죽어가고 있다. "경건한 자가 끊어지며 충실한 자들이 인생 중에 없어지나이다."

제 후배 선교사가 사역하는 멕시코에서 마약 장사로 천문학적인 돈을 버는 어둠의 자식들은 자기들의 사업에 방해가 된다면 지위 고하를 막론하고 제거해 버린다. 시장이 취임한 다음날 카르텔의 두목이 갱단을 동원하여 총기로 난사한 적도 있다. 악인들은 거짓(샤웨)을 말하고, 아첨(할라코트)하며, 두 마음으로 말을 하는(레브 왈레브) 것이 특징이다. 다윗은 심판자 하나님께서 서둘러서 물리쳐 달라고 탄원하고 있다. "여호와께서 모든 아첨하는 입술과 자랑하는 혀를 끊으시리이다"(3절).

불의한 자가 지금은 이기는 것 같지만 결국은 하나님께서 심판하사 공의로 판단하신다. "여호와의 말씀에 가련한 자들의 놀림과 궁핍한 자들의 탄식으로 말미암아 내가 이제 일어나 그를 그가 원하는 안전한 지대에 두리라"*(5절)*. 일본이 지금 하계 올림픽을 국제사회의 핀잔을 들어가면서 억지로 개최하고 있다. 물질적인 손실이 18조 원이라는 어마어마한 피해를 보기 때문이다. 해도, 안 해도 피해는 고스란히 일본으로 돌아간다고 한다. 일본이 그동안 약소국가를 얼마나 잔인하게 핍박하고, 수많은 전쟁을 일으키지 않았는가? 그동안 하나님이 꾹 참고 계시다가 도저히 참다 참다 못하셔서 보좌에서 벌떡 일어나신 것이다. "내가 이제 일어나"*(5절 중)*.

그렇다. 하나님의 백성들은 일단 안전한 곳으로 대피시켜놓고 악인들을 모아놓고 하늘에서 유황불을 내려 심판하신다는 것이 요한계시록의 사상이다.

"주여, 일본의 0.4% 기독교인들을 기억하사 지금이라도 저들이 주께 회개하고 돌아오게 하소서!"

오늘의 말씀 묵상

"여호와여 도우소서 경건한 자가 끊어지며 충실한 자들이 인생 중에 없어지나이다"
(시 12:1).

autumn

가을

✳ ─────

우리를 억수로 사랑하시는
하나님

시편 13편 1~2절에서 무려 네 번이나 반복되는 어구가 있다. 무엇일까? 그것은 바로 '어느 때까지'(How long O Lord)라는 구절이다. 우리나라는 일제로부터 36년이라는 세월 동안 식민지 통치를 받았고, 이스라엘은 무려 430년 동안 종살이를 한 민족이다. 저 북한 동포 중 기독교인들은 무려 70년 넘게 숨어서 예배를 몰래 드리고 있다.

또한, 전 세계가 지금 코로나 변이까지 겹쳐져서 1년 8개월 동안 고통스러운 시간을 보내고 있다. 도대체 언제쯤 마스크를 벗을 수 있을까? 도대체 언제쯤 자유롭게 사람을 만나고, 해외여행도 다닐 수 있을까?

오늘 시인 다윗은 "나를 영원히 잊으시나이까? 어느 때까지 숨기시겠나이까? 나의 영혼이 번민하고 종일토록 마음에 근심하나이다"라고 하면서 절규하고 있다. 그러면서 "여호와 내 하나님이여 나를 생각하사 응답하소서"라고 간청하고 있는 것이다.

그러면서 소망의 고백을 한다. "나는 오직 주의 사랑을 의지하였사오니 나의 마음은 주의 구원을 기뻐하리이다 내가 여호와를 찬송하리니 이는 주께서 내게 은덕을 베푸시이로다"*(5-6절)*. 그렇다. 하나님은 자신을 끝까지 의지하고 사랑하는 자들을 결코 잊으신 적이 없다. 항상 우리를 구원해주시고, 은혜를 베푸시고 시온의 대로로 인도해주시는 사랑의 하나님이시다.

우리를 끔찍이도 사랑하신다. 우리를 억수로 사랑하신다. 그래서 바울은 로마서 8장에서 이렇게 고백하고 있지 않은가?

"누가 우리를 그리스도의 사랑에서 끊으리요 환난이나 곤고나 박해나 기근이나 적신이나 위험이나 칼이랴 기록된 바 우리가 종일 주를 위하여 죽임을 당하게 되며 도살 당할 양 같이 여김을 받았나이다 함과 같으니라 그러나 이 모든 일에 우리를 사랑하시는 이로 말미암아 우리가 넉넉히 이기느니라 내가 확신하노니 사망이나 생명이나 천사들이나 권세자들이나 현재 일이나 장래 일이나 능력이나 높음이나 깊음이나 다른 어떤 피조물이라도 우리를 우리 주 그리스도 예수 안에 있는 하나님의 사랑에서 끊을 수 없으리라"*(35-39절)*. 아멘.

오늘의 말씀 묵상
"나는 오직 주의 사랑을 의지하였사오니 나의 마음은 주의 구원을 기뻐하리이다 내가 여호와를 찬송하리니 이는 주께서 내게 은덕을 베푸심이로다"(시 13:5~6).

✳ ────────

나의 변호사,
나의 재판장이시여!

오늘의 시는 다윗의 기도 시다. 다윗의 기도 시는 시편 150편 중에서 3편 밖에 없다. 86, 142편이다. 다윗이 사울의 공격을 피해 마온 황무지에서 하나님께 드리는 간절한 기도이다. '의의 호소', '나의 울부짖음', '나의 기도에 귀를 기울이소서.' 결국 강자(사울 왕)의 공격을 연약한 다윗이 기도로 물리치는 것을 보게 된다. 우리의 기도는 하나님이 직접 심판자로 나서게 만드는 아주 효율적이고 확실한 방법이 되는 것이다.

조선 시대 1401년 태종 때 신문고 제도를 두었다. 왕이 거하는 궁궐 가까운 곳에 북을 설치하여 일반 백성들이 누구든지 억울한 일을 당했을 때 북을 두드려 상급기관에 바로 호소하는 제도이다. 사헌부가 나서서 직접 해결해 주었다.

요즘 우리나라에도 청와대 국민청원 게시판에 대한민국 국민이면 누구든지 자신의 억울함을 직접 글을 쓸 수 있게 해놓았다. 어느 정도 청원 숫자가 되면 반드시 청와대가 답장을 주어야 한다.

지금 우리나라에서도 힘이 없고 돈이 없는 일반 서민들이 법의 도움을 받으려면 국선변호사를 선임하면 된다. 그런데 무료로 변호를 받다 보니 성의가 없고, 큰 도움이 안 된다는 말이 있다. 그럴 때 우리는 우리의 변호사가 되어 주시고 재판장이 되어 주시는 하나님께 호소해 보면 어떨까? 그분에게 울부짖으면 어떨까? 그분에게 나의 답답한 심정을 토로해보면 어떨까? 결과는 놀랍게도 가장 선한 방법으로, 가장 완벽한 방법으로, 해결해 주신다는 것이다.

누가복음 18장에 보면 가난하고 힘이 없는 한 과부가 불의한 재판장에게 자주 찾아가고, 번거롭게 하고, 밤낮 귀찮게 하니 결국은 두 손 두발 다 들고 그 여인의 원한을 풀어주게 된다. 그러면서 "하나님께서 택하신 자녀들이 밤낮 부르짖으면 어찌 오래 참겠느냐? 속히 그 원한을 풀어주시리라"라고 말씀하신다. 그러므로 항상(판토테-꾸준히, 지속 반복) 기도(프로슈케스다이)하고 낙심(엥카케인-상심, 절망, 낙담, 낙망)하지 말아야 할 것이다.

오늘의 말씀 묵상
"여호와여 의의 호소를 들으소서 나의 울부짖음에 주의하소서 거짓 되지 아니한 입술에서 나오는 나의 기도에 귀를 기울이소서"(시 17:1).

✳ ————————

나의 힘이신 여호와여
내가 주를 사랑합니다

하나님 말씀에는 힘(뒤나메오스, 다이너마이트)이 있고 능력(이스퀴스, *strong*)
이 있다. 어느 날 갑자기 하나님의 말씀이 믿어지면 우리의 230억 개
뇌세포가 순식간에 지배를 당하면서 나의 운명이 바뀌는 것이다. 이
아침에 그런 은혜가 임하기를 축복해본다.

본문의 배경은 시편 18편의 표제에 기록되어 있다. "여호와의 종
다윗의 시, 인도자를 따라 부르는 노래, 여호와께서 다윗을 그 모든
원수의 손에서와 사울의 손에서 건져주신 날에, 다윗이 이 노래의 말
로 여호와께 아뢰어 이르되"라고 기록되었다. 오늘 시편은 다윗의 말
기 이야기가 기록되어 있는 사무엘하 22장의 내용과 거의 99% 동
일한 내용이다.

다윗은 하나님 사랑하는 마음으로 오늘 이렇게 고백하고 있다. "나
의 힘이신 여호와여 내가 주님을 사랑합니다." 우리도 이렇게 한번
따라 고백해보면 어떨까? "나의 힘이신 여호와여 내가 주님을 사랑
합니다. 아멘!" 진정성을 담아 오늘 이 아침에 고백했으면 한다. "나의
반석이신 여호와여 내가 주님을 사랑합니다."

"나의 요새이신 여호와여 내가 주님을 사랑합니다."

"나를 건지시는 여호와여 내가 주님을 사랑합니다."

"나의 하나님 나의 주여 내가 주님을 사랑합니다."

"나의 피할 바위이신 여호와여 내가 주님을 사랑합니다."

"나의 방패이신 여호와여 내가 주님을 사랑합니다."

"나의 구원의 뿔이신 여호와여 내가 주님을 사랑합니다."

"나의 산성이신 여호와여 내가 주님을 사랑합니다. 아멘."

이렇게 주님을 사랑하고 앙망하는 자에게 주시는 축복이 있다. "오직 여호와를 앙망하는 자는 새 힘을 얻으리니 독수리가 날개치며 올라감 같을 것이요 달음박질하여도 곤비하지 아니하겠고 걸어가도 피곤하지 아니하리로다"*(사 40:31)*. 아멘.

오늘 하루도 이런 폭포수 같은 은혜가 임하기를 축복합니다!

오늘의 말씀 묵상

"나의 힘이신 여호와여 내가 주를 사랑하나이다 여호와는 나의 반석이시요 나의 요새시요 나를 건지시는 이시요 나의 하나님이시요 내가 그 안에 피할 나의 바위시요 나의 방패시요 나의 구원의 뿔이시요 나의 산성이시로다"(시 18:1~2).

✳ ──────────

주를 의지하라!
높아지리라!

올림픽 경기중에 '장대높이뛰기'라는 종목이 있다. 대나무로 만든 장대를 의지하여 높이 뛰면 장대의 탄성으로 새처럼 하늘 위로 사뿐히 날 수 있다. 미녀 새로 유명한 '이신바 예바*(러시아)*'를 기억할 것이다. 현재는 6.17m가 세계신기록이다. 장대를 의지하지 않고 그냥 높이 뛰었을 때 과연 얼마나 하늘 위로 날 수 있을까? 겨우 1m 정도일 것이다. 그러나 장대를 이용하면 6배를 더 높이 뛸 수가 있다는 말이다. 우리가 왜 주님을 의지해야 하는지 이해가 될 것이다.

다윗은 10여 년 동안 끊임없이 자기의 생명을 위협하는 사울 왕이라는 담을 어떻게 뛰어넘어 왕이 될 수 있었을까? 바로 29절에 답이 나와 있다. "내가 주를 의뢰하고 적군을 향해 달리며 내 하나님을 의지하고 담*(각종 장애, 아킬레스건)*을 뛰어넘나이다." 아멘.

그러면서 33절에 이렇게 고백하고 있다. "나의 발을 암사슴 발 같게 하시며 나를 나의 높은 곳에 세우시며." 사슴의 특성상 뒷다리는 길고, 앞다리는 짧다. 그래서 사슴은 뛸 때 항상 높은 곳을 향해 뛰게 된다. 내리막으로 뛰게 되면 자주 넘어진다.

다윗은 "나를 높은 곳에 세우시며"라고 고백하면서 드디어 하나님이 사울 왕을 폐하시고 자신을 왕으로 세우심을 찬양하고 있는 것이다. 하나님은 교만한 하만을 폐하시고 하나님을 끝까지 의지하고 3일 동안 "죽으면 죽으리라"라고 하면서 금식기도한 에스더와 모르드개를 높이시지 않는가? 하나님은 야곱의 열두 아들 중 열한 번째로 태어나 거의 존재감 없이 자랐지만 어릴 때부터 하나님이 주신 꿈을 의지하고 소망하며 모진 고통을 겪은 요셉을 나중에 애굽의 국무총리로 높이시지 않는가? 평범한 아브라함을 불러내서 열국의 아비로 세우시고, 위대한 열방의 축복의 통로로 사용하시지 않았는가?

삼면이 바다고, 지하자원이 부족하고 주위에 강대국 틈에 끼어있는 대한민국을 거룩한 제사장 국가로 삼으사 세계에서 7번째로 잘사는 나라로 만드시고, 지금 일본 도쿄에서 금메달 사냥으로 애국가가 계속 울려 퍼지고 있지 않은가? 하나님을 의지하고 새벽마다 나라와 민족을 위해 기도한 우리 때문에 말이다.

오늘의 말씀 묵상

"내가 주를 의뢰하고 적군을 향해 달리며 내 하나님을 의지하고 담을 뛰어넘나이다 나의 발을 암사슴 발 같게 하시며 나를 나의 높은 곳에 세우시며"(시 18:29, 33).

✳ ──────

여호와의 율법(토라)이 주는
유익한 점 일곱 가지

오늘 시인은 여호와의 율법이 주는 유익한 점 일곱 가지를 설명하고 있다. 먼저 '율법'을 히브리어로 '토라'라고 하는데, '화살을 쏘다, 겨누다, 가리키다, 가르친다'의 동사형 '야라'에서 파생된 명사이다. 그 반대말이 '죄'라는 의미를 가진 '하마르티아'인데 '과녁에서 화살이 빗나가다(to miss the mark)'라는 뜻이 있다. 하나님의 율법(토라)을 안 지키고 자기 멋대로 빗나간 삶을 살아가는 것이 바로 죄라는 것이다. 하나님의 말씀인 율법은 '침체된 내 영혼을 소생'시키는 능력이 있다. 그리고 여호와의 율법은 '우둔한 자를 지혜롭게' 하는 능력이 있다. '우둔한 자(파타)'는 남을 잘 분별하지 못하고 잘 듣는(귀가 얇은), 속임을 잘 당하는, 단순하고 어리석은 사람을 말한다.

그다음으로 "마음을 기쁘게 한다"라고 했다. 마음이 우울한가? 말씀을 가까이하면 기쁨이 샘솟듯 생겨나는 것이다. 또한, "어두운 눈을 밝혀준다"라는 것이다. 하나님의 계시를 잘 이해하고, 선과 악을 잘 분별한다는 뜻이다.

아울러 하나님의 말씀은 꿀과 송이 꿀보다 더 달다고 한다. 요즘 젊은이들은 단짜를 좋아한다. 달고 짠 음식 말이다. 혀를 강하게 자극하기 때문이다. 세상의 그 어떤 음식도 말씀만큼 맛있는 요리는 없다. 그리고 말씀을 지키고 실천하면 상급(에케브)이 반드시 주어진다는 것이다. 나중 우리가 심판대 앞에 서게 될 때 양은 우편으로, 영원한 천국으로, 염소는 좌편으로, 영원한 지옥으로 간다고 했다. 이 땅에서 말씀을 철저히 지키려고 애쓰고 실천한 사람들은 반드시 하나님이 이 땅과 내세에 복을 주신다고 약속하셨다.

양궁선수가 금메달 1개만 따도, 평생 연금 100만원 씩 나오고, 협회에서 수십억의 보상금을 받고, 나중에는 각종 TV에 출연하여 인기를 누리고 CF 광고도 찍게 되어 부와 명예를 누리게 된다. 유한중학교 선배가 대학 시절 학비 벌려고 호떡장사를 같이 했다. 나중에 예수를 믿은 그 선배는 얼마나 성경책을 사랑하는지, 상상을 초월했다. 결혼할 때 신부가 제주도에 큰 감귤농장 딸이어서 가난 끝 행복 시작이었다. 말씀은 이처럼 유익하고 능력이 있는 것이다.

오늘의 말씀 묵상

"여호와의 율법은 완전하여 영혼을 소성시키며 여호와의 증거는 확실하여 우둔한 자를 지혜롭게 하며 여호와의 교훈은 정직하여 마음을 기쁘게 하고 여호와의 계명은 순결하여 눈을 밝게 하시도다"(시 19:7~8).

✳ ────────

환난 날에 응답하시는
하나님

시편 20편은 제왕시로서, 전쟁에 출전하는 다윗 왕에게 승리를 기원하며 부른 노래이다. 국가적 축제나 절기 때 부른 기도형식의 노래시인 것이다. 1절에 "환난 날에 여호와께서 네게 응답하실 것"을 노래하고 있다. 창세기 35장을 보면 야곱도 집안사람과 자기와 함께한 모든 자에게 "우리가 일어나 벧엘로 올라가자 내 환난 날에 내게 응답하시며 내가 가는 길에서 나와 하께 하신 하나님께 내가 거기서 제단을 쌓으려 하노라"라고 하며 환난 날에 응답하시는 하나님을 찬양하고 있다.

이때 야곱은 최악의 상황 속에 있었다. 하나밖에 없는 무남독녀 딸 '디나'가 그만 세겜의 추장에게 성폭행을 당하고 만 것이다. 그때 시므온과 레위 오라버니가 사적 복수를 결심하고, 결혼을 허락할 테니 할례를 행하라고 하고 삼일 뒤에 급습하여 세겜 성의 모든 남성을 죽였다. 한편 가나안 족속과 브리스 족속이 이 사실을 알고 부족 간에 대전쟁이 터지기 일보 직전이었다. 철없는 아들 2명이 뇌간을 잘 못 건드린 것이다.

그때 야곱은 "내 환난 날에 내게 응답하시는 하나님께 제단을 쌓으려 한다"라고 고백하는 것을 본다. 우리는 지금 코로나라는 전대미문의 전염병 앞에 한없이 무기력한 한 인간의 모습을 보고 있다. 이럴수록 우리는 야곱처럼 환난 날에 응답하시는 하나님께 나아가서 '구하고, 두드리고, 찾고, 기도해야 할 것'이다 *(이하 구.두.찾.기)*. 그때 신실하신 하나님은 응답하시고, 도와주시고, 우리의 모든 소제를 기억해주시고, 우리가 드리는 번제를 받아 주신다 *(1~3절)*. 또 우리의 여러 가지 소원을 허락해주신다고 말씀하신다.

아울러 우리의 모든 계획을 이루어 *(성취)* 주시기를 기뻐하시는 하나님이라고 오늘의 시인은 고백하고 있다. 그래서 우리가 마침내 승리하고 개가를 부르며 승리의 깃발을 휘날리는 때가 반드시 올 것이다 *(5절)*. "No Possibility? No Problem in God" *(모두가 가능성이 없다고요? 하나님 안에서는 문제 될 것이 없어요)*. 아멘.

오늘의 말씀 묵상

"환난 날에 여호와께서 네게 응답하시고 야곱의 하나님의 이름이 너를 높이 드시며 성소에서 너를 도와주시고 시온에서 너를 붙드시며"(시 20:1~2).

＊ ────

주의 힘으로 말미암아
일어서리라

　어제는 시편 20편으로 전쟁에 나가는 다윗 왕을 위해 승리를 기원하는 노래를 불렀고, 오늘 시편 21편은 다윗 왕이 전쟁에서 승리한 이후에 이를 축하하기 위해 부른 노래이다.

　첫 번째, '주의 힘으로(in your strength)' 말미암아 승리했음을 찬양하고 있다.

　"여호와는 너를 지키시는 이시라 여호와께서 네 오른쪽에서 네 그늘이 되시나니 낮의 해가 너를 상하게 하지 아니하며 밤의 달도 너를 해치지 아니하리로다 여호와께서 너를 지켜 모든 환난(코로나 변이, 각종 질병, 우환, 경제적 곤란, 자녀문제 등등)을 면하게 하시며 또 네 영혼을 지키시리로다 여호와께서 너의 출입을 지금부터 영원까지 지키시리로다"(시 121:5~8).

　두 번째, 주의 구원으로 말미암아 승리했음을 찬양하고 있다. 출애굽기 15장에서 홍해를 기적같이 건넌 후에 모세가 이렇게 구원의 하나님을 찬양하고 있다. "여호와는 나의 힘이요 노래시며 나의 구원이시로다 그는 나의 하나님이시니 내가 그를 찬송할 것이요 내 아버지의 하나님이시니 내가 그를 높이리로다 여호와는 용사시니 그가 바로의 병거와 그의 군대를 바다에 던지시니 최고의 지휘관들이 홍해에 잠겼느니라"(2~4절).

그러면서 하나님은 "나의 마음의 소원을 들어주셨으며 나의 입술의 요구를 거절하지 아니하셨다"(2절)라고 고백하고 있다. 아울러 "주의 아름다운 복으로 나를 영접하시고 순금으로 된 면류관을 내 머리에 씌우셨다"(3절)라고 찬양하고 있다.

마지막으로 "생명을 구하매 주께서 장수의 복을 주셨다"(4절)라고 고백하고 있다. 시편 91편을 보면 "그가 나를 사랑하사 나를 건지시고 나를 높이시고 나에게 응답해주시고 환난 당할 때 나를 건져주시고 영화롭게 하시고 장수하게 하셨다"(14~16절)라고 찬양하고 있다. 오늘 하루도 이런 하나님을 만나서 기쁘고 즐거운 한날 되시기를...

오늘의 말씀 묵상
"여호와여 왕이 주의 힘으로 말미암아 기뻐하며 주의 구원으로 말미암아 크게 즐거워하리이다"(시 21:1).

✳ ━━━━━

여호와를 의지하는 자에게 주시는
다섯 가지 복

오늘 시편은 다윗 왕이 전쟁에 나가서 군사력과 마병과 칼과 창을 의지하지 않고, 오직 만군의 여호와 하나님 한 분만 의지함으로 승리했음을 증언하고 있다. 하나님은 다윗 왕에게 다섯 가지 복을 주심을 발견할 수 있다. 하나, "영광을 크게 하셨다"*(5절 상)*는 것이다. 전쟁에 나가 승리하고 돌아오면 모든 백성이 나와서 꽃을 던지며 환호를 보낸다. 그리고 향을 피운다*(피 냄새를 희석하기 위함)*. 이번 도쿄 올림픽에서도 금메달을 획득하면 일본 시상식장에서 대한민국 애국가가 울려 퍼지는 감격스러운 영광을 보게 된다.

양궁선수 금메달 3관왕 '안산'이 귀국 후 자신이 다닌 고등학교를 방문했다. 그 학교로 볼 때 얼마나 영광스러울까? 또한, 안 씨 가문의 영광이 되었다. '안산' 선수가 감독과 코치를 믿고 의지하고 따랐기 때문에 가능한 일이었다. 우리의 영적 감독자 되신 주님을 끝까지 의지해야 할 이유가 여기에 있는 것이다.

둘, "존귀와 위엄을 입게 하신다"*(5절 하)*는 것이다. 장수가 전쟁에서 승리하고 돌아오면 얼마나 그의 입지가 높아지겠는가? 존귀한 자리에 앉게 되고, 국가에서 영웅 대접을 받게 된다. 이번 도쿄 올림픽에서 필리핀 선수 '디아스'가 역도로 금메달을 따게 되었다. 올림픽 출전 후 97년 역사 가운데 최초이다. 완전히 필리핀 영웅이 되어버린 것이다. 7억 5천만 원의 축하금과 아파트 한 채도 선물로 주어진다. 한마디로 존귀와 위엄(아우라가 빛이 난다)을 입게 된 것이다.

셋, "지극한 복을 받게 된다"(6절 상)라고 말한다. 복은 내가 애쓴다고 되는 것이 아니라 하늘로부터 복이 임해야 되는 것이다.

넷, "기쁘고 즐거운 인생을 살게 해 주겠다"라고 약속하신다.

다섯, "인생이 흔들이지 않도록 든든히 붙들어 주시겠다"라고 말씀하신다. 울산 태화강 국가정원에 가보면 대나무 숲이 멋지다. 대나무를 심는 이유 중의 하나는 지진이나 홍수피해가 올 때 그쪽으로 피하라는 것이다. 대나무는 뿌리가 깊기 때문이다. 우리가 여호와 하나님께 믿음의 뿌리를 깊게 내리고, 끝까지 그분만을 의지하고 신뢰하면 인생이 아무리 어려운 역경을 만나도 절대 흔들리지 않는 복을 받게 될 것이다.

오늘의 말씀 묵상

"주의 구원이 그의 영광을 크게 하시고 존귀와 위엄을 그에게 입히시나이다 그가 영원토록 지극한 복을 받게 하시며 주 앞에서 기쁘고 즐겁게 하시나이다 왕이 여호와를 의지하오니 지존하신 이의 인자함으로 흔들리지 아니하리이다" (시 21:5~7).

사자의 입과 들소의 뿔에서
구원하소서

우리가 인생을 살다 보면 정말 강적을 만날 때가 있다. 마치 어제 한국 여자배구*(세계 11위)* 준결승처럼 말이다. 우리의 상대 팀은 세계 2위인 브라질 선수들이었다. 강팀을 만나서 결국 우리가 패했다. 졌지만, 잘 싸워주었다. 우리가 못해서가 아니라 상대 팀인 브라질 선수들이 너무 잘했기 때문이다.

우리의 인생도 마찬가지이다. 정말 센 강적을 만나면 도저히 우리 힘으로는 이길 도리가 없는 것이다. 다윗도 어릴 때 형 도시락 심부름하다가 블레셋 군대 수장 골리앗에게 이스라엘 군대가 모욕을 당하는 것을 보게 되고, 나중에 맞장을 뜨게 되는데, "너는 칼과 창과 단창으로 내게 오거니와 나는 만군의 여호와 하나님의 이름으로 나아간다. 여호와의 구원하심이 칼과 창에 있지 아니함을 이들에게 알게 하리라"라고 하면서 물맷돌 하나로 강력한 대적 골리앗을 물리치게 되지 않았는가? 여기서 한 가지 분명한 것은 다윗이 평소 갈고 닦은 실력*(무서운 짐승을 물맷돌로 많이 쫓아낸 경험)*도 있었지만, 물맷돌이 골리앗을 향해 날아갈 때 바람의 속도와 사물의 움직임이 정확히 딱 맞아떨어진 것이다. 결국, 하나님이 하신 것이다.

　　다니엘의 세 친구를 뜨거운 풀무불에서 건져내시고, 다니엘을 사자의 굴속에서 안전하게 건져내신 분이 바로 우리가 믿고 있는 같은 하나님이시다. 요나를 3일 동안 고래뱃속에 있다가 무사히 살아나오게 하신 분도 바로 우리 하나님이시다. 에스더와 모르드개와 유대인들을 한날한시에 몰살하려는 하만의 모략에서 건져내신 분도 하나님이시다. 모세를 통해 430년 동안 애굽의 종으로, 노예로 살던 이스라엘 백성들을 홍해바다를 무사히 건너는 '홍해도하작전'도 하나님이 진두지휘 한 것이다.

　　하나님은 지금도 곤고한 자의 곤고를 멸시하거나 싫어하지 아니하시며 그의 얼굴을 그에게서 숨기지 아니하시고 그가 울부짖을 때 들으신다(24절). 또한, 겸손히 하나님을 찾고 주의 도움을 구하는 자에게는 배불리 먹게 하시고, 마음이 즐거움을 얻게 하시고, 주님의 주신 땅에서 영원히 살게 되는 것이다(26절).

오늘의 말씀 묵상

"여호와여 멀리하지 마옵소서 나의 힘이시여 속히 나를 도우소서 나를 사자의 입에서 구하소서 주께서 내게 응답하시고 들소의 뿔에서 구원하셨나이다" (시 22:19, 21).

✳ ────

나는 지금 지도(指導)를
잘 받고 있는가?

다윗은 본문을 통해 "주의 길을 내게 가르쳐달라고, 주의 진리로
나를 지도(指導)해 달라"라고 하나님께 부탁하고 있다. 보통 우리가 새
로운 조직에 들어갈 때 인사 시간에 저를 잘 지도편달(指導鞭撻)해 달라
고 부탁하지 않는가? 바로 그런 의미이다.

대학에서는 지도교수 제도가 있어서, 논문을 쓸 때나 어떤 연구를
할 때 지도를 받는 제도가 있다. 유도 경기에서 '지도'를 세 번 이상
받으면 반칙패로 지게 된다. 다시 말해 경기를 소극적으로 하거나,
지루하게 하면 바로 '지도'를 심판이 준다. 우리는 하나님께 지도를
잘 받아야 한다. 성령님께 지도를 잘 받아야 한다. 내 인생의 나침판
이신 예수 그리스도의 지도를 잘 받아야 한다.

그런데 사람들은 지도받기를 싫어한다. 우리 자녀들에게 부모로서
좋은 소리를 참 많이 하지 않는가? 학생 때는 책을 많이 읽어야 한다.
사실 중고등학교 시절에는 책을 1천 권 이상을 읽어야 한다. 하지만
그 시간에 스마트폰, 게임을 하고 있지 않은가? 그럴 때 부모는 답답
해서 다시 이야기함으로 학습지도를 한다. 자식이 잘되기 위해서, 성

공적인 삶을 살기 위해서이다. 그런 마음을 자식들은 얼마나 알까?

성령님도 마찬가지이다. 우리를 향해 성령의 감동으로 지도하기도 하고, 기도할 때 번뜩 깨달음을 주기도 하고, 성경말씀을 읽다가, 이엠(E.M)을 하다가, 찬양을 부르다가, 믿음의 사람들과 대화를 하다가, 무엇인가 사인을 준다. 그때 바로 그것을 기록에 남기든지, 실천으로 옮길 때 하나님의 역사가 일어나는 것이다. 기적이 일어나는 것이다. 역전의 삶이 시작되는 것이다.

그런데 이렇게 지도를 잘 받는 사람은 세 가지 특징이 있다. 하나, 온유한 자이다(9절 상). 둘, 언약의 말씀을 지키는 자이다(10절 상). 셋, 여호와를 경외하는 자이다(12절 상). 그럴 때 주시는 하나님의 축복이 바로 13절에 나와 있다. "그의 영혼은 평안히 살고 그의 자손은 땅을 상속하리로다." 아울러 14절에 "여호와의 친밀하심이 그를 경외하는 자들에게 있음이여 그의 언약을 그들에게 보이시리로다." 아멘.

오늘의 말씀 묵상

"여호와여 주의 도를 내게 보이시고 주의 길을 내게 가르치소서 주의 진리로 나를 지도하시고 교훈하소서"(시 25:4~5).

✳ ───────

나를 능히 위로(慰勞)하시는
하나님

오늘의 시는 다윗이 억울하고 답답한 상황에서 자신의 진실함을 하나님이 정확히 판단해 달라는, 어떻게 보면 위로가 필요함을 보여주는 내용이다. 우리도 인생을 살다 보면 사실이 아닌데, 괜히 오해를 받아 마음이 심히 답답하고 화가 날 때가 있다. 내 진심을 왜 사람들을 몰라줄까? "여호와여 나를 판단하소서 여호와여 나를 살피시고 시험하사 내 뜻과 양심을 단련하소서"(1-2절).

시편 43편에서도 다윗은 이렇게 고백하고 있다. "하나님이여 나를 판단하시되 경건하지 아니한 나라에 대하여 내 송사를 변호하시며 간사하고 불의한 자에게서 나를 건지소서 주는 나의 힘이 되신 하나님이시거늘 어찌하여 나를 버리셨나이까 내가 어찌하여 원수의 억압으로 말미암아 슬프게 다니나이까"(1-2절).

하나님은 완전하시고, 진리로 행하시는 분이시다. 그러므로 언젠가는 나의 억울함을, 오해를 밝혀주실 때가 자연스럽게 온다는 것이다. 팩트(Fact, 사실)를 체크할 날이 반드시 오기 때문이다.

하지만 진실이 밝혀지기까지는 마음이 많이 아플 수가 있다. 그때 하나님은 위로자가 되어 주셔서 우리의 마음을 어루만져 주신다는 것이다. 바울은 고린도 교회를 향해 이렇게 고백하고 있다. "찬송하리로다 그는 우리 주 예수 그리스도의 하나님이시요 자비의 아버지시요 모든 위로의 하나님이시며 우리의 모든 환난 중에서 우리를 위로하사 우리로 하여금 하나님께 받는 위로로써 모든 환난 중에 있는 자들을 능히 위로하게 하시는 이시로다"*(고후 1:3-4).*

짧은 두절에서 '위로*(comfort)*'라는 단어가 네 번이나 등장한다. 세상 사람들은 내 마음을 다 알아줄 수 없지만, 오직 하나님 한 분만은 내 마음을 정확히 알아주시고, 나의 속상한 마음을 진정 위로해 주실 수 있는 분이시다. 모든 속상한 상황 가운데 있어도 능히 위로하실 수 있다*(comforts us in all our troubles)*는 말이다. 오늘 하루도 능히 위로하실 수 있는 하나님께 나의 억울함을, 속상함을 맡겨보면 어떨까?

오늘의 말씀 묵상
"내가 나의 완전함에 행하였사오며 흔들이지 아니하고 여호와를 의지하였사오니 여호와여 나를 판단하소서"(시 26:1).

여호와를
끝까지 신뢰(信賴, trust)하라

하나님은 우리의 인생을 띄엄띄엄 보시지 않고 확실히 하늘에서 다 지켜보고 계신다는 '신전의식((神前意識, 코람데오, CoramDeo)'을 갖고 살아가야 한다. "내가 네 갈 길을 가르쳐 보이고 너를 주목하여 훈계하리로다"(8절). 또한, 우리는 무지한 말이나 노새처럼 고집부리고, 거칠게 반항하는 삶을 이제는 정리해야 할 때가 왔다(9절). 왜냐하면, 언제든지 하나님이 우리를 하늘로 불러 가실 수 있기에... 남은 시간을 그렇게 방황하며 불순종하며 살아가서는 안 될 것이다.

어떤 사람은 '야생마'처럼 자기 마음대로 고집부리며 반항하며 세월을 낭비한다. 말들을 보라. 고집부리고, 거칠게 반항하면 주인으로부터 호되게 채찍질 당할 수밖에 없지 않은가? 모세도 혈기를 부리다가 애굽 군인을 주먹으로 쳐서 죽이고 40년 동안 도망자로, 방랑자로 살아가지 않았는가? 물론 하나님이 그를 40년 동안 온유한 자로 만드시기까지 말이다.

요나도 하나님의 음성에 불순종하다가 풍랑을 만나고 큰 물고기에 잡아먹혀 3일 동안 생고생을 하지 않았는가? 애굽 왕도 고집부리고, 하나님과 모세를 대적하다가 결국 자기 아들도 잃게 되고, 최고의 지휘관들을 홍해에서 다 잃어버린 패장이 되어버리지 않았는가? 사울 왕도 하나님을 신뢰하지 않고 인간적인 생각으로 정치를 하다가 결국은 자신과 두 아들이 전쟁터에서 비참하게 생을 마감하지 않았는가?

그러나 하나님을 끝까지 신뢰하고 인내함으로 기다린 아브라함은 믿음의 족장, 축복의 아이콘이 되었고, 요셉은 13년 동안 하나님이 주신 꿈을(비전) 신뢰하고 마침내 애굽의 총리가 되었고, 욥은 30년 동안의 그 긴 고난의 터널을 오직 여호와 하나님만을 신뢰하고 나아감으로 노년에 갑절의 복을 받고, 잃었던 자녀를 다시 얻고, 140년을 축복 된 삶으로 살아갔다.

"여호와를 신뢰하는 자에게는 인자하심이 두르리로다"(10절 하).

아멘.

오늘의 말씀 묵상

"악인에게는 많은 슬픔이 있으나 여호와를 신뢰하는 자에게는 인자 하심이 두르리로다"(시 32:10).

탈레반 사태를 바라보며

시편 33편은 우리가 할 일을 분명히 말해 준다. "여호와를 즐거워하라 여호와께 감사하라 여호와께 새 노래를 부르라"라고 선포하고 있다. 이것은 마땅하다고 강조한다(1절). 그 이유에 대해서 8~12절을 통해 세 가지로 말씀하고 있다. 하나, "그가 말씀하시매 이루어졌으며 명령하시매 견고히 서기 때문"이다(9절). 창세기 1장에서 "빛이 있으라 하시매 빛이 있었고 빛이 하나님이 보시기에 좋았더라"(3-4절)라고 성경은 증언한다.

미국 바이든 대통령이 아프가니스탄이 테러를 일으켜 미군 군인 13명이 죽자, 바로 반격하라고 명령했다. 그 명령이 떨어지자마자, 2차 테러를 감행하려는 탈레반을 공격하여 바로 큰 위험요소를 제거해버렸다. 하나님도 자신의 자녀들을 천군, 천사에게 명령만 하면 즉각적으로 돕고, 대적자들을 물리쳐주신다는 것을 성경에서 얼마든지 찾아볼 수 있다.

둘, "여호와께서 나라들의 계획을 폐하시며 민족들의 사상을 무효하게 하시기 때문"이다(10절). 지금 탈레반이 아프가니스탄을 점령했

다고 착각하지만, 반 탈레반 세력들이 규합하여 (1만 명 규모) 계속 항전
하고 반격하여 3개 도시를 되찾았다. 지금 전세계기독교인들(25억)이
한마음으로 기도하고 있지 않은가? 하나님이 개입하고 도우시면 반
드시 그 땅에도 다시 평화가 도래할 것이다.

셋, "여호와를 자기 하나님으로 삼은 나라 곧 하나님의 기업으로
선택된 백성은 복이 있기 때문"이다(12절). 신명기 33장에서 "이스라
엘이여 너는 행복한 사람이로다 여호와의 구원을 너 같이 얻은 백성
이 누구냐 그는 너를 돕는 방패시요 네 영광의 칼이시로다 네 대적
이 네게 복종하리니 네가 그들의 높은 곳을 밟으리로다"(29절)라고 하
였다. 우리나라가 이번에 아프가니스탄에서 어린아이들과 조력자들
391명을 카불에서 구해냈다. 외국에서 트위터를 통해 엄청난 칭찬
과 격려가 있었다.

우리도 흥남부두 철수작전 때 미국인의 도움으로 10만 명이 목숨
을 건졌다. 이제는 우리가 도움을 주는 국가로 성장한 것이다(국격 상
승). 거룩한 나라, 제사장 나라, 하나님의 소유된 백성, 대한민국이 말
이다. 출애굽기 23장에서 "너희는 외국인(난민)을 학대하지 말라 너희
도 이집트에서는 외국이었으므로 너희는 외국인의 심정이 어떠한지
알아야 한다"(9절-현대인의 성경)라고 하였다. 아멘.

오늘의 말씀 묵상
"너희 의인들아 여호와를 즐거워하라 찬송은 정직한 자들이 마땅히 할 바로다"
(시 33:1).

.

✳ ─────

하나님 아빠 찬스를
활용해보세요

　오늘의 시인은 우리 영혼의 참된 소망과 도움과 방패는 오직 여호와 하나님 한 분뿐임을 고백하고 있다. 요즘 젊은이들이 직장 구하기가 어렵게 되자, '아빠 찬스, 엄마 찬스'를 쓰기도 한다. 그러나 나중에 가면 탈이 날수도, 부작용이 날 수도 있는 것이다. 떳떳하게 자신의 능력으로 인생을 살아가야 할 것이다.

　하지만 '하나님 찬스'를 쓰는 것은 문제가 될 것이 전혀 없다. 우리가 하나님께 소망을 두고 그분의 도우심과 은혜로 직장에 들어갔다고 누가 시비 걸 사람이 있겠는가? 다윗도 시편 62편에서 "나의 영혼이 잠잠히 하나님만 바람이여 나의 구원(소망)이 그에게서 나오는도다 오직 그만이 나의 반석이시오 나의 구원이시오 나의 요새이시니 내가 크게 흔들이지 아니하리로다"(1-2절)라고 하였다. 아멘.

　우리는 오직 여호와 하나님만이 나의 진정한 도움이요, 방패임을 날마다 고백해야 한다. 시편 115편에서 "이스라엘아 여호와를 의지하라 그는 너희의 도움이시요 너희의 방패시로다 아론의 집이여 여호와를 의지하라 그는 너희의 도움이시요 너희의 방패시로다 여호와를 경외하는 자들아 너희는 여호와를 의지하여라 그는 너희의 도움이시요 너희의 방패시로다 여호와께서 우리를 생각하사 복을 주시되 이스라엘 집에도 복을 주시고 아론의 집에도 복을 주시며 높은 사람이나 낮은 사람을 막론하고 여호와를 경외하는 자들에게 복을 주시리로다"*(9~14절)*. 아멘.

우리는 가끔 아빠 찬스처럼 힘있는 자를 잘 활용하는 지혜는 있으나, 어떤 권력자보다 천 배, 만 배 강력한 만군의 여호와 하나님 아버지의 찬스를 잊어버리고 쓰지 못할 때가 있다.

"일을 행하시는 여호와 그것을 만들며 성취하시는 여호와 그의 이름을 여호와라 하는 이가 이와 같이 이르시도다 너는 내게 부르짖으라 내가 네게 응답하겠고 네가 알지 못하는 크고 은밀한 일을 네게 보이리라"*(렘 33:2~3)*. 아멘.

오늘의 말씀 묵상
"우리 영혼이 여호와를 바람이여 그는 우리의 도움과 방패시로다"(시 33:20).

✳ ───────

어떤 상황에서도
주를 찬양하고 자랑하는 삶

오늘의 시는 다윗이 아비멜렉 왕 앞에서 자신의 목숨 하나 유지하기 위해 벽에 기대어 미친 척하며 침을 질질 흘리며 위기에서 탈출하는 비참한 상황에서도 "내가 여호와를 항상 송축함이여 내 입술로 항상 주를 찬양하리니이다 내 영혼이 여호와를 자랑하리라"(1-2절 상)라고 놀라운 고백을 하는 내용이다.

우리가 이런 자존심 팍팍 상하는 일을 만나고, 인생이 비루하고, 고난과 역경이 나를 옥조여 올지라도 여전히 하나님 앞에 예배드리며, 주님을 자랑할 수 있겠는가? 이렇게 다윗이 어떤 상황에서도 하나님을 찬양하고 자랑하면 두 가지의 은택이 임하게 되는데...

첫째는, "내가 여호와께 간구하매 부르짖으매 내게 응답하시고 내 모든 두려움에서 나를 건지셨고 모든 환난에서 구원하셨도다"(4, 6절)라는 은총이 임하는 것이다. 역대하 15장에서도 아사랴 선지자에게 하나님의 영이 임하여 이렇게 예언한다. "너희가 여호와와 함께 하면 여호와께서 너희와 함께 하실지라 너희가 만일 그를 찾으면 그가 너희와 만나게 되시리라"(2절). 아멘.

둘째로는, "여호와의 천사가 주를 경외하는 자를 둘러 진 치고 그들을 건지시는도다"(7절)라고 말씀하신다. 창세기 32장에서 "야곱이 길을 가는데 하나님의 사자들이 그를 만난지라 야곱이 그들을 볼 때에 이르기를 이는 하나님의 군대라 하고 그 땅 이름을 마하나임이라 하였더라"(1~2절)라고 하였다. 형 에서가 400명의 군대를 이끌고 와서 야곱을 응징하려는 절체절명의 순간에 야곱은 하나님께 간절히 이 두려운 상황에서 건져달라고 간청한다. 그 끝장기도를 통해 결국 하나님의 응답을 받아내게 된다. 우리도 이런 야곱의 승부근성을 배워야 한다. 하나님께 매달릴 때 응답 오기까지는 이 자리를 떠나지 않겠다는 우직한 믿음 말이다.

열왕기하 6장에서도 아람군대가 엘리사 일행을 포위하여 압박해 들어올 때, 사환이 두려워 덜덜덜 떨고 있을 때, "두려워하지 말라 우리와 함께 한자가 그들과 함께 한 자보다 많으니라"(16절)라고 하였다. 잠시 후에 영의 눈을 떠보니 거기에 불말과 불병거가 산에 가득하여 엘리사를 둘러있는 것을 보게 된다. 그리고 저들의 눈을 어둡게 하사 엘리사 일행은 무사히 죽음의 위기에서 안전하게 탈출하게 되었다. 오늘 하루도, 어떤 상황에서도 주님만 찬양하고 자랑해보자! 그러면 우리도 다윗이 경험한 두 가지의 특별한 은총을 누리게 될 것이다.

오늘의 말씀 묵상
"이 곤고한 자가 부르짖으매 여호와께서 들으시고 그의 모든 환난에서 구원하셨도다"(시 34:6).

여호와의 선하심을 맛보라

우리의 신앙은 체험적이어야 한다. 음식도 먹어봐야 맛을 알듯이 말이다. 여호와의 선하심도 마찬가지이다. "여호와의 선하심을 맛보아 알지어다"를 좀 더 쉽게 설명하자면, NIV 성경에서 "Taste and see that the LORD is good"이라고 하였는데 이는 여호와 하나님을 '시식, 맛보라' 그리고 '눈으로 직접 목도해 보라'라는 뜻이다.

온몸으로, 100조 개의 세포 하나하나로 여호와 하나님의 선하심을 느껴보라는 것이다. 그러면서 세 가지 과제, 미션을 준비해놓고 실천해보라고 권면하고 있다.

하나, "여호와께 피하는 자는 복이 있도다." 요단 동편과 서편에 도피성을 세 개씩 두어서 부지중에 사람을 죽였을 때(과실치사) 거기로 도피하면 아무도 그 사람을 해칠 수가 없도록 안전장치를 만들어 놓은 것이다. 도피성은 오늘날 교회가 되는 것이다. 또한, 전경들은 방패가 반드시 있어야 한다. 그래야 화염병과 돌로부터 자신을 보호할 수 있기 때문이다. 장마에는 우산이 반드시 있어야 내 몸을 비로부터 보호받을 수 있는 것처럼 말이다.

둘, "여호와를 경외하는 자는 부족함이 없다." 아브라함이 모리아 산에서 독자 이삭을 믿음으로 번제로 드릴 때 하늘에서 급하고 강한 소리로 "그 아이에게 손을 대지 말라 내가 이제야 네가 나를 경외하는 줄을 알았노라 내가 네게 큰 복을 주고 네 씨가 번성하여 하늘의 별과 같고 바닷가의 모래와 같게 하리라"라고 하였다. 요셉도 보디발 장군의 아내의 유혹을 하나님을 경외함으로 물리쳐서, 결국 애굽의 두 번째 권력자(*총리*)로 세워졌다.

셋, "여호와를 찾는 자는 모든 좋은 것에 부족함이 없으리로다." 다윗은 시편 23편에서 "여호와는 나의 목자시니 내게 부족함이 없으리로다 그가 나를 푸른 풀밭에 누이시며 쉴만한 물가로 인도하시는도다 주께서 내 머리에 기름을 부으셨으니 내 잔이 넘치나이다 내 평생에 선하심과 인자하심이 반드시 나를 따르리니 내가 여호와의 집에 영원히 살리로다"라고 고백하였다. 이러한 세 가지 복을 누리시기를 주님의 이름으로 축원한다.

오늘의 말씀 묵상

"너희는 여호와의 선하심을 맛보아 알지어다 그에게 피하는 자는 복이 있도다 여호와를 경외하는 자에게는 부족함이 없고, 여호와를 찾는 자는 모든 좋은 것에 부족이 없으리로라"(시 34:8, 10).

*　————

통회(痛悔)하는 자(broken hearted)를 구원하신다

오늘 본문은 우리에게 두 가지의 메시지를 주고 있다.

첫째는 "의인은 고난이 많으나 여호와께서는 그의 모든 고난에서 건지신다"라는 것이다(19절). 노아를 보라. 욥을 보라. 요셉을 보라. 모세를 보라. 이스라엘 백성들을 보라. 에스더와 모르드개를 보라. 다윗을 보라! "의인이 부르짖으매 여호와께서 들으시고 그들의 모든 환난에서 건지셨도다"(17절). 아멘. "그의 모든 뼈를 보호하심이여 그 중에서 하나도 꺾이지 아니하도다"(20절). "여호와께서 그의 종들의 영혼을 속량하시나니 그에게 피하는 자는 다 벌을 받지 아니하리로다"(22절). 아멘.

지금도 이 땅에는 많은 의인이 고난을 겪고 있다. 북한에 억류되었다가 기적적으로 풀려난 선교사님들이 여러분 계신다. 물론 지금도 북한에서 아직 못 풀려난 선교사님들도 많아서 우리의 기도가 절실히 요청된다. 아무튼, 지금도 의인들에게 고난이 많지만, 반드시 그 모든 고난에서 건지시는 분이 바로 우리 하나님이심을 믿고 위로와 용기를 가져야 할 것이다.

둘째는 "여호와는 마음이 상한 자를 가까이하시고, 충심으로 통회하는 자를 구원하신다"라는 사실이다*(18절)*. '마음이 상한 자'는 원어로 '샤바르'라고 하는데 그 뜻은 '파열하다, 깨다, 부수다'이다. 다시 말해 주님 앞에 나아가 자신의 억울함과 힘든 일을 솔직히 다 토로할 때 속도 시원하고 그 깨진 마음을 하나님이 만져주신다는 것이다. 또한 '충심으로 통회하는 자*(Broken hearted)*'는 원어로 '루아흐*(호흡, 사람의 영)*다카*(먼지, 가루처럼 부서진)*'로 죄를 깊이 뉘우치는 것을 말한다.

이사야 57장에서 "내가 높고 거룩한 곳에 있으며 또한 통회하고 마음이 겸손한 자와 함께 있나니 이는 겸손한 자의 영을 소생시키며 통회하는 자의 마음을 소생시키려 함이라"*(15절 하)*라고 하였다. 또한, 누가복음 15장에서 돌탕*(돌아온 탕자)*이 이렇게 독백을 한다. "내 아버지에게는 양식이 풍족한 품꾼이 얼마나 많은가 나는 여기서 주려 죽는구나 내가 일어나 아버지께 가서 내가 하늘과 아버지께 죄를 지었사오니... 이에 일어나 아버지께로 돌아가니라"*(17-20절)*. 이때 아버지는 제일 좋은 옷을 내어다가 입히고 손에 금가락지를 끼우고 발에 나이키 신발을 신기고 살진 송아지*(A++)*를 잡아 온 동네잔치를 벌였다.

이처럼 죄인 하나가 통회 자복하고 돌아오면 하늘에서도 큰 기쁨의 잔치가 벌어지는 것이다. 오늘 하루도 하늘 아버지께 통회하는 마음으로 살면 어떨까?

오늘의 말씀 묵상
"여호와는 마음이 상한 자를 가까이 하시고 충심으로 통회하는 자를 구원하시는도다"(시 34:18).

일어나 나를 도우소서
(Stand up and help me)

다윗은 시편 35편을 통해 자신 앞에 수많은 대적이 복병처럼 놓여 있음을 고백하면서 나를 대신하여 만군의 여호와께서 싸워 달라고, 몰아내 달라고 간청하고 있다. "여호와여 나와 다투는 자와 다투시고 나와 싸우는 자와 싸우소서"*(1절)*.

모세가 홍해 앞에서 손을 내밀매 여호와께서 밤새도록 바닷물을 물러가게 하셨다. 한편 애굽 파라오의 최고의 지휘관들이 말, 병거, 마병들을 이끌고 추격을 한다. 새벽에 여호와께서 불과 구름 기둥 가운데서 애굽 군대를 보시고 애굽 군대를 어지럽게 하셔서 그들의 병거 바퀴를 벗겨서 달리기가 어렵게 하셨다. 결국, 여호와가 그들을 위하여 대신 싸워주셔서 애굽 사람들을 물리치셨다고 성경은 기록하고 있다*(출 14장)*. 그렇다. 골리앗 같은 우리 인생의 모든 대적*(건강, 경제, 환경)*을 하나님이 일어나서 도와주시면 얼마든지 싸움은 승산이 있는 것이다.

시편 91편에서도 "그는 나의 피난처요 나의 요새요 내가 의뢰하는 하나님이라 이는 그가 너를 새 사냥꾼의 올무에서와 심한 전염병(코로나 *바이러스*)에서 건지질 것임이로다 천 명이 네 왼쪽에서 만 명이 네 오른쪽에서 엎드러지나 이 재앙이 네게 가까이하지 못하리로다"라고 하였다.

또한, 이사야 선지자가 이렇게 외친다. "여호와께서 용사같이 나가시며 전사같이 분발하여 외쳐 크게 부르시며 그 대적을 크게 치시리로다"*(13절)*. 아멘. 우리 주변의 강대국들 사이에서 우리는 눈치 게임을 하고 있다. 미국이 자국보호를 위해 우리나라에 사드배치를 함으로 중국으로부터 엄청난 경제보복을 우리는 당했다. 지금도 호시탐탐 우리나라를 노리고 있는 일본, 중국, 북한의 위협 속에서도 위로가 되고 소망이 되는 것은, 만군의 여호와 하나님께서 우리를 대신하여서 일어나서 싸워주신다는 사실이다. 방패가 되어 주셔서 결국 "그들을 바람 앞에 겨와 같게 하시고 여호와의 천사가 그들을 몰아내게 하신다"라는 것이다*(5절)*. 아멘.

오늘의 말씀 묵상
"방패와 손 방패를 잡으시고 일어나 나를 도우소서"(시 35:2).

* ──────

하나님을 두려워하지 않는
악인들의 최후

오늘의 본문은 여호와의 종 다윗이 지휘자를 따라 부른 찬양시이다. 다윗은 밧세바 사건 이후에 철저히 자신을 돌아보고 하나님 앞에 눈물로 침상을 띄우는 회개를 하였다. "내가 탄식함으로 피곤하여 밤마다 눈물로 내 침상을 띄우며 내 요를 적시나이다"*(시 6:6)*. 아멘.

그런데 요즘 뉴스에 자주 등장하는 K씨, 전자발찌를 훼손하고 여성 2명을 살해한 천인공노할 죄인이... 얼굴을 뻣뻣이 들고, 취재진을 향해 발길 질 하는 모습을 보면... 인간이기를 포기한 악인이다.

양심이 1이라도 있다면 어떻게 저럴 수 있을까? 그는 하나님을 전혀 두려워하지 않는 자이며 양심에 화인 맞은 자이다.

바울은 로마서에서 "그러면 어떠하냐 우리는 나으냐 결코 아니라 유대인이나 헬라인이나 다 죄 아래에 있다고 우리가 이미 선언하였느니라 기록된바 의인은 없나니 하나도 없으며 깨닫는 자도 없고 하나님을 찾는 자도 없고 다 치우쳐 함께 무익하게 되고 선을 행하는 자는 없나니 하나도 없도다... 그들의 눈앞에 하나님을 두려워함이 없느니라 함과 같으니라"*(롬 3:9~18)*라고 하였다. 아멘.

또한, 악인은 2절에서 "그가 스스로 자랑하기를 자기의 죄악은 드러나지 아니하고 미워함을 받지도 아니하리라"라고 하면서 도리어 마치 자기가 영웅이라도 된 줄 착각하고 있다. 우리나라는 살인죄 공소시효가 원래 15년이었으나 25년으로 개정되었다. 요즘은 아예 공소시효를 없애자는 이야기가 많이 나오고 있다. 어떤 악인이 자신이 교도소에서 출소하면서 경찰서를 찾아가 25년 전 사건을 털어놓았다. 자신은 공소시효를 피해갈 줄 알았던 것이다. 그런데 그만 날짜 계산을 잘못해서 하루가 모자라 다시 구속된 사례도 있다.

또한, 악인 중에는 거짓말로 사기를 치는 못된 인간도 있다. 본문 3절에 "그의 입에서 나오는 말은 죄악과 속임이라"라고 하였다.

요한복음 8장 8절에서 "마귀는 거짓말쟁이요 거짓의 아비이니라"라고 말씀하신다. 이번 추석에 '보이스'라는 영화가 나온다. 보이스 피싱의 범인을 지구 끝까지 쫓아가 응징하는 내용이다. 그들의 최후는 12절에 나와 있다. "악을 행하는 자들이 거기서 넘어졌으니 엎드러지고 다시 일어날 수 없으리이다." 아멘.

오늘의 말씀 묵상
"악인의 죄가 그의 마음속으로 이르기를 그의 눈에는 하나님을 두려워하는 빛이 없다 하니"(시 36:1).

✳ ─────

헤세드의 하나님을
만나보라

오늘 본문에서 여호와 하나님의 인자하심을 구체적으로 설명하고 있다. 성경을 읽다 보면 하나님의 인자하심, 자비하심, 긍휼하심, 사랑이 많으심 등을 찬양하는 내용이나 그런 인자와 자비를 구하는 내용이 참으로 많다. 그때 '헤세드'*(실패하지 않는 사랑-히브리어)* 단어를 사용한다. "여호와여 주의 인자하심이 하늘에 있고 하나님이여 주의 인자하심이 어찌 그리 보내로우신지요 사람들이 주의 날개 그늘 아래에 피하나이다"*(5, 7절)*. "그들이 주의 집에 있는 살진 것으로 풍족할 것이라 주께서 주의 복락의 강물을 마시게 하시리이다 진실로 생명의 원천이 주께 있사오니"*(8, 9절)*라고 하면서 여호와의 인자하심을 설명하고 있다.

그렇다. 하나님은 지금도 헤세드의 하나님으로 인자하심으로, 자비하심으로, 사랑과 긍휼히 풍성하심으로, 복락의 강물을 마시게 함으로, 생명의 원천이 오직 주께만 있음을 알게 하심으로, 우리가 이 땅에서 영적으로 승리를 거두시기를 원하신다.

'헤세드'는 하나님의 성품을 묘사할 때 필수적인 부분이다. 하나님이 모세에게 나타나셨을 때 하나님은 자신을 '인자가 많은', '인자를 천대까지 베푸는' 분으로 소개하고 있다. "여호와께서 그의 앞으로 지나시며 선포하시되 여호와라 여호와라 자비롭고 은혜롭고 노하기를 더디하고 인자와 진실이 많은 하나님이라 인자를 천대까지 베풀며"(출 34:6절).

하나님의 헤세드는 이스라엘을 사랑하는 그의 언약과 관련이 있다. 십계명에서 하나님은 자신을 사랑하고 순종하는 자에게 은혜를 베푸시는 분으로 묘사한다. "하늘의 하나님 여호와 크고 두려우신 하나님이여 주를 사랑하고 주의 계명을 지키는 자에게 언약을 지키시며 긍휼을 베푸시는 주여 간구하나이다"(느 1:5). 아멘.

또한, 다니엘 9장 4절에서 "내 하나님 여호와께 기도하며 자복하여 이르기를 크시고 두려워할 주 하나님 주를 사랑하고 주의 계명을 지키는 자를 위하여 언약을 지키시고 그에게 인자를 베푸시는 이시여"라고 하였다. 오늘 하루도 이런 헤세드의 하나님을 만나고 경험하시기를 축원한다.

오늘의 말씀 묵상

"하나님이여 주의 인자하심이 어찌 그리 보배로우신지요 사람들이 주의 날개 그늘 아래에 피하나이다"(시 36:7).

✳ ───────

의인의 삶은
야구의 9회 말 2아웃

   오늘의 시는 다윗의 시로서 의인*(온전한 자)*과 악인의 삶을 극명하게 대조, 비교하고 있다.

   첫째, "의인의 적은 소유가 악인의 풍부함보다 낫다"*(16절)*라고 하였다. "가산이 적어도 여호와를 경외하는 것이 크게 부하고 번뇌하는 것보다 나으니라"*(잠 15:16)*. "그러나 자족하는 마음이 있으면 경건은 큰 이익이 되느니라"*(딤전 6:6)*.

   둘째, "악인의 팔은 부러지나 의인은 여호와께서 붙드신다"*(17절)*라고 하였다. 오늘 본문 24절에서도 "의인이 혹시 넘어지나 아주 엎드러지지 아니함은 여호와께서 그의 손으로 붙드심이로라"라고 선포한다.

   셋째, "의인의 기업은 영원하다"라는 것이다. 아무리 코로나로 어려워도, 의인의 기업이 위태로워도, 그래도 쓰러지지 않고 영원히 서 있다는 것이다. 본문 9절에서도 "진실로 악을 행하는 자들은 끊어질 것이나 여호와를 소망하는 자들은 땅을 차지하리로다"라고 하였다. 아멘.

넷째, "의인은 환난 때에 부끄러움을 당하지 아니하고 기근의 날에도 풍족할 것이나 악인들은 멸망하리라"*(19~20절 상)*. 아멘. "의인들의 영혼을 사망에서 건지시며 그들이 굶주릴 때에 그들을 살리시는도다 우리 영혼이 여호와를 바람이여 여호와는 의인의 도움과 방패시로다"*(시 33:19~20)*. 아멘.

욥은 동방에서 가장 온전하고 정직하며 하나님을 경외하며 악에서 떠난 의인의 삶을 살았다. 하나님이 그의 믿음을 보시고 사탄과 내기 시합을 하신다. 욥의 친구 엘리바스가 사랑하는 친구에게 이렇게 권면한다. "하나님은 아프게 하시다가 싸매시며 상하게 하시다가 그의 손으로 고치시나니 여섯 가지 환난에서 너를 구원하시며 일곱 가지 환난이라도 그 재앙이 네게 미치지 않게 하시며 기근 때에 죽음에서 전쟁 때에 칼의 위협에서 너를 구원하실 것이니라"*(욥 5:18~20)*.

그렇다. 비록 의인이 때때로 어려움을 당할 수 있으나, 마침내 악인은 멸하시고 의인을 높이 세우신다. 인생은 9회 말 2아웃부터이다!

오늘의 말씀 묵상
"의인의 적은 소유가 악인의 풍부함보다 낫도다 의인은 여호와께서 붙드시는도다 여호와께서 온전한 자의 날을 아시나니 그들의 기업은 영원하리로다"(시 37:16~18).

주의 복을 받은 자여!

오늘 본문을 통해 우리가 은혜받을 메시지는 다음과 같다. "주의 복을 받은 자(의인의 삶)들은 이 땅을 차지하게 되고, 타인에게 손해를 끼치지 않고 은혜를 베풀면서 사는 축복의 통로로, 축복의 유통업자로 산다"라는 것이다. 그리고 "잠시 어려움을 당해도 7전 8기로 반드시 승리의 삶을 살게 된다"라는 훈훈한 이야기이다.

그러나 악인은 남에게 물질적, 정신적 손해를 끼치며 결국 이 땅에서 패배자의 삶을 살게 될 것을 말씀하고 있다. 본문 21절에서 "악인은 꾸고 갚지 아니하나 의인은 은혜를 베풀고 주는도다"라고 하였다. 26절에도 "의인은 종일토록 은혜를 베풀고 꾸어 주니 그의 자손이 복을 받는도다"라고 하면서 비교 대조하고 있다. 22절에서 또한 "주의 복을 받은 자(의인의 삶을 살아가는 사람들)들은 땅을 기업으로 차지하고 주의 저주를 받은 자(악인, 불의한 자)들은 이 땅에서 영원히 끊어지리로다"라고 강조하며 말씀하고 계신다.

본문 9절에도 "진실로 악을 행하는 자(악인, 불의를 행하는 자)들은 끊어질 것이나 여호와를 소망하는 자(의인의 삶을 살아가는 사람)들은 이 땅을 차지하리로다"라고 하였다. 그러면서 본문 23절에서 "여호와께서 사람의 걸음을 정하시고 그의 길을 기뻐하신다"라고 칭찬하고 계신다. 한 걸음 나아가 의인의 삶을 격려하고 계신다. "의인은 넘어지나 아주 엎드러지지 아니함은 여호와께서 그의 손으로 강하게 붙드시기 때문이로다." 아멘.

"대저 의인은 일곱 번 넘어질지라도 다시 일어나려니와 악인은 재앙으로 말미암아 엎드러지느니라"(잠 24:16). 아멘. "나의 대적자들이여 나로 말미암아 기뻐하지 말지어다 나는 엎드려질지라도 일어날 것이요 어두운 데에 앉을 지라고 여호와께서 나의 빛이 되실 것임이로다"(미 7:8). 아멘. 오늘 본문 17절에도 "악인의 팔은 쉽게 부러지나 의인은 여호와께서 강하게 붙드시는도다"라고 하였다.

오늘 하루도 이처럼 의인의 삶을 부디 사셔서 이 땅에서 승리의 삶을 살아가시기를 축원한다.

오늘의 말씀 묵상
"주의 복을 받은 자들은 땅을 차지하고 주의 저주를 받은 자들은 끊어지리로다"
(시 37:22).

✳ ─────

은혜를 베푸는 자가 잘 된다

오늘 본문에서 다윗은 두 가지를 강조하고 있다. 내가 인생을 오래 살다 보니 한가지 깨달은 것이 있다. 그것은 바로 의인이 결코 이 땅에서 버림을 당하지 않고 그의 자손이 노숙자로 전락하지 않는다는 것이다. "내가 어려서부터 늙기까지 의인이 버림을 당하거나 그의 자손이 걸식함을 보지 못하였도다"*(25절)*.

노아를 보라. "노아는 의인이요 당대에 완전한 자라 그는 하나님과 동행하였더라"*(창 6:9)*. 그가 120년 동안 방주를 산에다 지을 때 얼마나 많은 사람에게 놀림을 당하고 왕따를 당했는지 모른다. 그러나 결국 노아의 여덟 식구만 구원받게 되고, 우리는 노아의 후손인 된 것이다.

욥을 보라. "욥은 온전하고 정직하여 하나님을 경외하며 악에서 떠난 자더라"*(욥 1:1)*. 또한, 욥은 동방*(동양)*사람 중에 가장 훌륭한 자라*(의인)*고 성경은 증언하고 있다*(욥 1:3)*. 그랬던 그에게 쓰나미 같은 거대한 고난이 찾아왔으나, 결국은 하나님이 원상 복귀시켜주시고, 4대를 보게 하시고, 140년을 축복의 길, 꽃길만을 걷게 하셨다.

또한, 다윗이 일생을 살면서 깨달은 것 두 번째는, 남에게 은혜를 베풀고 선을 베푸는 자는 그의 후손이 복을 받는다는 것이다. "그는 종일토록 은혜를 베풀고 꾸어 주니 그의 자손이 복을 받는도다"(26절). 아멘. "은혜를 베풀며 꾸어 주는 자는 잘 되나니 그가 재물을 흩어 빈궁한 자들에게 주었으니 그의 의가 영구히 있고 그의 뿔이 영광 중에 들리리이다"(시 112:5, 10). 아멘. "너는 궁핍한 자에게 줄 것이요 줄 때에는 아끼는 마음을 품지 말 것이니라 이로 말미암아 네 하나님 여호와께서 네가 하는 모든 일과 네 손이 닿는 모든 일에 네게 복을 주시리라"(신 15:10). 아멘.

이번 추석을 맞이하여 우리 주위에 독거노인, 외로운 사람, 가난한 자들에게 나의 작은 것을 나누어 주어보자. 놀라운 일이 생기게 될 것이다. 내 마음에 기쁨이 찾아오고, 하늘에서 하나님이 기뻐하실 것이다. 또한, 우리의 후손들이 이 땅에서 풍성한 은혜를 경험하게 될 것이다.

오늘의 말씀 묵상
"내가 어려서부터 늙기까지 의인이 버림을 당하거나 그의 자손이 걸식함을 보지 못하였도다 그는 종일토록 은혜를 베풀고 꾸어 주니 그의 자손이 복을 받는도다"
(시 37:25~26).

내 영혼의 갈급(渴急)함을
누가 채울 수 있는가?

   오늘부터 시편 제2권이 시작된다*(42-72편)*. 시편은 총 5권으로 구성되어 있다. 오늘의 시는 고라 자손의 마스길*(교훈시)*로 지휘자의 인도를 따라 부르는 노래이다. 인간이 하나님을 갈급하고 갈망하는 모습을 사슴이 시냇물을 찾는 모습으로 비유하고 있다. 성지순례를 가본 사람들은 두 번을 가보아야 한다고 한다.

   우기 때에 가보면 모든 들판에 꽃이 피고 잎이 나면서 시편 23편이 생각난다. "여호와는 나의 목자시니 내게 부족함이 없으리로다 그가 나를 푸른 풀밭에 누이시며 쉴 만한 물 가로 나를 인도하시는도다." 아멘. 하지만 건기 때 가보면 들판에 꽃도 잎도 나지 않고 바싹 메마른 광야의 모습을 보게 된다.

   원래 사슴의 특징은, 깨끗한 곳을 좋아하고, 깨끗한 것만 먹고, 물을 싫어하는 습성이 있고, 평화로운 동물로 큰 소리에 잘 놀란다. 사슴의 눈이 얼마나 큰가? 겁이 날 때 그 큰 눈이 동그랗게 된다.

   1절에서 '사슴'*(아얄-히)*은 새끼를 밴 암사슴이다. 그러기 때문에 갈증이 날 때는, 기근이 심할 때는 더욱 시냇가의 물을 찾게 되는 것이다. 인간은 옷이 없어도 살 수 있고, 음식이 없어도 40일은 버틸 수 있지만, 물이 없으면 3일을 버티기 어렵다. 또한, 공기가 없으면 5분도 못산다. 마찬가지로 우리 인간들은 영혼이 존재함으로 하나님 없이 살아갈 수가 없다. 하나님과 예배를 통해 교제하는데, 예배 없이 한 달, 반년, 1년을 살아갈 수 있을까?

아무리 추석에 맛있는 음식을 먹어도, 100평짜리 펜트하우스에서 살아도, 100억의 재산을 가져도, 인간의 마음은 2% 부족을 느낀다. 그래서 그 2%를 채우기 위해 권력을 찾기도 하고, 쾌락을 찾기도 한다. 그래서 국회의원이 되려고 하고, 대통령이 되려고 하는지도 모른다. 그러나 국회의원이 되고, 대통령이 되어도 인간의 목마름은, 갈증(渴症)은 끝이 없는 것이다.

오직 주님 한 분만으로 참된 만족이 있고, 진정한 인생의 목마름을 채울 수 있는 것이다. "오늘 하루도 주님 한 분만으로 영혼의 갈급함을 채우게 하소서!"

오늘의 말씀 묵상

"내 영혼이 하나님 곧 살아 계시는 하나님을 갈망(渴望)하나니 내가 어느 때에 나아가서 하나님의 얼굴을 뵈올까"(시 42:2).

✳ ━━━━━

혹시 낙심하며
불안해하십니까?

우리의 삶이 항상 잘 되고 형통한 것은 아니다. 그러기에 일이 잘 안되고, 기도해도 응답이 없을 때 우리는 이런 생각을 하기도 한다. "내가 하나님을 기억하고 불안하여 근심하니 내 심령이 상하도다 주께서 영원히 나를 버리실까 다시는 은혜를 베풀지 아니하실까 그의 인자하심은 영원히 끝났는가 그의 약속하심도 영원히 폐하였는가 하나님이 그가 베푸실 은혜를 잊으셨는가 내가 하도 하나님을 실망시키니 노하심으로 그가 베푸실 긍휼을 그치셨는가"(시 76:3, 7-9).

참으로 공감이 가는 아삽의 시이다. 그러나 이사야 선지자는 이렇게 소망의 메시지를 준다. "나의 종 너 이스라엘아 내가 택한 야곱아 나의 벗 아브라함의 자손아 내가 땅 끝에서부터 너를 붙들며 땅 모퉁이에서부터 너를 부르고 네게 이르기를 너는 나의 종이라 내가 너를 택하고 싫어하여 버리지 아니하노라 두려워하지 말라 내가 너와 함께 함이라 놀라지 말라 나는 네 하나님이 됨이라 내가 너를 굳세게 하리라 참으로 너를 도와 주리라 참으로 나의 의로운 오른손으로 너를 붙들리라"(사 41:8-10). 아멘.

예레미야 선지자도 슬픔으로 노래한 예레미야애가에서 이렇게 목이 터지라 외치고 있다. "주께서 인생으로 고생하게 하시며 근심하게 하심은 본심이 아니시로다"(애가 3:33). 지금 2년 가까이 인류가 코로나로 인해 완전히 일상이 멈추고, 수많은 자영업자가 벼랑 끝에 매달려 있지만, 하나님의 본심은 이런 전염병 재앙을 통해 아버지 품으로 돌아오라고 신호를 보내고 있는 것이다.

"내 고초와 재난 곧 쑥과 담즙을 기억하소서 내 마음이 그것을 기억하고 내가 낙심이 되오나 오히려 나의 소망이 되었사옴은 여호와의 인자와 긍휼이 무궁하시므로 우리가 진멸되지 아니하리로다 여호와는 선하시도다 사람이 여호와의 구원을 바라고(희망, 소망)잠잠히 기다림이 좋도다 주께서 영원하도록 버리지 아니하실 것임이며 그가 비록 근심하게 하시나 그의 풍부한 인자하심에 따라 긍휼히 여기실 것이라"(애가 3:19-32 요약). 아멘.

오늘 하루도 하나님께만 소망을 두자! 반드시 그분이 우리를 도우실 것이요, 우리가 승리의 찬가를 부르게 될 것이기 때문이다.

오늘의 말씀 묵상
"내 영혼아 네가 어찌하여 낙심(落心)하며 어찌하여 내 속에서 불안(不安)해 하는가 너는 하나님께 소망(所望)을 두라 그가 나타나 도 우심으로 말미암아 내가 여전히 찬송(讚頌)하리로다"(시 42:5).

하나님은
우리의 피난처요 힘이시라

오늘의 시는 고라 자손의 시로서, 여인들이 부른 노래*(알라못에 맞춘 노래)*이다. 시의 문장구조는 병렬식으로 3층 시루떡 구조이다. 1절, "하나님은 우리의 피난처시요 힘이시니 환난 중에 만날 큰 도움이시라." 7절, "만군의 여호와께서 우리와 함께 하시니 야곱의 하나님은 우리의 피난처시로다." 11절, "만군의 여호와께서 우리와 함께 하시니 야곱의 하나님은 우리의 피난처시로다." 아멘.

찬송가 70장도 이 시를 바탕으로 해서 썼다. "피난처 있으니 환난을 당한자 이리 오라 땅들이 변하고 물결이 일어나 산 위에 넘치되 두렵잖네"*(1절)*. 마틴 루터도 종교 개혁할 때 쓴 찬송가 585장에서도 이 시를 바탕으로 해서 썼다. "내 주는 강한 성이요 방패와 병기되시니 큰 환난에서 우리를 구하여 내시리로다 옛 원수 마귀는 이때도 힘을 써 모략과 권세로 무기를 삼으니 천하에 누가 당하랴." 아멘.

이 시의 배경은 남왕국 유다 왕 히스기야가 앗수르 왕 산헤립의 침공을 받고 절대절명*(絕對絕命)*의 순간에 하나님의 크신 도움으로*(한 천사를 보내어 앗수르의 모든 용사와 대장과 지휘관들을 멸하심)* 그 위기를 극복한 사

362

건이다(*대하 32장*). 다윗도 원수들의 손에서와 사울의 손에서 기적적으로 건짐 받고 지은 시가 바로 시편 18편이다. "나의 힘이신 여호와여 내가 주를 사랑하나이다 여호와는 나의 반석이시요 나의 요새시요 나를 건지시는 이시요 나의 하나님이시요 내가 그 안에 피할 나의 반석이시요 나의 방패시요 나의 구원의 뿔이시요 나의 산성이시로다"(*1-2절*). 아멘.

또한, 다윗은 시편 145편에서도 "여호와께서는 자기에게 간구하는 모든 자 곧 진실하게 간구하는 모든 자에게 가까이 하시는도다 그는 자기를 경외하는 자들의 소원을 이루시며 또 그들의 부르짖음을 들으사 구원하시리로다 여호와께서 자기를 사랑하는 자들은 다 보호하시니라"(*18-20절*)라고 하였다. 아멘.

오늘 하루도 이런 은혜가 임하기를 기도한다.

오늘의 말씀 묵상
"하나님은 우리의 피난처시요 힘이시니 환난 중에 만날 큰 도움이시라"(시 46:1).

✳ ───────

1분, 1초도 우리 곁을
떠나신 적이 없으신 하나님

어제도 언급한 것처럼 시편 46편은 남왕국 유다 왕 히스기야가 앗수르 왕 산헤립의 침공으로 포위가 되었을 때, 하나님의 특별한 능력으로 다음날 185,000명의 산헤립 군대가 전멸된 사건이 배경이다. 결국, 이스라엘을 지키시는 하나님께서 저들의 피난처가 되어 주시고 큰 도움이 되신 것이다.

그래서 오늘 본문 5절에서 "하나님이 그 성 중에 계시매(예루살렘 성전) 성이 흔들이지 아니할 것이라 새벽에 하나님이 도우시리로다"라고 하였다. "새벽에 여호와께서 불과 구름 기둥 가운데서 애굽군대를 보시고 애굽군대를 어지럽게 하시며 모세가 손을 바다 위로 내밀매 새벽이 되어 바다의 힘이 회복된지라"(출 14:24, 27). 아멘. 하나님은 이처럼 예루살렘 성전에 계시듯이 대한민국에 계신다. 대흥교회에 계신다. 우리 가정에도 계시는 것이다.

결론, 하나님은 우리 곁을 1분 1초도 떠나신 적이 없으시다. 오늘이 9월 마지막 날(30일)이다. 9월 한 달, 30일 동안, 720시간 동안, 43,200분 동안, 2,592,000초 동안 하나님은 우리를 결코 떠나신 적이 없다.

시편 46편은 서론, 본론, 결론이 똑같다. 1절, "하나님은 우리의 피난처시요 힘이시니 환난 중에 만날 큰 도움이시라." 7절, "만군의 여호와께서 우리와 함께 하시니 야곱의 하나님은 우리의 피난처시로다." 11절, "만군의 여호와께서 우리와 함께 하시니 야곱의 하나님은 우리의 피난처시로다." 아멘.

다시 말해 시편 46편은 기, 승, 전, 결이 한 주제를 다루고 있다. 하나님은 우리의 피난처가 되어 주신다! 하나님은 우리의 힘이 되어 주신다! 하나님은 우리가 환난당할 때 실제적인 도움이 되어 주신다! 하나님은 1분 1초도 우리 곁을 떠나지 아니하시고 지켜 보호해주신다는 것이다.

내일은 10월 월삭기도회로 우리가 모인다. 새로운 한 달도 마찬가지로, 임마누엘 하나님께서 우리를 눈동자처럼 보호하시고 지켜주실 것이다. 그러기에 두려워하지 말고 강하고 담대하라! 여러분에게는 승리가 보장되어 있는 것이다! 아멘. 오늘도 승리하시라! 파이팅!

오늘의 말씀 묵상
"만군의 여호와께서 우리와 함께 하시니 야곱의 하나님은 우리의 피난처시로다"
(시 46:7).

위대하신 하나님과
이번 한 달도 행복한 동행을

요즘 정치권에 핫한 뉴스가 바로 '화천대유(火天大有)' 자산관리회사 이야기이다. '하늘의 도움으로 천하를 얻는다'라는 뜻이다. 우리 믿음의 언어로 바꾸면 '위대하신 하나님과 365일 동행하는 삶을 살면 화천대유 할 것'이다.

오늘 본문 48편 역시 46편과 마찬가지로 히스기야 왕 시대에 앗수르 왕 산헤립이 쳐들어 왔을 때 하나님이 그들을 물리치시고 예루살렘을 구원하여 주신 것을 배경으로 한다. 이 시대에 신실한 고라 자손들은 예루살렘이 이교도들에 둘러싸인 현실을 목격하면서 민족적 비애를 품고 성소를 지켜야만 했다. 그 와중에 시인은 비참하고 암울한 현실을 묘사하기보다 하나님을 향한 신실한 믿음과 하나님께서 베푸실 구원에 대한 소망을 노래할 필요가 있었다. 그들은 히스기야 왕이 하나님 앞에 나와 얼마나 간절하게 기도하는지 직접 목격한 사람들이다. 신실한 제사장들, 또 이사야 등의 선지자들도 왕의 기도에 동참하였고 하나님은 그들의 기도를 들으셨다.

앗수르의 185,000명 군사를 멸하시고 예루살렘을 구하셨다. "여호와는 위대하시니 우리 하나님의 성, 거룩한 산에서 극진히 찬양 받으시리로다 터가 높고 아름다워 온 세계가 즐거워함이여 큰 왕의 성 곧 북방에 있는 시온 산이 그러하도다 하나님이 그 여러 궁중에서 자기를 요새로 알리셨도다"*(1~3절)*. 아멘.

하나님의 도성에서 여호와 하나님의 위대하심을 찬양한다. 하나님의 성이 거룩한 산을 터 잡아 높게 세워졌다. 위대하시고 큰 왕이신 하나님의 성은 시온 산에 있다. 그런데 이 터가 흔들리지 않고 지극히 높아 찬양을 받게 된 것은 하나님이 친히 요새가 되셨기 때문이다. 사실 시온 산은 그다지 두드러지거나 빼어나지 않다. 하나님이 이 산의 요새가 되셨기 때문에 시온 산이 참된 하나님의 산이 된 것이다. 산헤립의 185,000명을 하룻밤 사이에 전부 쓰러뜨리시는 하나님이 위대하시니 이 산이 거룩한 산이고 하나님의 성이 된 것이다.

우리도 마찬가지이다. 우리가 그다지 세상 사람보다 뛰어난 존재가 아닌 것을 본인이 더 잘 알지 않는가? 하지만 부족하고 연약한 우리지만 위대하신 여호와 하나님이 나와 함께 하시고 임재하시면 하나님의 위대한 사람이 될 것이다*(아브라함, 야곱, 요셉, 다윗, 베드로, D.L 무디, 김익두, 이기풍)*. 이번 10월 한 달도 그런 위대하신 하나님과 동행한다면 승리가 보장되고, 행복이 보장될 것이다. "이 하나님은 영원히 우리 하나님이시니 그가 우리를 죽을 때까지 인도하시리로다"*(14절)*. 아멘.

오늘의 말씀 묵상
"여호와는 위대하시니 우리 하나님의 성, 거룩한 산에서 극진히 찬양 받으시리로다"
(시 48:1).

✳ ────────

재물(財物)을
의지하지 말라

　얼마 전에 이재용 삼성 부회장이 서울구치소에 형량을 채우다가 가석방으로 풀려났다. 아무리 우리나라 최고의 대기업 총수이며, 수십조 원의 재산이 있다고 해도 가족이나, 천척이 대신 형량을 채울 수는 없는 법이다. 아무리 많은 재물이 있다고 해도 이건희 회장을 대신해서 죽어줄 수는 없다. 돈과 권력이 하늘을 찌를 듯한 중국의 진시황제도 영원히 늙지도, 죽지도 않는 불로초를 신하들에게 구해오라고 했지만 결국은 구해오지 못하고 49세의 짧은 생을 마칠 수밖에 없었다.

　그러므로 오늘 본문에서 "자기의 재물을 의지하고 부유함을 자랑하지 말라"(6절)라고 경고하고 있다. 지금 넷플릭스에서 상영하는 '오징어 게임'이 우리나라 작품으로 80개국에서 1위를 차지할 정도로 인기를 끌고 있다. 456억 원의 상금이 걸린 의문의 서바이벌에 참가한 457명이 최후의 승자가 되기 위해 목숨을 걸고 도전하는 이야기이다. 단 1명에게만 상금이 돌아가기 때문에 오직 자기 혼자만 살아남아야 한다. 이 드라마는 현대인들이 오직 돈과 재물에 모든 것을 걸면서 살아가는 것을 단적으로 보여주고 있다.

그러나 만약 어떤 재벌이 지옥에 갔는데, 너무 뜨겁고 고통스러워 천사에게 특별요청을 해서 500억 원을 줄 테니 자기 대신 지옥에 올 사람을 지구상에서 뽑는다고 할 때 과연 누가 거기에 가겠는가? "그들이 생명을 속량하는 값이 너무 엄청나서 영원히 마련하지 못할 것임이니라"(8절). 아멘.

우리가 구원받는 조건에는 아무런 조건이 없다. 오직 예수 그리스도를 나의 구주로 모시고 그분을 내 마음속에 모시기만 하면 된다. 이미 예수님이 십자가에서 모든 것을 지불하셨기 때문이다. 이것이 복음이요, 기쁜 소식인 것이다. 사람은 이 땅에서 영원히 살지 못한다. "그가 영원히 살아서 죽음을 보지 않을 것인가 그러나 그는 지혜 있는 자도 죽고 어리석고 무지한 자도 함께 망하며 그들의 재물은 남에게 남겨 주고 떠나는 것을 보게 되리로다"(9-10절).

"오늘 하루도 하나님만 의지하고 하나님만 자랑하는 지혜로운 성도가 되게 하소서!"

오늘의 말씀 묵상
"자기의 재물을 의지하고 부유함을 자랑하는 자는 아무도 자기의 형제를 구원하지 못하며"(시 49:6~7).

* ————

내 안에 정직(正直)한
영(靈)을 새롭게

오늘의 시는 다윗이 밧세바와 동침한 후 나단 선지자의 책망을 듣고 즉각적으로 회개하고 쓴 시이다. 다윗 왕의 위대한 점은 그 영혼이 깨끗하고 순수하다는 것이다. 보통 왕 같으면 자신의 치부를 드러내는 나단 선지자 하나쯤은 왕의 권력으로 소리소문없이 죽여 없애버렸을 것이다. 하지만 다윗은 하나님이 보낸 주의 종의 말을 하나님의 음성으로 듣고, 바로 옥좌에서 내려와서 나단 선지자 앞에 무릎을 꿇고 "내가 여호와께 죄를 범하였나이다"라며 바로 죄를 인정했다 (삼하 12장). 그리고 눈물로 침상을 띄울 정도로 철저한 회개를 하였다.

지금도 하나님은 어떠한 흉악한 죄를 범했을지라도 하나님 앞에 나아와 솔직하게 통회 자복하고 철저히 회개한다면 묻지도 따지지도 않고 용서하고 회복시켜 주시고 그를 안아주신다. 그러면서 "다시는 이와 같은 죄를 범하지 말라"라고 따뜻하게 권면하신다.

다윗 왕은 이어서 "우슬초(牛膝草-유대인들이 귀신이나 재앙을 물리치는 의식을 할 때 제물의 피를 묻혀서 뿌리는 데 사용하였다는 식물)로 나를 정결하게 하소서 내가 정하리이다 나의 죄를 씻어 주소서 내가 눈보다 희리이다"*(7절)* 라고 고백한다. 아멘.

그러면서 결론으로 "하나님이여 내 속에 정한 마음을 창조하시고 내 안에 정직한 영을 새롭게 하소서 나를 주 앞에서 쫓아내지 마시고 주의 성령을 내게서 거두지 마소서 주의 구원의 즐거움을 내게 회복시켜 주소서"*(10-12절)*라고 하였다. 아멘.

하나님은 거룩하시다. 그러므로 하나님은 생각이 더럽고, 마음이 더럽고, 행실이 더러운 사람에게는 도저히 임하실 수가 없으신 것이다. 그러므로 우리가 할 일은 마음과 생각과 행실을 물과 같은 말씀으로, 주의 보혈로 깨끗이 씻어내는 것이다. 그럴 때 성령충만한 삶을 살아갈 수 있고, 능력의 삶을 살아가고, 예수님의 이름으로 귀신을 쫓아내고 병든 자에게 손을 얹은즉 낫는 역사가 나타나는 것이다.

오늘의 말씀 묵상
"하나님이여 내 속에 정한 마음을 창조하시고 내 안에 정직한 영을 새롭게 하소서"
(시 51:10).

초판 1 쇄 _ 2022년 1월 15일
지 은 이 _ 한성호
펴 낸 이 _ 김현태
디 자 인 _ 디자인 창(디자이너 장창호)
펴 낸 곳 _ 따스한 이야기
등   록 _ No. 305-2011-000035
전   화 _ 070-8699-8765
팩   스 _ 02- 6020-8765
이 메 일 _ jhyuntae512@hanmail.net

따스한 이야기 페이스북

https://www.facebook.com/touchingstorypublisher
https://www.instagram.com/touchingstory512

따스한 이야기는 출판을 원하는 분들의 좋은 원고를
기다리고 있습니다.

가격 15,000원